Meer ohne Fische?

Peter Cornelius Mayer-Tasch, Professor für Politikwissenschaft und Rechtstheorie an der Universität München, ist Rektor der Hochschule für Politik München sowie Gründer und (mit Prof. Dr. Franz Kohout) Leiter der Forschungsstelle für Politische Ökologie an der LMU München.

Peter Cornelius Mayer-Tasch (Hrsg.)

Meer ohne Fische?

Profit und Welternährung

Campus Verlag
Frankfurt/New York

Bibliografische Information der Deutschen Nationalbibliothek
Die Deutsche Nationalbibliothek verzeichnet diese Publikation in der Deutschen Nationalbibliografie; detaillierte bibliografische Daten sind im Internet über http://dnb.d-nb.de abrufbar.
ISBN 978-3-593-38350-7

Umschlaggestaltung: Guido Klütsch, Köln
Umschlagmotiv: Junge Heringe, Neu-England © ullstein – Peter Arnold Inc.
Satz: Marion Jordan, Frankfurt am Main
Druck und Bindung: Druck Partner Rübelmann, Hemsbach
Gedruckt auf säurefreiem und chlorfrei gebleichtem Papier.
Printed in Germany

Besuchen Sie uns im Internet: www.campus.de

Inhalt

Einführung des Herausgebers

Der Schock saß tief und hält bis heute an: Anfang der achtziger Jahre glitt der Kahn des Herausgebers an einem sonnigen Spätsommertag gemächlich über einen der kleineren oberitalienischen Seen. Unter dem Kiel glasklares Wasser und ein hinreißend anmutiges Uferpanorama als szenische Augenweide. Hier, so sein Eindruck, ließen sich »Hütten bauen« – ein *locus amoenus* schlechthin, Flucht-, Ruhe- und Ausgleichsort für so manche Unbilden und Mühen des Alltags. Ein abendliches Mahl in einem idyllischen Ufer-Restaurant sollte den Tag abrunden. Die Frage nach einem einheimischen Fischgericht wurde mit einem – eher sachlichen als bedauernden – Achselzucken beschieden: Verzehrbare Fische, so die Kellnerin, gebe es hier schon lange nicht mehr. Die Scheidewässer einer am Ufer angesiedelten Fabrik für Badezimmerarmaturen hätten ihnen den Garaus gemacht ... Wenn sich dann damals auch »der Gast mit Grausen« (Schiller) wandte, so soll wenigstens »der Rest« nicht »Schweigen« (Shakespeare) sein.

Noch sind wir im Hinblick auf die Meeresfische allenfalls lokal und regional, nicht aber global so weit, noch scheint der – zugegebenermaßen plakative – Titel »Meer ohne Fische?« verfrüht. Ist er es aber wirklich? Ja und nein. »Werdandi« (das Werdende) heißt die Norne der Gegenwart in der germanischen Mythologie, und »Skuld« (Schuld) die Norne der – aus dem Werdenden hervorgehenden – Zukunft! Zwar können noch immer gigantische Mengen an Fisch verzehrt werden. Etwa 90 bis 100 Millionen Tonnen an Fischen und Schalentieren werden Jahr für Jahr dem Meer entrissen. Die Menetekel an den Wasserwänden des – wegen des Widerscheins seiner Meere im All so genannten – blauen Planeten jedoch sind unübersehbar. Wie anders sollte man die Tatsache lesen, dass etwa dreißig Fischarten wegen Überfischung kurz vor dem Aussterben stehen und diese Zahl sich ständig erhöht?

Wie den Umstand, dass sowohl die völkerrechtlich und (vor allem) faktisch nur unzureichend abgebremste Nutzung der Meere als globale Vorrats- und Abfalltonne als auch die rücksichtslose Effizienz der vorherrschenden Fangmethoden den Grund für das Aussterben zahlloser anderer bereiten? Wie ließe sich sonst erklären, dass auf dem größten Fischmarkt der Welt, Tokios *Tsukiji*, ein heimischer Thunfisch – Kin Kai – nicht mehr unter 15.000 Dollar zu haben ist und der japanische Thunfisch-Bedarf deshalb mit Importen vor allem aus Nordamerika gedeckt werden muss?

Après (nous) le déluge? Was es mit der Aktualität dieses *Louis Quatorze* zugeschriebenen Wortes auf sich hat, ist in dem Beitrag von Bernd Malunat über den »gefährdeten Oikos« der Meere nachzulesen. Dass es um mehr geht als »nur« um das Schicksal der Fische, ist unverkennbar. In erster Linie freilich geht es den Autoren dieses Buches um die symbiotische Beziehung des Menschen zu jenen Lebewesen, von denen der »HERR« des Alten Testamentes sagt: »Es sollen die Wasser wimmeln vom Gewimmel lebender Wesen.« Geschrieben wurde dieses Buch, weil es vielerorts nicht mehr weit her ist mit diesem »Gewimmel lebender Wesen« – im Mittelmeer etwa, in den Japan umflutenden Meeren, aber auch in weiten Bereichen der Ost- und der Nordsee, um nur einige Beispiele zu nennen.

Ein seit 2000 (bis 2010) laufendes internationales Großprojekt, an dem Forschungsinstitute aus aller Welt kooperieren, hat die Aufgabe übernommen, einen »Census of Marine Life« durchzuführen – eine »Volkszählung im Meer«, wie die Zeitschrift *Der Spiegel* (7/2006) es formulierte. Schon heute ist absehbar, dass diese Bestandsaufnahme, die auch eine historisch-vergleichende Komponente haben wird, wenig Erfreuliches zutage fördern wird. Zwar bergen die Ozeane und insbesondere die – mit den heutigen technischen Hilfsmitteln gerade noch erreichbaren – Tiefseeregionen eine Vielzahl maritimer Lebewesen, die Bestände der dem Menschen seit altersher bekannten Arten jedoch sind aus den schon benannten Gründen rapide im Rückgang begriffen.

Die am 3.11.2006 in der amerikanischen Zeitschrift *Science* veröffentlichten Ergebnisse[1] der groß angelegten Untersuchung einer internationalen Gruppe von Meeresbiologen um Boris Worm von der kanadischen Dalhousie University in Halifax bestätigen nicht nur bisherige Erkenntnisse, sondern bekräftigen sie auch in dramatischer Weise und mehrfacher Hinsicht. Zum einen befürchten die Autoren, dass bei einer Fortsetzung der heutigen (Umwelt- und Fischerei-)«Politik des peripheren Eingriffs« (Doran/Hinz/Mayer-Tasch)[2] zumindest die bisher auf den Weltmeeren befischten Arten bis zur Mitte des Jahrhunderts – ausdrücklich die Rede ist vom Jahr 2048 – gänzlich ausgerottet sein könnten. Zum anderen prognostizieren sie aufgrund ihrer empirischen Untersuchungen im Bereich von 64 maritimen Ökosystemen, dass die sich ständig beschleunigende Abnahme der Fischbestände und damit der Biodiversität zu einer sich ebenfalls beschleunigenden Störung des Oikos der Meere führen wird – eine Prognose, die zwar im Hinblick auf mannigfache Erfahrungen mit anderen Ökosystemen nicht wirklich überraschen kann, hier aber auch für die Meeresbiologie überzeugend belegt wird.

Zu hoffen ist, dass wissenschaftliche Kassandra-Rufe dieser und ähnlicher Art die Regierungen aller, insbesondere auch der in besonderem Maße an Fischfang und Fischkonsum interessierten und daher auf den Weltmeeren mit ihren Fischereiflotten besonders zupackend und auf den Seerechtskonferenzen besonders hinhaltend in Erscheinung tretenden Völker – wenigstens im Blick auf die nachhaltige Befriedigung dieses Interesses – reformwilliger an die völkerrechtlichen Verhandlungstische führen wird als dies bislang der Fall war und ist. Diese Perspektive der Hoffnung gilt nicht zuletzt auch für die Regierungen der der Europäischen Union verbundenen Staaten, deren »Gemeinsame Fischereipolitik« (GFP) sich in den letzten 35 Jahren ebenfalls nur sehr zögerlich auf Nachhaltigkeitskurs begeben hat und auch heute noch Vieles zu wünschen übrig lässt.[3] Auf ihrem jährlichen Treffen in Dubrovnik hat die zuständige Fischereikommission, der neben den EU-Mitgliedern 41 weitere Staaten angehören, im Spätherbst 2006 beispielsweise die Fangquote für Thunfische wieder nur geringfügig von 32.000 auf 29.500 Tonnen reduziert. Damit ignorierte die Kommission sogar den Rat ihres eigenen wissenschaftlichen Beirates, der eine Halbierung der Fangquote gefordert hatte. Nicht einmal auf die Dauer der Laichperiode wurde die Schonfrist verlängert. Nach Auffassung von WWF-Experten bedeutet dies mittelfristig das Todesurteil für den Roten Thunfisch.

Die Erwartungen und Forderungen, die an die Gemeinsame Fischereipolitik der Europäischen Union unter dem Aspekt ökologischer und ökonomischer Nachhaltigkeit zu stellen sind, sind selbstverständlich auch an die Weiterentwicklung der weltweiten Ansätze zu einer dem fortwährenden Raubfang und Raubbau wehrenden Umwelt- und Fischereipolitik zu stellen: Zu nennen ist in diesem Zusammenhang insbesondere die überfällige, jedoch nur sehr schleppend in Gang kommende Reduktion der durch eine kontraproduktive Subventionspolitik übermäßig aufgerüsteten Fangflotten. Im Rahmen der GFP etwa ist vom 1.1.1995 bis zum 1.1.1996 nur eine geringfügige Reduktion von 106.684 auf 89.666 Schiffe erreicht worden. Was diesen kleinen Erfolg jedoch wieder in Frage stellt, ist die Tatsache, dass die Verminderung der Anzahl von Fangschiffen durch die Steigerung ihrer technischen Fangkapazitäten zum Teil wieder aufgehoben wird. Auch insoweit bedarf es europa- und völkerrechtlicher Bemühungen zur technischen Umrüstung der verbleibenden Fangflotten, um etwa unerwünschten Beifang durch Einsatz selektiverer und schonenderer Fanggeräte besser vermeiden zu können und so eine gezieltere und deshalb auch umweltverträglichere Ertragsplanungen zu ermöglichen.

Zu fordern ist darüber hinaus die restriktivere Zuteilung von Fangquoten im Rahmen von internationalen Bewirtschaftungsplänen, vor allem aber die Verlängerung der Schonzeiten und die Einrichtung und Erweiterung von Schutzzonen, innerhalb derer jeglicher Fischfang untersagt wird. Dass sich die Fischbestände innerhalb solcher Schutzzonen wieder zu erholen vermögen, wurde gerade wieder durch die – in 44 Voll-Reservaten durchgeführten – meeresbiologischen Untersuchungen der Gruppe um Boris Worm bestätigt. Das Alpha und das Omega aller Nachhaltigkeitsbestrebungen freilich ist eine wirksamere Kontrolle der bereits getroffenen wie der noch zu treffenden umwelt- und fischereirechtlichen Regelungen. Diese sollte nicht nur innerhalb der (sich bis 12 Seemeilen ausdehnenden) Küstengewässer und der (sich bis 200 Seemeilen ausdehnenden) Wirtschaftszonen in Kraft treten, sondern auch auf Hoher See. Nicht zuletzt darum ist es höchste Zeit, die Kontrollnetze ähnlich engmaschig zu knüpfen wie die Fischernetze.

Ohne einen disziplinierteren Umgang mit dem – von dem Niederländer Hugo Grotius vor 400 Jahren (*De mare liberum* erschien im Jahre 1609) unter völlig anderen ökologischen Voraussetzungen formulierten und von der Völkergesellschaft dann auch weithin akzeptierten – Prinzip der ›Freiheit der Meere‹ wird es bald keine Freiheit des Menschen mehr geben, am drastisch schwindenden Reichtum des Meeres teilzuhaben. Wo sich die heutigen Raubritter der maritimen Allmende mehr als den – in der ›freien Wildbahn‹ immerhin noch durch Naturgesetze gezähmten – »Löwenanteil« anmaßen, werden wir aller Voraussicht nach morgen nicht einmal mehr den uns im Sinne des humanistischen Leitbildes von Mitte und Maß zustehenden Anteil an diesem ›Erbe der Menschheit‹ beanspruchen können. Das von dem (um die Wende vom 1. zum 2. Jahrhundert in Rom lebenden und lehrenden) Stoiker Epiktet in seinem *Encheiridion* gebrauchte Bild vom Tisch des Lebens, an dem wir uns – auch im Zugriff auf die angebotenen Speisen – gesittet zu verhalten haben, muss im Blick auf die unverkennbar maßlose Gier im Zugriff auf die Schätze des Meeres wie auch im Blick auf die augenfällige Rücksichtslosigkeit im Umgang mit der Schatztruhe selbst besonders eindrucksvoll erscheinen. Und so mag denn auch dieses vom Oikos der Meere und ihrer Bewohner und Nutzer handelnde Buch einer nachdrücklichen (und hoffentlich auch nachhaltigen) Erinnerung an die Aktualität des Bildes vom Tisch des Lebens gewidmet sein.

Die Lineatur des Buches führt von einem umfassenden Blick auf die kulturellen Dimensionen von Fisch und Fischerei in der Wahrnehmung des Menschen (im Beitrag des Herausgebers) und einem Rückblick auf die lange Geschichte des Fischfangs und seiner verschiedenen Erscheinungsformen (im Beitrag von Patrick Schwan) zu einer Betrachtung der Meeresfischerei als Faktor der Weltwirtschaft (im Beitrag von Harald Bergbauer und Patrick Uwe Petit) und der Welternährung (im Beitrag von Franz-Theo Gottwald). Analysiert wird darin die große Bedeutung von Fischerei und Aquakultur als volkswirtschaftliche Beschäftigungsfaktoren und Eckpfeiler der Urproduktion sowie als wertvolle Nahrungsquellen nicht zuletzt für viele Länder der Dritten Welt. Die Darstellung der – ebenso mühsam begründeten wie ständig missachteten – rechtlichen Regelungen der Meeresfischerei sowie des komplexen Beziehungsgeflechtes der Rivalen im ›Kampf um den Fisch‹ folgt in den Beiträgen von Kurt-Peter Merk und Franz Kohout. Sie stecken den Schauplatz und die soziopolitischen Rahmenbedingungen ab, unter denen sich das Menschheitsdrama der rücksichtslosen, allen ökologischen Gesetzen der Nachhaltigkeit spottenden Überfischung und damit letztlich die Entleerung der Meere vollzieht. Mit der imaginären »Republik der Fische« münden diese Darstellungen in dem »moralischen Schlusswort«

von Bernd Mayerhofer, das nicht zuletzt das Dilemma aufzeigt, in das der Mensch durch die Übernutzung der so genannten Schätze des Meeres gerät und zugleich die Verantwortung beleuchtet, die ihm für das dramatische Geschehen auf und unter den Weltmeeren zuzuweisen ist – eine Verantwortung, die sich heute nicht nur auf das Schicksal der Fische, sondern auch auf den gesamten Oikos der Meere erstrecken muss.

Die Mitautoren sind allesamt Mitglieder oder Förderer der Forschungsstelle für Politische Ökologie am Geschwister-Scholl-Institut für Politische Wissenschaft der Universität München, die sich seit nun mehr als dreißig Jahren um eine ganzheitliche Betrachtung der Um- und Mitweltkrise unserer Zeit und um die Auffindung von Wegen zu ihrer Überwindung bemüht. Dieses Buch – wie auch eine Reihe ihr vorhergehender Schriften – ist nicht zuletzt die Frucht einer Kooperation der Forschungsstelle mit der ebenfalls ökologischen Zielsetzungen verpflichteten Münchner Schweisfurth-Stiftung, dessen Vorstand, Prof. Dr. Franz-Theo Gottwald, als Mitautor zeichnet.

Nicht vergessen sein darf der Dank an Ilse März, die der Forschungsstelle seit nun 25 Jahren verbundenen ist und wesentlich dazu beigetragen hat, auch dieses Manuskript aus seiner hieroglyphischen Befindlichkeit zu erlösen.

München, im Winter 2006/7 Peter Cornelius Mayer-Tasch

Kultur und Geschichte

Große Fische, kleine Fische. Fisch und Fischerei in Kultur und Kulturgeschichte

Peter Cornelius Mayer-Tasch

Und Gott sprach: Es sollen
Die Wasser wimmeln vom
Gewimmel lebender Wesen
Gen 1, 20

»Sano come un pesce« – gesund wie ein Fisch – lautet eine italienische Redensart. Und in Franz Schuberts alt- und weit bekanntem Lied schnellt die »muntere Forelle«, musikalisch beschwingt, kreuz und quer durch den nicht minder munter sprudelnden Bach. Trotz aller ökologischer Eingriffe und Einbrüche sind es auch heute zumeist noch Bilder von Lebenskraft und Lebensfülle, die vor unserem inneren Auge erstehen, wenn von natürlichen Quellen, Bächen, Flüssen, Seen und Meeren oder auch nur von künstlichen Teichen und Brunnen samt deren Bewohnern die Rede ist. Im Wasser, dem geheimnisvollen Element, ohne das kein Leben möglich wäre und aus dem wohl auch alles Leben auf der Erde einst hervorgegangen ist, tummeln sich in großer Formen- und Farbenvielfalt Geschöpfe, deren Beweglichkeit, Anmut und Seinsgewissheit uns stets aufs Neue zu entzücken vermögen. Zugleich sind es Geschöpfe, deren Leben wir unserem eigenen opfern, indem wir sie zur Nahrung wählen. Geschöpfe, deren in den Tiefen des Meeres hausende Artgenossen wir aber auch als bedrohlich empfinden mögen. Seit eh und je beschäftigen Seeungeheuer die Phantasie der Menschen. Und auch heute noch sind Horrorberichte von hoch bewehrten Mörderfischen vom Typus des kinematographisch aufgedröhnten »Weißen Hai« oder auch Erfahrungen mit Riesenkraken, Giftrochen, Quallen und ähnlichem Getier sehr wohl dazu angetan, so manchem Zeitgenossen Schauer über den Rücken zu jagen. Kein Wunder also, dass sich die menschliche Bezugs- und Ausdruckskraft den Fischen nicht nur in ihren lebensfreundlichen, sondern auch in ihren lebensfeindlichen Varianten zuwendet.

Grund genug jedenfalls, diesen Bewohnern des Wassers breiten Raum in unserem eigenen Leben einzuräumen. Und dies nicht nur in den realen Bewegungs-, sondern auch in den imaginären Bewusstseinsräumen unseres Daseins. Mit ihnen befassen wir uns nicht nur beim Fischfang, am Küchentisch und an der Speisetafel, sondern auch in der Symbolwelt der Künste, Märchen, Mythen und Religionen. Dass dabei nicht selten auch anthropomorphe Assoziationen aufscheinen, die von schimärischen Mutationen bis zu vollkommenen Identifikationen reichen, mag auf die im Halbdunkel unseres Bewusstseins schlummernde Erinnerung an die Vor- und Frühzeit der menschlichen Entwicklungs- und Stammesgeschichte zurückverweisen.

Von den verschiedenen Dimensionen der hohen kognitiven und emotionalen Affinität von Mensch und Fisch wird nun in der Folge die Rede sein – von den lichten wie von den düsteren, von den materiellen wie von den spirituellen. Da diese Dimensionen sich überlappen und ineinander verschränken, wird ihre Darstellung thematischen Akzentuierungen folgen. Zunächst soll daher der Fisch als »Freund und Helfer« ins Blickfeld rücken (1), danach sein bedrohliches Gegenbild (2). Den Abschluss bilden wird schließlich ein Blick auf die spirituellen Verdichtungen und Auflösungen der Fische-Symbolik.

Von großen und kleinen Fischen, oder: Der Fisch als »Freund und Helfer«

Einen »dicken Fisch« hat im deutschen Sprachraum an der Angel, wer im Begriff ist, ein gutes Geschäft zu machen. Selbst als Traumsymbol verheißt der Fang und auch schon der Anblick großer Fische reichen Gewinn. Zeigt sich dem »dritten« Auge des Träumenden ein Goldfisch, so kann er die Erfüllung einer Hoffnung erwarten. Wen wundert's, dass sich deshalb auch die eine oder andere aufstiegs- und heiratswillige Dame mit Marilyn Monroe die Film-Frage stellt »Wie angelt man sich einen Millionär?«. Und auch die früher so genannten »Herren der Schöpfung« haben selten etwas dagegen einzuwenden, wenn ihnen ein »Goldfisch« ins Netz geht. Wer dann aber dank seines Anglerpechs nicht nur kleine Brötchen, sondern auch »kleine Fische« backen muss, dem mag es zum Trost gereichen, dass »ein kleiner Fisch auf dem Tisch«

besser ist »als ein großer im Bach«, wie ein altes deutsches Sprichwort weiß. Und dies umso mehr, als »der größte Fisch« ohnedies der ist, »den man nicht gefangen hat«. Dies jedenfalls meinen von altersher die Chinesen. Gerade sie aber müssten es wissen: In ihrer Kultur nämlich – wie auch in allen von der chinesischen Kultur geprägten Kulturen – spielt der Fisch als Erfolgs- und Glückssymbol eine herausragende Rolle. Wer das I GING – wohl das älteste Weisheitsbuch der Welt – als Orakel nutzt und auf eine Orakelfrage das 44. Wandlungsbild GOU (in der Position »Neun auf viertem Platz«) zur Antwort erhält, braucht sich keine Hoffnungen auf eine gute Lösung seines Problems zu machen. Die Antwort lautet nämlich: »Im Behälter ist kein Fisch / Daraus erhebt sich Unheil«. Vor allem sind es die Goldfische, die im »Reich der Mitte« spätestens seit dem 8. Jahrhundert Fruchtbarkeit, Wohlstand sowie auch ganz allgemein eine kraftvolle und zukunftsfähige Grundeinstellung gegenüber dem Leben signalisieren. Seit dem 12. Jahrhundert wurden die farbenprächtigen »Blumen des Wassers« von den Kaisern der Sung-Dynastie – aber auch von den Mönchen im Umkreis buddhistischer Klöster und Pagoden – in Palast- und Tempelteichen als Glücksbringer gehegt und gepflegt. Erstmals gezüchtet wurden die Goldfische um die erste Jahrtausendwende aus den in Ost-China entdeckten Gelbfischen, die der über den ganzen eurasischen Raum hin verbreiteten Familie der Giebel (*carassius gibelio*) angehören. Dass deren chinesischer Name YÜ (= Chi) mit dem chinesischen Symbol für Lebenskraft zusammenfällt, kündet von ihrem hohen Stellenwert in der Kultur der Himmels- und Drachensöhne. Das Chi nämlich durch Haus und Garten pulsieren zu lassen und so auch die Lebenskraft von Körper und Seele ihrer Bewohner zu erhöhen, ist das Ziel aller *Feng Shui* (das heißt Wind- und Wasser-)Praktiken, wie sie von Kennern und Liebhabern der chinesischen Kultur auch in der westlichen Welt zur Untermauerung der eigenen Lebenshöhe angewandt werden. Schon um 1500 wurde diese zunächst exklusiv-imperiale, dann auch aristokratische und parasakrale Passion der Chinesen in Japan übernommen; mit der Ausweitung der Missions- und Handelsbeziehungen gelangte sie dann um die Mitte des 17. Jahrhunderts nach Europa. In Holland wurden Goldfische seit der ersten Hälfte des 18. Jahrhunderts gezüchtet. Heute sind sie weltweit heimisch.

Goldfischteiche und Goldfischbrunnen zu besitzen freilich ist nicht nur in China ein Privileg. Wer sich solche »Glücksreservoire« nicht leisten kann, hält sich die Glücksbringer dort im Aquarium oder im Goldfischglas vom Straßenhändler. Und wenn nicht, schmückt er vielleicht wenigstens am Neujahrstag die Haustüre mit Goldfischtransparenten. Selbst bei Werbeplakaten und Geschäftsanzeigen muss der Goldfisch als »Freund und Helfer« mit von der Partie sein. Auch in den Künsten – in der Tusch-, Aquarell- und Porzellanmalerei, im Holzschnitt und auf Seidenstickereien – entfaltet er in zahllosen Variationen seinen Charme. Auch außerhalb Chinas wird man selten ein Restaurant antreffen, das die – wirtschaftlichen Gewinn versprechenden – acht Goldfische wenn nicht in einem Brunnen oder Aquarium, so wenigstens als Decken- oder Wanddekor ziert.

Als Glückssymbol gilt der Fisch auch im Nahen Osten und in Nordafrika. Schon der den Zinsgroschen apportierende Fisch, den Petrus auf seines Meisters Geheiß angelt (Mt 17, 24–27), wird von der Symbolforschung im Lichte dieser Tradition gesehen. Und auch die im Maghreb – wie auch der Bernstein – zur Abwehr des bösen Blicks genutzten apotropäischen Fischsymbole sollten das Glück ihrer Träger sichern. Auch in der westlichen Kunst hat sich der Fisch seinen Platz erobert. Paul Klees 1925 entstandenes, heute die Besucher der Hamburger Kunsthalle und ungezählte Postkartenfreunde entzückendes Gemälde mit dem schlichten Titel »Der Goldfisch« zählt zu den beliebtesten Bildmotiven der klassischen Moderne. Dass auf diesem Gemälde – außer dem auf blau-schwarzem Grund in der Bildmitte »schwimmenden« rotgoldenen Prachtexemplar – alle Bildecken mit weiteren sieben Wächterfischen (die dann die chinesische Wohlstandszahl acht voll machen) gesichert zu sein scheinen, verweist auf Klees Wissen um die Glückssymbolik des fernen Ostens. Und auf einem nach der Jahrtausendwende in Deutschland entstandenen Ausstellungsplakat wurde einem großen Glücksfisch gleich die ganze Erdkarte aufs goldgelbe Schuppenkleid gedruckt. Bedenkt man, dass in der chinesischen Kultur die Farbe Gold bzw. Gelb für die – auch abendländische, humanistische – Tugend der Wahrung von Mitte und Maß steht, so wird diese Symbolik auch im Blick auf die Welt des Politischen leicht nachvollziehbar. Dieser Tugend mag sich auch verpflichtet fühlen, wer selbst zum »tollen Hecht« oder gar zum »Hecht im Karpfenteich« geworden ist. Und dies umso mehr, als sich vielerorts im Abendland der »Neujahrskarpfen« zu einer – freilich weit weniger stark als in China – symbolisch aufgeladenen Festspeise entwickelt hat.

Abb. 1: Pieter Brueghel d. Ä.: Die großen Fische fressen die kleinen, 1557

Wie schon eingangs erwähnt, mag die semantische Gleichsetzung von Mensch und Fisch einerseits auf die Entwicklungs- und Stammesgeschichte unserer Spezies verweisen; zugleich verrät sie aber auch das latente Interesse an der – insbesondere bei Naturvölkern verbreiteten, nicht selten auch in der abend- wie morgenländischen Umgangssprache, Literatur und Heraldik aufscheinenden – Ankoppelung an eine als Erfolgsgeschichte wahrgenommene Vitalitätsperspektive. Andererseits wird die naturförmige Unerbittlichkeit der biologischen Rangfolge einschließlich der sie voraussetzenden Nahrungskette auch mit einem mehr oder minder offenkundigen Schauder zur Kenntnis genommen. In dem Gemälde Pieter Breughels d. Ä. »Die großen Fische fressen die kleinen«, das, wohl um 1557 entstanden, ein weit verbreitetes Sprichwort allegorisiert, wird der Auslöser dieses Schauders dem Betrachter sehr drastisch vor Augen geführt: Aus dem aufgeschlitzten Bauch eines Riesenfisches quellen kleinere, aus deren gleichfalls aufgeschlitzten Bäuchen noch kleinere flutschen, die sich erkennbar von besonders kleinen ernährt haben. Eine an die Grenzen des Lebens- und Naturgesetzes führende und rührende Allegorie dies, die zum einen auf die weniger glückhaften Assoziationen der menschlichen Phantasie mit der Welt der Fische verweist und die zum anderen vielleicht auch schon auf deren spirituelle Überwindung hoffen lässt. Zunächst aber mag von den ersteren die Rede sein.

Von Licht und Schatten, oder: Der ewige Leviathan

»Wo Licht ist«, weiß das Sprichwort, »ist auch Schatten«. Auch die Welt der Fische macht da keine Ausnahme. Das Gegenbild zur heiteren Licht-Idylle der rotgoldenen Künder des Glücks bildet die – uns weithin unbekannte – Finsternis der Meerestiefen mit ihrem vielgestaltig dräuenden Getier: »Was die heulende Tiefe da unten verhehle«, heißt es in Friedrich Schillers Ballade vom Taucher, »das erzählt keine lebende glückliche Seele«. Umso mehr erzählen schon in der Antike Schauermären von dem, was die »heulende Tiefe« verbirgt. So etwa die von den Ungeheuern *Scylla* und *Charybdis*, die – mythologisch – jeden Seefahrer bedrohen, der es wagt, die Meerenge von Messina zu durchfahren und dort mit Riffen und Strudeln zu kämpfen. Der Scylla wurden außer einem weiblichen Oberkörper sechs Köpfe und sechs wilde (Wasser-) Hunde als Unterkörper zugeschrieben, der Charybdis ein monströser Durst, der sie dreimal täglich das Meer aussaufen ließ. Wer dann noch dem betörenden Gesang der Sirenen verfiel (vor dem sich Odysseus so trefflich zu schützen wusste), war vollends verloren. Vom Göttervater Zeus erzählt die griechische Mythologie, dass er die Monsterschlange Ophineus aus den Höhen des Olymp in die Tiefen des Meeres geschleudert habe. Selbst der nüchterne Empiriker Aristoteles berichtet noch in seiner *Tierkunde* von großen Seeschlangen. Und Riesenkraken zählen ohnedies zum antiken Repertoire des maritimen Schreckens – ganz so wie Poseidons Dreizack, Streitwagen und Jähzorn wohl allesamt Transfigurationen der (bis heute mit gutem Grunde gefürchteten) potentiellen Wildheit und Unberechenbarkeit des Meeres sind.

Kein Wunder also, dass sich die Erinnerung an solche Horrorvisionen im Gedächtnis zumindest der Dichter noch lange gehalten hat, wie nicht zuletzt auch Schillers Ballade eindrucksvoll belegt:

Nach seinem (vom König mutwillig herausgeforderten) ersten Sprung in die reißenden Strudel der Charybdis konnte »Der Taucher« immerhin noch warnend von den Schrecknissen berichten, denen er dann nach dem (vom König noch vermessener herausgeforderten) zweiten Sprung zum Opfer fiel:

Lang lebe der König! Es freue sich,
Wer da atmet im rosigen Licht!
Da unten aber ist's fürchterlich,
Und der Mensch versuche die Götter nicht
Und begehre nimmer und nimmer zu schauen,
Was sie gnädig bedecken mit Nacht und Grauen.

Denn unter mir lag's noch bergetief,
In purpurner Finsternis da,
Und ob's hier dem Ohre gleich ewig schlief,
Das Auge mit Schaudern hinuntersah,
Wie's von Salamandern und Molchen und Drachen
Sich regt' in dem furchtbaren Höllenrachen.

Schwarz wimmelten da, in grausem Gemisch,
Zu scheußlichen Klumpen geballt,
Der stachlige Rochen, der Klippenfisch,
Des Hammers gräuliche Ungestalt,
Und dräuend wies mir die grimmigen Zähne
Der entsetzliche Hai, des Meeres Hyäne.

In dem atemlosen und schreckensbleichen Bericht des Schiller'schen »Taucher(s)« mischt sich der althergebrachte Schauder vor den ebenso unbekannten wie unheimlichen Meerestiefen mit einer beiläufigen Verarbeitung erster naturwissenschaftlicher Tauchgänge, wie sie von den Vorläufern der großen französischen Tiefseeforscher Cousteau und Piccard ab dem 15. Jahrhundert versucht und seit der Entwicklung von Tauchvorrichtungen unter anderem von Leonardo da Vinci (um 1500) und Papin (um 1692) in verstärktem Maße durchgeführt wurden. Erste Berichte stammen bereits aus der Antike. Über jeden konkreten Bericht aber legten sich die – nicht zuletzt von Seemannsgarn spinnenden Schiffern genährten – Mythen und Märchen von riesenhaften, alles verschlingenden Meeres- und Seeungeheuern, die in den Hafenschenken und Gesinde-, Bauern- und Bürgerstuben ähnlich periodisch auftauchten wie »Nessie«, das angeblich immer wieder einmal gesichtete Monster im schottischen »Loch Ness«. Und selbst noch Jules Verne schildert den Angriff eines Riesenkraken auf seine *Nautilus*. Das Urbild dieser Meeres- und Seeungeheuer dürfte der im 40. und 41. Kapitel des alttestamentarischen Buches Hiob von dem »aus dem Wetter« zu Hiob sprechenden »HERRN« als Allegorie seiner unüberwindlichen »Kraft und Herrlichkeit« grausig geschilderte *Leviathan* sein:

Siehe, die Hoffnung wird jedem fehlen.
Schon wenn er seiner ansichtig wird … (40, 28)

Wer kann die Kinnbacken seines Antlitzes aufthun?
Schrecklich stehen seine Zähne umher. (41, 5)

Seine stolzen Schuppen sind wie feste Schilde,
fest und enge ineinander. (41, 6)

Aus seinem Munde fahren Fackeln,
und feurige Funken schießen heraus. (41, 10)

Auf seinem Halse wohnt die Stärke,
und vor ihm her hüpft die Angst. (41, 13)

Wenn er sich erhebt, so entsetzen sich die Starken,
und wenn er daherbricht, so ist keine Gnade da. (41, 16)

Das Faszinosum der »gottgegebenen« Unwiderstehlichkeit war es wohl auch, die den in einem Zeitalter nicht nur der europäischen Bürgerkriege, sondern auch der maritimen Invasionen und Assoziationen lebenden Engländer Thomas Hobbes (1588–1679) so sehr in seinen Bann schlug, dass er seinem staatsphilosophischen Hauptwerk von 1651 den Titel *Leviathan* gab. Um den aktuellen wie potentiellen Bürgerkrieg niederzuhalten, war seinem ordnungslegitimistischen Denken beinahe jedes Mittel recht. Und da er nur in der unumschränkten Souveränitätsmacht des Staates eine Garantie für die Verwirklichung dieses Zieles zu sehen vermochte, wurde der (wenn auch formal aus dem hypothetischen Vertragswillen Aller geborene) »body politic« für ihn zum großen *Leviathan*, dem die rechtlichen und politischen Zähne »schrecklich … umher (stehen)« und vor dem »die Angst … her hüpft«, um es nochmals biblisch auszudrücken.

Während der alttestamentarische Leviathan dem im Elend mit seinem Gotte hadernden Hiob als Symbol der schicksalhaften Unüberwindlichkeit des göttlichen Ratschlusses bildhaft vorgehalten wird, und der noch aus der Bilderwelt der Bibel schöpfende Philosoph ihn zur Unter- und Ummauerung seiner politischen Ordnungsvorstellungen konstruktiv zu beschwören sucht, verkörpert die im frühen Christentum mit dem biblischen Leviathan assoziierte Midgardschlange der germanischen Mythologie eine Umgrenzung ganz anderer Art – die von dem listenreichen Gott *Loki* mit der Riesin *Angurboda* gezeugte, sich in den eigenen Schwanz beißende Welt- und Meeresschlange. Gleich dem *Okeanos* der griechischen Mythologie umspannt und bedroht sie die als Scheibe gedachte Menschenwelt (*Midgard*). Wie der *Leviathan*, so ist auch sie eine archaische, in das eddische Zeitalter hineinragende Phantasmagorie, Zeiten und Räume miteinander verbindend, das Innen – die Menschenwelt – vom Außen – der Nicht-Menschenwelt – scheidend. Am Grunde des Meeres ruhend, wartet die Midgardschlange auf ihre Stunde, die Stunde der Götterdämmerung. Auf *Ragnarök* wartet sie, den Tag der Entscheidung, wenn alle Ordnung sich auflöst und die Welt zu den Anfängen zurückkehrt – diesmal in blutigem Kampf. Vergeblich schleudert *Thor* seinen unfehlbaren, nach jedem Wurf zu ihm zurückkehrenden Kampfhammer *Mjölnir* gegen die Schlange, die ihr furchtbares Haupt aus den Fluten des Meeres erhebt. Zwar zerschmettert er ihren Kopf, doch reißt der Gifthauch des Ungeheuers ihn mit in den Tod. Ähnlich ergeht es den anderen Göttern – allesamt sterben sie im Kampf gegen die Mächte der (Meeres-)Finsternis. Als schließlich der Grenzwall bricht und *Asgard*, die Heimstatt der unterlegenen Götter, im Feuer zerstört wird, ist auch *Midgard*, die Welt der Menschen, dem Untergang geweiht. Allein, was heißt hier Untergang? Es wäre keine mythologische Erzählung, würde sich der finale Weltenbrand nicht in einen Neuanfang verwandeln. Das läuternde Feuer – ein aus der altarischen (insbesondere persischen) Esoterik in die nordische Mythologie und die christliche Eschatologie übernommenes, immer wiederkehrendes Motiv – sühnt alle Schuld und stiftet so die Voraussetzungen für einen »neuen Himmel und eine neue Erde«: *Midgard 2* steigt aus den Fluten, und aus zwei überlebenden Menschenkindern, die sich unter den Wurzeln der Weltenesche *Yggdrasil* in *Urds* Brunnen verborgen hatten, erwächst das neue Geschlecht. Auch die Götter, *Thors* Söhne, kehren zurück und treten in *Asgard 2* ihr himmlisches Regiment an. Das Goldene Zeitalter ist gekommen, die einst unbezähmte und unbezähmbar erscheinende Natur endgültig besiegt.

Wer die im Spätjahr 2004 an den Küsten des Indischen Ozeans wütenden und die im folgenden Jahr die Süd- und Südostküste der USA und Mexikos heimsuchenden, weltweites Entsetzen auslösenden *Tsunamis* und Hurrikane im Lichte der altgermanischen Mythologie sehen will, mag sie als drohendes Grollen der Midgardschlange verstehen. Auf der Suche nach Trost mag er sich doch wieder lieber der dem geretteten *Noah* von seinem Gott verkündeten Verheißung hingeben, »dass hinfort nicht mehr alles Fleisch verderbet soll werden mit dem Wasser der Sintflut« (Gen 9, 11). Wer solcher Verheißungen nicht teilhaftig werden konnte, mochte (wie in manchen antiken Kulturräumen üblich) den Göttern der Unterwelt samt den ihnen zugehörigen Verstorbenen Fische zum Opfer bringen, um sie gnädig zu stimmen. Es handelt sich dabei um Kultgebräuche, die in manchen Ländern in dieser oder jener Form noch bis an die Schwelle der Gegenwart gepflegt werden. So etwa in Japan, wo die – stets mit einer großen roten Meerbrasse dargestellte – Shinto-Naturgottheit YEBISU, Gott der Meere und des Fischfangs, als Schutzpatron der Fischer und (See-)Kaufleute hoffnungsvoll angerufen wird. Das ihm gewidmete Fest – der 10. Januar bzw. (in Osaka) 20. Oktober – lässt sich bis auf das 16. Jahrhundert zurückverfolgen.

Eine Zuversicht ganz anderer Art lässt der dänische Dichter Hans Christian Andersen (1805–1875) in einem um die Mitte des 19. Jahrhunderts verfassten Märchen mit dem Titel »Die große Seeschlange« erkennen, in dem er den altgermanischen Mythos mit einer dem Zeitgeist geschuldeten Fortschrittsgläubigkeit verbindet – einer Fortschrittsgläubigkeit, die uns Heutige nach unseren Erfahrungen mit den »Segnungen der Technik« je nach Temperament mit grellem Neid, bitterer Ironie oder leiser Wehmut erfüllen mag. In dem Märchen geht es um einen auf den Meeresgrund versenkten Telegraphendraht, der von den ihn neugierig beäugenden Fischen jeglicher Form und Farbe vielstimmig kommentiert wird. Was den Fischen jedoch ein Rätsel ist und bleibt, ist für den Erzähler sonnenklar:

»Die große Seeschlange ist es, von altersher in Lied und Sage erwähnt. Sie ist durch menschliche Genialität zur Welt gekommen und großgezogen worden, ist ihr entsprungen und auf den Meeresgrund gelegt worden, erstreckt sich von den Ländern im Osten zu den Ländern im Westen und bringt Botschaft so schnell wie der Strahl des Lichts von der Sonne bis zu unserer Erde. Sie wächst und wächst an Macht und Verbreitung, wächst Jahr um Jahr, durch alle Meere, rund um die Erde, unter den stürmischen Wassern und den glasklaren Wassern, wo der Schiffer hinunter blickt, als segelte er in durchsichtiger Luft, wo er ein Fischgewimmel sieht, ein ganzes Farbenfeuerwerk. Ganz unten streckt sich die Schlange aus, eine Midgardschlange voller Segen, die sich in den Schwanz beißt, indem sie die Erde umfängt – (eine) in allen Sprachen kündende und dennoch lautlose Schlange des Wissens auf Gedeih und Verderb, das wundersamste von allen Wundern des Meeres, die große Seeschlange unserer Zeit.«

Angesichts solch' erdumschlingender Zuversicht weichen alle Meeresschatten im Hoffnungslicht eines besseren Morgen. Übertroffen werden kann eine irdische Zukunftsgläubigkeit dieser Art nur noch durch eine (zumindest tendenziell) überirdische – durch die Hoffnung auf ein spirituelles Fortschrittspotential. Und hiervon soll nun noch die Rede sein.

Von heilenden und heiligen Fischen, oder: *Ex aqua salus*

Schon die Erinnerung an die Frühzeit des Menschen birgt einen Hinweis auf die spätere symbolgeschichtliche Bedeutung des Fisches: Als einziges außermenschliches Lebewesen ist ihm ein unvermitteltes Überleben in der Großen Flut vergönnt. Und mehr noch: Wenn nicht in der babylonisch-hebräischen, so doch in der altarisch-indischen Mythologie wird seine Gattung nicht nur als Ganzes gerettet, sondern auch selbst zur Retterin der Menschheit. Nicht – wie in der alttestamentarischen Version – der »HERR« selbst ist es, der den auserwählten Ur- oder Frühmenschen *Manu* (alias *Noah*) vor der kommenden Flut warnt, sondern vielmehr ein kleiner Fisch, dem er seinen Schutz gewährt hatte. Zu eiem Riesenfisch herangewachsen, schleppt er die Arche Manus nach dem Abschwellen der Flut aufs Trockene.

Dass es sich bei diesem wundersamen Fisch um ein gottähnliches Wesen handelt, würde man auch dann vermuten, wenn man es – dank der mythologischen Erzählung – nicht wüsste: Der Gott *Vischnu* ist es, der Erhalter, der in Fischgestalt das Rettungswerk vollbringt – ein Umstand, der spirituell gesinnte und deshalb »von Natur aus« zum Pantheismus neigende Ökologen mit Genugtuung erfüllen mag. *Ex aqua non solum vita, sed etiam salus* – Aus dem Wasser [stammt] nicht nur das Leben, sondern auch das Heil, könnte man also mit Fug und Recht folgern. Und dieses Heilungsmotiv setzt sich durch die ganze abend- und morgenländische Kulturgeschichte hindurch fort. Gerettet, geheilt und heilsam belehrt wird von (erleuchteten) Fischen oder auch nur im Zeichen (erleuchteter) Fische in mannigfacher Art und Weise.

Wie der indische Urmensch Manu wird auch der – um die Wende vom 7. zum 6. vorchristlichen Jahrhundert lebende – griechische Dichter *Arion von Lesbos* (nach einer von Herodot überlieferten und später von Schlegel und Tieck ausgeschmückten Sage) von einem Meeresbewohner aus Lebensgefahr und Todesnot gerettet: Vor seinem Sturz ins Meer beschwört der – von raubwilligen Schiffern Bedrohte – auf seiner Leier die guten Geister des Meeres. Und dies mit Erfolg: Ein Delphin taucht auf und bringt den Sänger auf seinem Rücken in Sicherheit. Eine Sage dies, die zumindest insoweit hypothetische Authentizität beanspruchen kann, als sie an ein empirisch vielfach belegbares Sozialverhalten dieser hochintelligenten Tiere anknüpft: Immer wieder einmal wird von den (nicht zuletzt Menschen vor dem Angriff von Haien abschirmenden) Schutzmanövern von Delphinschwärmen berichtet – ein Verhalten, das außerhalb des Bannkreises der Domestikation ans Wunderbare grenzt und vielleicht auch dafür verantwortlich war, dass der Delphin in der Antike als ein dem Göttervater Zeus (Jupiter) heiliges Geschöpf galt. Gerade Delphine beseelten die Phantasie griechischer und römischer Wissenschaftler, Dichter und Künstler in besonderem Maße. Wenn man ihren Berichten, Visionen und Manifestationen vertrauen darf, war es zu jener Zeit nicht selten, dass – etwa im Golf von Neapel – Knaben auf Delphinen ritten. Der Naturforscher Plinius und der Dichter Aelius berichten gar vom Freitod eines Delphins nachdem dessen Freund, ein Knabe, gestorben war. Kein Wunder also, dass die Delphine auch den Göttern teuer waren. In seinem Werben um die – ihm eigentlich abgeneigte – *Amphitrite*, Tochter des *Okeanos* und der *Thythes*, kürt der Meeresgott *Poseidon* einen Delphin zum Liebesboten. *Aphrodite*, die Schaumgeborene, reitet auf einem Delphin gen Zypern. Und auch *Eros* reitet am liebsten auf einem Delphin. Apoll schließlich vermochte sich in einen solchen zu verwandeln, nachdem er am Fuße des Parnass die Chimäre *Delphyra* – halb Delphin, halb Weib – überwunden hatte, was ihm den Beinamen *Delphinios* eintrug. Wie in der Lebenswirklichkeit wird auch im Mythos der Bezwinger zum Anverwandler: Wo dem Binnenländer Friedrich Schiller das – von ihm nie geschaute – Meer samt seinen Tiefen »fürchterlich« erscheinen musste, wurde dem »meerumschlungenen« Griechen die allgegenwärtige Herausforderung zur triumphal bestandenen Seefahrt. Kein Wunder also, dass Apolls paradigmatische Metamorphose gelingt, und kein Wunder auch, dass Delphinzähne bei Griechen und Römern als Schutzsymbole getragen wurden, und Delphine überdies als Begleiter ins Totenreich galten, weshalb sich mit Fischdarstellungen geschmückte Kult-Teller nicht selten als Grabbeigabe fanden. Als Begleiter ins Totenreich bedurfte es der freundlichen Wassertiere, weil jenes vom Reich der Lebenden durch den erdumspannenden Meeresgürtel des Okeanos geschieden war.

Die Grenze zum Wunderbaren eindeutig überschritten hat die im apokryphen alttestamentarischen Buch *Tobias* verzeichnete Geschichte von der Heilung des blinden Vaters durch die Galle des von Tobias unter Anleitung seines Begleitengels im Tigris gefangenen Fisches, wie auch die Vertreibung eines bösen Geistes durch Opferung von Herz und Leber des Fisches in der Schlafkammer der – Tobias zur Frau bestimmten – Tochter des Raguel, *Sara*. In dem ungemein anmutig komponierten (heute in der Staatsgalerie Stuttgart ausgestellten) Gemälde Jacopo Palma *Il Vecchios* (1480–1528) mit dem Titel »Tobias und der Engel Raphael auf der Wanderschaft« trägt der lockenköpfige, blaubetrockte Knabe Tobias einen – wohl kompositionsbedingt – kleinen Fisch unter dem rechten Arm, während er am linken von dem rosagewandeten Engel geführt wird. Im Bibeltext indessen ist der Fisch keineswegs klein, sondern vielmehr groß und bedrohlich: »Und siehe, ein großer Fisch fuhr heraus, ihn zu verschlingen« (Tob 6, 2). Gegen die – hier vom Engel *Raphael* verkörperten – Himmelsmächte jedoch vermögen die zerstörerischen Kräfte der Finsternis nichts (oder doch nur das ihnen im Sinne der göttlichen »Arbeitsteilung« Zugedachte) auszurichten. Die diabolische Seite des nassen Elementes und seiner Bewohner wird mithin einem Heilsbann unterworfen, so dass selbst der Knabe in die Lage versetzt wird, den übermächtigen Fisch an Land zu ziehen und dessen potentiell segensreichen Kräfte zu nutzen.

Abb. 2: Jacopo Palma Il Vecchio: Tobias und der Engel Raphael auf der Wanderschaft.

Das im alttestamentarischen Buch Tobias aufscheinende Rettungs- und Heilungsmotiv begegnet uns in anderer Form auch im alttestamentarischen Buch *Jona* wieder. Über die Jahrhunderte hin wurde die Darstellung der Jonas-Legende zu einem der beliebtesten Motive der christlichen Ikonographie. Auch hier wird das potentiell Zerstörerische in den Dienst des Aufbauenden gestellt. Einst war die Geschichte des Propheten Jonas jedem Schulkind bekannt: Vom »HERRN« erhält er den Auftrag, das sündige Ninive zu bekehren. Vergeblich versucht er, sich diesem Auftrag durch Flucht zu entziehen. Ein vom Zorn des Himmels entfachter Sturm bringt das Fluchtschiff in Seenot. Auf dessen Rat und zu ihrer eigenen Rettung werfen die Schiffer den Gottesflüchtling ins Meer. Gerettet wird aber auch er, obwohl es zunächst nicht danach aussieht. Ihm nämlich sendet der HERR »einen großen Fisch, (um) Jona zu verschlingen« (Jona 2, 11). Der Prophet kann nun die ihm bestimmte Aufgabe erfolgreich erfüllen. Gerettet werden nicht nur Leib und Leben, sondern auch das Seelenheil der (gottesfürchtig gewordenen) Schiffer, des (einsichtig gewordenen) Propheten sowie auch der (bußfertig gewordenen) Bewohner von Ninive. Unter Mithilfe der Wandlungskraft des Dunklen wird das Lichte entborgen. Und dies auch noch in einem auf das Leiden und die Auferstehung Christi verweisenden Zeitraum von drei Tagen und drei Nächten, der die Frage nach dem Symbolzusammenhang von Altem und Neuem Testament nahe legt – ein Zusammenhang, den Jesus nach Mt 12, 14 selbst herstellt. Entsprechend beliebt war deshalb wohl auch die Verwendung des Jona-Motives in der altchristlichen Kunst des 2. bis 4. Jahrhunderts. So auf zahlreichen Katakombenfresken (zum Beispiel in S. Callisto, S. Domitilla und S. Priscilla in Rom), auf Mosaikfußböden (zum Beispiel im Dom von Aquileia) und auf Sarkophagen (zum Beispiel im Lateranmuseum), aber auch in der byzantinischen Miniaturenmalerei und der europäischen Reliefkunst des

Abb. 3: Jonas-Fisch beim Hl. Grab von Josef Deutschmann, um 1750 (Pfarrkirche in Adlersbach, Kreis Passau)

Mittelalters, der Renaissance und der frühen Neuzeit. Auch in der Kirchen- und Volkskunst der folgenden Jahrhunderte bis hin zum Züricher Münster-Portal von Otto Münch aus dem Jahr 1950 lebt das Jonas-Motiv fort. Ein besonders eindrucksvolles Beispiel hierfür ist der (um 1750 entstandene) »Jonas-Fisch« von Josef Deutschmann: eine in der Zisterzienserkirche von Aldersbach bei Passau frei stehende Holzskulptur, die den aus dem Rachen eines Walfisches lugenden, offensichtlich unversehrten Propheten samt Prophetenbart zeigt.

Dass sich das Jonas-Motiv besonders häufig auf Ambonen findet und damit auf Verkündung und Belehrung als Medien der Rettung, Heilung und Heiligung verweist, öffnet das Blickfeld auf all' jene kulturgeschichtlich dokumentierten Fisch-Epiphanien, bei denen es direkt oder indirekt um die Sicherung oder die Erweiterung von Wissen und Weisheit geht. Wenn der Dichter Arion und der Prophet Jonas aus dem Wasser gerettet werden, um ihr Wissen und ihre Weisheit zum Segen der Menschen weitergeben zu können, so sind sie schon kulturelle Epigonen eines urzeitlichen Rettungsaktes. In der altarisch-indischen Mythologie nämlich ist es wiederum *Vischnu*, der Erhalter, der nicht nur den Ur- und Frühmenschen Manu in Fischgestalt aus der Grossen Flut rettet, sondern vielmehr auch die dem Schöpfergott *Brahma* von einem Wasserdämon geraubten Weisheitsbücher – die *Veden* – diesem nach Überwindung des Dämons zurückbringt. Da die Veden für Brahma zur periodischen Neuschöpfung der Weltordnung unverzichtbar sind, ist Vischnus Rettungstat von fundamentaler Bedeutung für das Heil der Welt. Und wenn später Robert von Deutz im 12. nachchristlichen Jahrhundert bei seiner Kommentierung des alttestamentarischen Buchs Hiob unter assoziativer Nutzung des von Matthäus (Mt 13, 47) überlieferten Gleichnisses vom Himmelreich als einem Netz Christus einen großen Angelhaken auswerfen und das Seeungeheuer Leviathan damit fangen lässt, so drängt sich ein – zwar erkennbarer, aber in seiner Entwicklungslinie nicht genau nachvollziehbarer – Symbolzusammenhang zu dem christomorph interpretierbaren Überwinder des Wasserdämons und Rückholer der Veden auf. Nach einer altbabylonischen Sage ist es ein fischgestaltiger Gott (*Oannes*) der die Menschen in Wissenschaft und Weisheit einführt. *Ex aqua salus* also auch in Form von Wissen und Weisheit, wenngleich zumeist auf gefahrvollen Wegen und Umwegen. Das Heil muss dem in tiefen Wassern lauernden Verderben erst entrissen und (oder) durch dessen stete Vermeidung dauerhaft gesichert werden.

Nicht zuletzt die Welt der Märchen hat sich dieser indirekten und zwiespältigen Form der Wissens- und Weisheitsvermittlung zugewandt. Das uns von Ludwig Bechstein erzählte Märchen vom »Fischkönig« etwa warnt vor Torheit und mahnt zu Bedachtsamkeit bei der Aufstellung von Regeln: Der Versuch, den Hering längerfristig als König der Fische zu etablieren, muss angesichts einer allzu großen Zahl von »Königsfressern« scheitern. In Goethes Gedicht *Der Fischer*, in Bechsteins Märchen vom *Müller und der Nixe* (wie auch in Ernst Moritz Arndts Geschichte von der *Seekönigin*) wird vor Traumverlorenheit, Kopflosigkeit und Voreiligkeit gewarnt: Wer – wie der Müllerssohn und zahllose Jünglinge seiner Art – den Lockungen des schönen Scheins (hier in Gestalt verführerischer Wassernixen und Seejungfrauen) süchtig verfällt, wird zum Raub der Tiefe. Unverkennbar steht hier der männermordende Verführungszauber der Nixe nicht zuletzt auch für das potenziell und tendenziell Ozeanische des Eros. Und in dem uns durch die Gebrüder Grimm überlieferten, altbekannten Märchen *Von dem Fischer un syner Frû* wird die dämonische Kollusion zwischen der Unersättlichkeit der Fischersfrau und der Willfährigkeit des Butt schließlich durch die sich »gemäß der Ordnung der Zeit« (Anaximander) entfaltende Ausgleichskraft der göttlichen Gerechtigkeit aufgehoben, die der Maßlosigkeit eine schmerzliche, aber zugleich wohl auch befriedende, weil endgültige, Grenze setzt. Der zwielichtige, letzten Endes jedoch von den lichten Kräften in die Pflicht genommene, Zauberfisch als Vermittler und Vollstrecker also, der sich im Gewähren wie im Versagen, im Belohnen wie im Bestrafen als Wahrer der himmlischen Weltordnung erweist.

Eine Umkehrung der Szenerie erleben wir bei der – wohl als Gegenstück zu der noch berühmteren Vogelpredigt des Heiligen Franz von Assisi zu verstehenden – Fischpredigt des Heiligen Antonius von Padua. In den Darstellungen dieses legendären Geschehens recken die zur Predigt herbeigeschwommenen Fische ihre Köpfe in begieriger Andacht den Lehren des heiligen Mannes entgegen. Man mag die ebenso erbauliche wie vergnügliche Vorstellung als bloße Illustration einer Legende verstehen, kann sie aber auch ikonologisch auf die Tatsache beziehen, dass in den Frühzeiten des Christentums die mit dem – als Wasser des

Lebens verstandenen- Taufwasser getauften Christen *pisciculi*, Fischlein also, genannt wurden. Und dies umso stimmiger, als auch das von Jesus an den Fischer Simon Petrus und seinen Bruder Andreas gerichtete Wort »Folget mir nach; ich will euch zu Menschenfischern machen« (Mt 4, 19) eine unmittelbare Anregung hierzu bot. Dass Petrus später im christlichen Brauchtum zum Schutzpatron der Fischer wurde, denen hierzulande heute noch der Glückwunsch »Petri Heil!« entboten wird, mag man als Ausdruck der in allen Kulturen beobachtbaren materiellen »Unterfütterung« spiritueller Inhalte sehen.

Als Heilsmotiv findet sich der Fisch nicht zuletzt auf Taufbecken – der Fisch, der sich nun gar zum Symbol für Jesus Christus selbst, den im Taufwasser als gegenwärtig Vorgestellten, entwickelt. Schon der Kirchenlehrer Tertullian (160 bis ca. 220 n. Chr.) spricht vom Fisch (*ichthys*) Jesus Christus. Und Augustinus verbindet hiermit das in der populären deutschen Vereinfachung zum IHS (Jesus Heiland Seligmacher) gewordene, aus einer angeblich sybillinische Gesänge überliefernden Handschrift abgeleitete Akrostichon ΙΧΘΥΣ (Jesus Christos Theou Hyios Soter). Mystisch verstanden, so Augustinus, falle die Bedeutung des Wortes Christus mit der Bedeutung des Wortes Fisch zusammen, »weil Christus im Abgrund (der) Sterblichkeit wie in Meerestiefen lebendig, das heißt sündlos, bleiben konnte (*De civitate Dei*, 18, 23). Und wenn der im Abgrund der Sterblichkeit lebendige Fisch sich selbst zum Opfer darbringt, wie dies aus christlicher Sicht bei dem – mit dem Auftrag der Erlösung der Menschheit von Sünde und Tod inkarnierten – Jesus von Nazareth der Fall ist, so wird er zugleich auch zur geistlichen Speise und damit zum eucharistischen Symbol. Als solches tritt es in den Evangelien in Erscheinung. »Die Speisung der Viertausend« kraft des Brot-und-Fisch-Wunders (Mk 8, 6–9) etwa dürfte in diesem Lichte zu sehen sein. Auch in der christlichen Kunst ist die Fischsymbolik weit verbreitet. Dass sie jedoch so wenig wie jede andere Symbolsprache gegen (im doppelten Sinne des Wortes zu verstehende) »Auswüchse« gefeit ist, mag der Umstand belegen, dass seit der stärkeren Betonung des Dreifaltigkeitsgedankens gegen Ende des Römischen Reiches – dogmatisch festgeschrieben wurde er durch die antiarianische Mehrheitsfraktion auf den Konzilien von Nicäa (325) und Konstantinopel (381) – auch dreiköpfige Fische als Trinitätssymbole auftauchen. Manierismen dies, die sich dann allmählich wieder verlieren.

Letztlich dürfte die starke Betonung der Fischsymbolik in den ersten Jahrhunderten des Christentums – jenseits der insoweit wohl eher zeitbedingten Bibel-Interpretationen – kosmologisch und astrologisch zu verstehen sein. Zum einen nämlich beginnt mit unserer Zeitrechnung das – die Widder-Ära ablösende – Fische-Zeitalter, zum anderen steht die Geburt der Lichtgestalt des Christentums unter einer astrologischen Konjunktion von Jupiter und Saturn im Zeichen der Fische. Für die drei sternkundigen »Weisen aus dem Morgenland« dürfte diese Konstellation das Faszinosum ihres Reisezieles gebildet haben.

Wie immer es sich damit aber auch im Einzelnen verhalten haben mag: Astrologisch steht das Zeichen der sich umkreisenden Fische – das Bild der Bewegung im Wasser und damit der Lebenskräfte, die das Wachstum des aufsteigenden Jahres bedingen – für frühlingshaften Aufbruch. Und dies in jedem denkbaren Sinne: Aufbruch der materiellen Energien eines neuen Jahreszyklus oder auch Aufbruch der spirituellen Energien eines neuen Zeitalters, spiritueller Energien, die auch in die fleischlichen Niederungen des Materiellen hinabdekliniert werden konnten. So mag man etwa das Fleischverbot der benediktinischen Regel für die im Mittelalter bis zu 114 Fastentage in diesem Lichte sehen. Mehr oder minder zwangsläufig musste dieses zur großen Bedeutung der als »Flussgemüse« (*fluminum legumina*) betrachteten, eiweißreichen Fischnahrung im Lebensablauf der mittelalterlichen Klöster führen. Nicht zuletzt die *stimuli carnis* – so die Erklärung der heilkundigen und visionären Äbtissin Hildegard von Bingen – sollten auf diese Weise in Zaum gehalten werden. Weniger gedämpft denn gefördert wurden hierdurch jedoch die *stimuli auri*, da die – freilich nicht immer strenge – Einhaltung der Regel trotz der klösterlichen Teichwirtschaft zu einem erheblichen Druck auf die Fischpreise führte, zumal den Klöstern immer wieder umfangreiche Fischereirechte in öffentlichen Gewässern verliehen wurden. Wie in so vielen Lebensbezügen erfolgte auch in dieser Beziehung eine Inversion von spiritueller Intention und materieller Realisation.

Auch aus diesem – eher beiläufig gewählten – Blickwinkel scheint sich der Kreis zu schließen, der die Sinnhaftigkeit der Fischsymbolik birgt: Zum Glückssymbol werden konnte der Fisch im Lauf der Geschichte vieler Kulturen, weil er den Kreislauf des Lebens abbildet. Kraftvolle, frühlingshafte Lebensimpulse, die sich zu entfalten suchen, in ihrer Impulsivität jedoch an Grenzen stoßen, aus deren (oft genug schmerzhaften) Erfahrung neue Lebensimpulse auf einer fortgeschrittenen Bewusstseinsebene erstehen – ein wiederholbarer und sich auch oft genug wiederholender Zyklus, der in seiner letztlich spiralenförmigen Entwicklungs- und Aufstiegsdynamik bei fortschreitendem Bewusstsein kaum anders als glückhaft empfunden werden kann.

Die Geschichte der (Meeres-)Fischerei Ein Überblick

Patrick Schwan

1. Fischerei von der Frühzeit bis zu den Alten Hochkulturen

Fische werden seit zwei Millionen Jahren gefangen. Darauf jedenfalls deuten Werkzeuge aus Stein hin, auf die man in der Olduvai-Schlucht in Tansania gestoßen ist. Diesen Fund sollte man freilich nicht überbewerten. Vieles spricht dafür, dass der Fischfang in vorgeschichtlichen Zeiten nie die gleiche Bedeutung besaß wie die Jagd oder das Sammeln.[4] Externe Faktoren wie der Klimawandel dürften dafür verantwortlich sein, dass Alternativen zu diesen Nahrungsbeschaffungsformen gesucht und besondere Fischereipraktiken entwickelt wurden, zumal dort, wo die Nähe zur Küste oder zu Süßgewässern solches gleichsam nahe legte. Gleichwohl gilt als Grundregel, dass Fische das dürftige Nahrungsmittelangebot ergänzten, nicht jedoch zu substituieren vermochten. Die Gründe für den nachrangigen Stellenwert des Fischfangs liegen auf der Hand: Zum einen bedeutete es eine nicht geringe Anstrengung, mit den zur Verfügung stehenden Techniken einen Fisch zu fangen; die frühgeschichtlichen Fischer waren höchstwahrscheinlich nicht sehr erfolgreich bei der Jagd. Zum anderen stand der Ertrag in keinem Verhältnis zum Aufwand. Selbst im Falle einer erfolgreichen Jagd deckte ein Fisch, im Unterschied beispielsweise zu einem Hirsch, nur einen Bruchteil dessen ab, was an Nahrung benötigt wurde.

Noch heute benutzen die Angehörigen so genannter Naturvölker, beispielsweise die Stämme im Amazonasgebiet, vermutlich bis in die Steinzeit zurückreichende Fangmethoden. Sie vertrauen dabei – wie die Menschen der Steinzeit es taten – vor allem auf ihren Instinkt und ihre Erfahrung. Und auf eine ausgeprägte Beobachtungsgabe: die Fähigkeit nämlich, die Natur zu »lesen«, das Verhalten von Beutetieren zu antizipieren – eine Fähigkeit, die mit dem Aufkommen technisch ausgefeilterer Werkzeuge immer bedeutungsloser wurde und »zivilisierten« Menschen fast gänzlich abhanden gekommen ist. Die einfachste »Technik« stellt der so genannte »hilfsmittelfreie« Fischfang dar. Weder Vorkenntnisse noch Vorkehrungen sind erforderlich, um die an Strand angespülten Fische, Krebse und Muscheln aufzusammeln, und nur wenig Geschick ist notwendig, um Fische und Krebse auszubuddeln, die sich in den Sandboden langsam austrocknender Gewässer eingegraben haben. Eine weitere Methode des hilfsmittelfreien Fischfangs ist das starke Aufwirbeln des Sandes. Aufgrund des Sauerstoffentzugs infolge des aufgewirbelten Schlamms benommen, treiben die Fische orientierungslos an die Oberfläche und werden so zur leichten Beute. Dort, wo die Verhältnisse es erlaubten, werden sich die Menschen der Vorzeit auch die besondere Fähigkeit einiger Fischarten (Lachs, Stör, andere Kleinfische), Hindernisse überspringen zu können, zu Nutze gemacht haben, beispielsweise in Form des Errichtens künstlicher Hürden, die die Fische in eine Falle zu springen zwangen. Da sich Fische im flachen Wasser leichter fangen lassen als im tiefen, spricht einiges dafür, dass man sich zu gemeinsamer Jagd zusammentat und in halbkreisförmiger Anordnung die Fische in flaches Gewässer zu treiben suchte – ganz ähnlich etwa wie bei der Jagd auf Herdentiere, die an den Rand von Abhängen gedrängt wurden. Funde in vielen Regionen der Erde lassen darüber hinaus die Vermutung zu, dass dabei schon so genannte Fischkeulen zum Einsatz gelangten, Schlingen aus Leder, an deren Ende ein Stein befestigt war. Wahrscheinlich hat man auch die Tatsache ausgenützt, dass Fische in der Nacht von Licht angezogen werden. Leider lässt sich heute nicht mehr feststellen, wann und wo diese Fangmethoden erstmals eingesetzt wurden.

In diesem Zusammenhang stellt sich eine grundsätzliche Frage: Ab wann kann man vom »Fischen« bzw. vom »Fischfang« im eigentlichen Sinn sprechen? Reichen dafür schon unbeholfene Versuche aus, mit bloßen Händen einen Fisch zu greifen oder mit Steinen bzw. Speeren nach ihm zu werfen? Diese Methoden waren bei der Landjagd üblich, scheinen für die Jagd nach Fischen allerdings eher als ungeeignet und dürften daher auch keine weite Verbreitung gefunden haben. Funde von Holz-, Knochen- und Hornsplittern deuten immerhin darauf hin, dass die Menschen der Frühzeit schon speziell gezackte Harpunen- bzw.

Speerspitzen herstellten. Tatsächlich setzt der *Fischfang* ein gewisses Maß an Kultur, Rationalität und Erfahrung voraus: zum Beispiel die Einsicht, dass sich Fische durch Köder anlocken lassen, oder das abstrakt-ökonomische Kalkül, dass es sich lohnt einen kleinen Fisch zu opfern, wenn auf diese Weise ein größerer gefangen werden kann. Darüber hinaus ist eine spezifische Form der Fangtechnik unumgänglich, damit vom Fischfang im engeren Sinne gesprochen werden kann. Die Abgrenzungen bleiben jedoch schwierig, wenn nicht gar unmöglich. Die entscheidende Trendwende leitet, wie auf anderen Gebieten auch, die »neolithischen Revolution« vor rund 10.000 Jahren ein. Der Mensch wurde sesshaft, errichtete feste Siedlungen und wechselte von der aneignenden zur produzierenden Form des Wirtschaftens über; er entwickelte sich mit anderen Worten zum *homo faber*. Die Angehörigen der nordeuropäischen Maglemose-Kultur (um etwa 8.000 bis 5.000 v. Chr.) setzten erstmals gebogene Haken aus Knochen, Horn oder Holz ein, an deren einem (geweiteten) Ende eine Schnur befestigt werden konnte; teilweise verwendeten sie aber auch gekrümmte Dornen ohne Widerhaken zum Fischen. Dornen mit Widerhaken fanden erstmals gegen Ende der jüngeren Steinzeit Verwendung. Allerdings lässt sich aus heutiger Sicht nicht mehr feststellen, welche Gründe für diese Erfindung den Ausschlag gaben: Vielleicht war es der Wunsch, das Abrutschen des Köders zu verhindern; vielleicht war es aber auch die Absicht, dem am Haken hängenden Fisch eine Flucht unmöglich zu machen.

Die Wärmezeit in Nordeuropa (um etwa 5.000 v. Chr.), das so genannte Atlantikum, veränderte die Nahrungs- und Nahrungsbeschaffungsgewohnheiten des Menschen erneut. Das stetig wärmer und feuchter werdende Klima führte zur Bildung dichter Urwälder. Das Großwild verflüchtigte sich, kleines Wild wurde zum Jagdobjekt. Damit änderten sich auch Waffen und Jagdmethoden. Pfeil und Bogen und Wurfspeere lösten die Stichspeere ab. Die Fischerei wurde nun vermehrt mit Pfeil und Bogen betrieben. Funde von großen Muschelhaufen an vielen Küsten in Europa belegen überdies, dass auch andere Meeresprodukte nicht verschmäht wurden. Weit verbreitet war am Ende der Jungsteinzeit schon eine Art Vorläufer der Harpune: Speere, an deren einem Ende eine Leine befestigt war.

Kehren wir zur neolithischen Revolution und ihren Folgen zurück. Die Sesshaftwerdung des Menschen veränderte den Fischfang auch noch in einer anderen Hinsicht gravierend: Erstmals wurde es nun möglich, stationäre Fangeinrichtungen zu bauen und die zu bestimmten Jahreszeiten wiederkehrenden Lachs- und Störströme systematisch zu befischen. Mit Hilfe halbrundförmiger Steinwälle wurde den Fischen der Weg versperrt oder sie wurden in Becken abgedrängt, aus denen man anschließend das Wasser ablaufen ließ – der Fisch saß auf dem Trockenen. Diese Fallen erforderten regelmäßige Kontrollen und Wartungen, ein Hinweis darauf, dass sie frühestens ab dem Beginn der Siedlungsbildung errichtet worden sind. Konnte man mit »Angeln«, Harpunen oder Fischgabeln nur den einzelnen Fisch jagen bzw. fangen, so vermochte man nun in großer Zahl der Fische habhaft zu werden. Durch den Einsatz von Stellnetzen, Fischzäunen und Reusen erhöhte sich die Fischfangquote erheblich – bei gleichzeitigem Rückgang des Arbeitsaufwandes. Auf eine Länge von 30 Meter aufgestellt, verfingen sich im flachen Wasser – die Stäbe waren etwa 1,70 Meter hoch – Brachsen, Lachse oder ähnlich große Fische. Die Reusen waren meist pfeilförmig ausgerichtet, besaßen eine breite Öffnung und liefen spitz zu, so dass die Fische den Ausgang nicht wieder fanden. Verwendet wurden jedoch auch bewegliche Netze, geflochtene Bastschnüre mit Schwimmern aus Rinde, die das Netz senkrecht im Wasser hielten. Diese in der Tat »revolutionären« Fischfangtechniken waren aufwendig in der Herstellung, dafür freilich auch äußerst ertragreich. Es ist dies vielleicht die Zeit, in der man recht eigentlich von Fischerei sprechen kann; schließlich handelt es sich bei den geschilderten Techniken um speziell für den Fischfang gefertigte Jagdgeräte, die in dieser Form nicht für die Landjagd verwendet wurden.

Dass die aufwändigen Fangpraktiken die einfachen nicht verdrängten, sondern ergänzten, belegt das Beispiel der altorientalischen Hochkulturen. In den Überschwemmungsgebieten des Niltals wurde der Fisch nach dem langsamen Austrocknen der überfluteten Landschaften regelrecht mit der Hand aufgesammelt. In flachen Gewässern bediente man sich darüber hinaus auch so genannter Stülpkörbe, die oben eine Öffnung hatten, in die man hineinlangen und aus der man den Fisch herausholen konnte. Der Fischfang wurde insbesondere in den Hochkulturen des Alten Orients als Freizeitsport von der Oberschicht praktiziert. In den Grabkammern Ägyptens finden sich häufig Darstellungen, die den Verstorbenen in jagender Pose mit Speer in der Hand zeigen; besondere Ehre erwies man ihnen dadurch, dass man sie darstellte, wie sie mit einem Speerwurf zwei Fische gleichzeitig trafen. Auf eine ähnliche Form der Heroisierung verweisen möglicherweise auch die Bilder eines Anglers, von dessen Ruten-Ende zwei oder mehr Angelschnüre ins Wasser reichen – waren sie in der Handhabung doch zu unpraktisch. Die große Zahl an Darstellungen von Angelszenen legt die Vermutung nahe, dass diese zumeist in Ägypten ausgeübte Art des Fischens nicht von den Berufsfischern, sondern eben von den Würdenträgern betrieben wurde. Die gebräuchlichsten Fischfanggeräte dürften auch im Alten Ägypten Netze gewesen sein, da mit ihnen höhere Erträge erzielt werden konnten. Für den Einsatz so genannter Zugnetze war infolge des hohen Kraftaufwands eine größere Anzahl an Männern (zwischen drei und sieben bei kleineren, bis zu 18 Männer bei den größeren Netzen) erforderlich; bisweilen wurden auch Schultergurte verwendet. Grabinschriften lassen darauf schließen, dass in Ägypten (und in den Nachbarländern) nicht nur Speer, Angel und Zugnetz, sondern auch Netzkescher und Reuse beim Fischfang eingesetzt wurden.

Fischerei in der Antike und im Mittelalter

Zu einem unverzichtbaren Nahrungsmittel ist der Fisch spätestens seit dem zweiten Jahrtausend vor Christus für die Küstenvölker und die Völker der Flusstalkulturen geworden. In der Regel dominierte die freie Fischerei, wurde das Fischen von spezialisierten Berufsfischern als Gewerbe betrieben, regulierte die (lokale) Nachfrage das Angebot. Es ging jedoch auch anders, zumal in den hoch entwickelten, zentralistisch regierten Verwaltungsstaaten Mesopotamiens. Die sumerischen Herrscher beispielsweise verstaatlichten die Fischerei. Männer wurden zum Fischereidienst verpflichtet, wobei sie regelmäßig eine bestimmte Anzahl der Fangmenge abliefern mussten; Unterschlagung wurde hart bestraft. Einige dieser Gedrungenen sollen sich diesem Zwangsdienst durch Flucht entzogen haben.[5] Auch in Ägypten gab es staatlich besoldete Fischer, die für die Versorgung der Bevölkerung mit Frischfisch zuständig waren.[6] Wegen des Fischgestanks, der an ihnen haftete, mussten sie oftmals außerhalb der Stadt wohnen. Auf den Fischmärkten herrschten raue Sitten, Fischhändler und Fischer wie die römischen *piscatores* hatten keinen guten Ruf: Sie galten in der Regel als ungebildet, einfältig, gewinnsüchtig und korrupt. Kaiser Trajan forderte zu Beginn des 2. Jahrhunderts n. Chr. nachdrücklich dazu auf, betrügerische Fischhändler anzuzeigen. War der Fischerberuf auch nicht hoch angesehen, so erfreute sich wie in Ägypten, so auch in Griechenland und im Römischen Reich das Angeln mit Rute als Freizeitbeschäftigung der wohlhabenden Stände großer Beliebtheit.

Abb. 4: Fischer-Mosaik aus der Nilvilla in Leptis Magna (Libyen), 2. Jahrhundert n. Chr. (Quelle: Salvatore Aurigemma, Italy in Africa. Tripolitania I, 1 The Mosaics, Rom 1960)

Welch große Rolle die Fischerei im Allgemeinen und das Fischen mit Zugnetzen im Besonderen spielte, mag ein Blick ins Neue Testament belegen. So heißt es beispielsweise im Johannes-Evangelium (Joh 21, 8): Die Jünger Jesu, der bekanntlich als »Menschenfischer« stilisiert wurde, zogen vom Boote aus »das Netz mit den Fischen hinter sich her«. Im Gleichnis vom Fischnetz bei Matthäus (Mt 13, 47–48) ist – ebenso wie bei Lukas (Lk 5, 4–5) – die Rede davon, dass das Netz ins Meer »geworfen« wurde.[7] Man darf also davon ausgehen, dass der Einsatz von Netzen das gängige Verfahren war. Antike Historiker berichten von Stämmen, die sie *Ichthyophagen* (»Fischesser«) nennen und deren Lebensgrundlage das Meer und die Fische sind. Arrian (95–175 n. Chr.) beschreibt sie als Menschen, die »ihr ganzes Leben von den Fischen« fristen. »Nur ganz wenige von ihnen bebauen etwas Land, und das Getreide davon gebrauchen sie als Zukost zu den Fischen. Denn das ›Brot‹ sind für sie die Fische«, deren zartesten sie sogar roh aßen, »so, wie sie sie da aus dem Wasser herausziehen«, und aus deren Resten sie sogar noch ihre Häuser bauten.[8] Doch außer den von Arrian beschriebenen Lebensgewohnheiten ist über dieses Volk nichts weiter bekannt – man weiß weder, wo es hergekommen noch was aus ihm geworden ist.

Eine regelrechte *Fischkultur* entstand im antiken Griechenland. Man aß Fische gekocht, gebraten oder auch gepökelt, meist zusammen mit Brot. Seeigel und Tintenfische wurden sogar roh gegessen. Diogenes soll beim Verzehr eines rohen Polypen gestorben sein – er wollte demonstrieren, dass er selbst auf die immer mehr um sich greifende Kulturerscheinung des Kochens verzichten könne. Es gab billige aber auch sehr teure Fische, und eine Unmenge an Rezepten. Fischsaucen stellten eine weit verbreitete Delikatesse dar. *Garon* dürfte wohl die bekannteste gewesen sein, ihre Zubereitung galt als Berufsgeheimnis. Man nimmt an, dass sie unter anderem aus Stör, Thun und Makrele bestand, die mit Wein und Gewürzen versehen einige Monate gärten. Ihrer Leidenschaft für teure Fischgerichte wegen sollen sich einige Griechen sogar ruiniert haben. Plutarch nannte diejenigen, »die ihre Ohren nach der Marktglocke[9] spitzen und bei jeder Gelegenheit um die Fischhändler herumhüpften« *opsophagoi*, Fischliebhaber. Chrysipp ging noch einen Schritt weiter und sprach von *opsomanēs*, was soviel wie *Fischverrückter* bedeutet – in Anlehnung an den Begriff *gynaikomanēs*, mit dem Männer beschrieben wurden, die nach Mädchen verrückt waren. Die Fischverrücktheit ging freilich noch viel weiter. Fische wurden auf Münzen geprägt, fanden Eingang in Redewendungen[10] oder waren zentrales Thema vieler Dichtungen und Theaterstücke. Eine Vielzahl von Dichtern und Historikern schrieb über Fischer. Sie wurden – und dies deutet auf den sozialen Status des Fischerberufes hin – als arme, aber bescheidene und freundliche Wesen charakterisiert; zuweilen freilich auch verspottet, vor allem in den Komödien. Es entstand sogar eine neue Literaturgattung, die *halieutica*. In diesen Werken wurde alles Wissenswerte über Fische, angefangen von den verschiedenen Arten, über ihren Nährwert bis hin zu den verschiedenen Techniken des Fischfangs zusammengestellt. Es wurden selbst Diskussionen darüber geführt, ob sich auch Homers Helden von Fischen ernährten – in seinen beiden Epen kommen sie nämlich nicht vor.

Auffällig ist die – mit der gestiegenen Nachfrage zusammenhängende – Professionalisierung des Fischfangs, sowohl was das Angeln betrifft, als auch in Bezug auf den Fang mit dem Netz. Da die Angelschnur für die Fische möglichst unsichtbar bleiben sollte, verwendete man zumeist die Haare von Pferdeschweifen, aber auch Fasern von Ginster und Flachs. Außerdem benutzte man Ruten aus mehreren zusammensteckbaren Teilen, da diese sich als robuster bzw. flexibler erwiesen und nicht so schnell brachen wie die Ruten aus einem Stück, oder man verwendete biegsame Stangen. Als Anglerwerkzeug dienten darüber hinaus aber auch einfach um die Hand gewickelte Schnüre aus gedrehtem Flachs. Die Schnüre waren teilweise mit Bleigewichten beschwert, manche besaßen mehrere Haken. Auch für den Fang mit dem Netz gab es zahlreiche Varianten. Der Dichter Oppian[11] (ca. 149 bis 179 n. Chr.) erwähnt in seiner *Halieutica* unter anderem Wurf-, Zieh-, Schlepp- und Sacknetze sowie Ziehgarne. Ausdrücklich weist er darauf hin: »Unzählig sind die vielerlei Arten solcher klug gefertigten gewölbten Netze.«[12] Neben Angel und Netz wurden vor allem Reuse und Dreizack eingesetzt, letzterer war auch das Zepter des Meeresgottes Poseidon.

Auch über die Fische selbst wusste Oppian einiges zu schreiben: So unterschied er die verschiedenen Fischarten beispielsweise durch ihre speziellen Charakteristika wie Schläue, Bedürfnisse und Aggression, weshalb sich die Fischer jeweils besonderer Fangmethoden zu bedienen hätten. Goldmakrelen könne man etwa dadurch fangen, dass man Bündel aus Rohr zusammenschnüre und mit Ballast in die Tiefe des Meeres hinunterließe. Dies würden die Fische anlocken, denn die »Schatten liebenden Scharen der Großen Goldmakrelen sammeln sich sogleich zu Schwärmen, und sie verweilen und freuen sich daran, mit ihrem Rücken am Rohr zu reiben.«[13] Für die Fischer sei es nunmehr ein Leichtes, durch mit Köder bestückte Haken, die in die Mitte der Schwärme geworfen werden, erfolgreich Beute zu machen. Den Kraken hingegen könne man nur durch eine List beikommen, indem man nämlich ihre Schwäche für Oliven ausnütze; sie »lieben [in der Tat] die Sprösslinge des Baums der Athene und empfinden Verlangen nach seinem hellen Laub«. Mit gleichem untrüglichem Gespür, mit dem der scharf spürende Knossoshund im Gebirge die wilden Tiere findet, bemerke auch der Krake »dass ein üppiger Olivenbaum in der Nähe ist, taucht aus der Tiefe hervor und kriecht freudig aufs Land und nähert sich dem Stamm des Baumes der Athene. Da dreht und windet er sich zunächst voll der Freude um die Wurzelenden, wie ein Knabe, der seine Amme liebevoll empfängt, nachdem sie kürzlich fort gegangen«. Wie ein Küssender umschlänge er freudig die öligen Zweige des Olivenbaums und krieche erst dann wieder ins Wasser zurück, nachdem seine Liebe und seine Begierde nach den Oliven befriedigt sei. Oppian empfiehlt daher, dichte Olivenzweige abzuschneiden und über den Bootsrand hinaushängen zu lassen. Von den befreundeten Schösslingen ließe der Krake nicht mehr los, auch wenn er als Beute eingeholt wird. »Und er hasst den Olivenbaum nicht, wenngleich er zugrunde geht.«[14] Ähnlich geht es den Geißbrassen mit den Ziegen. Tränen in den Augen, so Oppian, hätten diese Fische, wenn sie Abschied von den Ziegen nehmen müssten. Angelockt von ihrem Gemecker und dem starken Duft kämen die Brassen angeschwommen zur Herde der Schafe, die von ihrem Hirten zur Abkühlung ins seichte Meer getrieben würden. Trotz ihrer Trägheit springen sie freudig aus dem Wasser und umschwänzeln, umlecken und umdrängen die gehörnte Schar. Der kluge Fischer werfe daher ein Ziegenfell über und befestige zwei Hörner an den Schläfen und locke durch Gerstenmehl und Ziegenfleisch zugleich die Brassen an, die voll Freude über die reichliche Nahrung, den Anblick und den Duft die vermeintliche Ziege umschwänzeln. Dann ist es nur noch ein leichtes die Fische mit der Hand zu fangen. Die *Halieutica* des Oppian sind voll solch' absonderlicher Informationen. Mögen die oben angeführten Schilderungen heutigen Lesern auch als blumige Übertreibungen erscheinen, vieles davon basiert auf sorgfältiger Beobachtung und intensivem Studium. Oppian führt über 120 verschiedene Fische des Mittelmeers auf, kennt Wale, Delphine, Seehunde, Krebse und Molluske, weiß über die Wanderungen der Thunfische und die Möglichkeit, männliche Fische mit Hilfe von Weibchen zu locken.

Im Unterschied zu den Griechen, die den Fisch nicht nur als Lebensmittel, sondern als »literarisches Kulturgut« schätzten, war den Römern jene typisch hellenische »Fischverrücktheit« fremd. Dennoch nahm der Fisch auch im Römischen Reich eine bedeutsame Stellung ein. Ein (freilich einigermaßen kurioses) Indiz dafür ist etwa die Tatsache, dass sich viele Römer – wie es siegreiche Generale mit von ihnen unterworfenen Völkern machten – mit den Namen ihrer eigenhändig gefangenen Lieblingsfische schmückten; so nannte sich ein gewisser Sergius »Orata« (Goldbrasse) und der Fischliebhaber Licinius »Murena« (Muräne) oder auch eben nur »Lucius« (Hecht). Wie die Griechen waren auch die Römer an natur- und verhaltenswissenschaftlichen Kenntnissen, die Fische betreffend, interessiert. Fragen der Heilwirkung spielten ebenfalls eine gewisse Rolle: Plinius der Ältere (23–79 n. Chr.) beispielsweise führt in seiner *Naturkunde* eine Übersicht über die heilende Wirkung der unterschiedlichen Wassertiere auf. Wie in Griechenland so galt auch in Rom der *eine* Fisch als Grundnahrungsmittel der Armen und der *andere* Fisch als Delikatesse der Reichen. Allerdings wurden mit dem Aufstieg Roms zu einer Millionenstadt ganz andere Umsatzdimensionen erreicht, als es in den vergleichsweise kleinen Poleis Griechenlands der Fall gewesen war.

Der enorme Nachfrageschub stimulierte die Angebotsseite und führte zu einer Intensivierung des Fischfangs. Die insbesondere in der Kaiserzeit stetig zunehmenden Konsumbedürfnisse des römischen Adels trugen das Ihrige dazu bei, die Nachfrage nach Fischen im Allgemeinen und nach »Luxusfischen« im Besonderen zu vergrößern. Plinius berichtet, dass der ehemalige Konsul Asinius Celer für eine Meerbarbe rund 8.000 Sesterzen zu zahlen bereit war,[15] – ein Betrag, für den man zu dieser Zeit auch zwei Sklaven kaufen konnte. Erstmals in der Geschichte der Menschheit wurde die Fischerei »im großen Stil« betrieben – mit jenen Konsequenzen, die wir auch heute kennen: Überfischung der Gewässer und Verschlechterung der Fischqualität. Wobei Letztere nicht auf übertriebene Züchtungsanstrengungen, sondern, so Juvenal, vielmehr auf die steigende Verschmutzung der Gewässer, namentlich des Tibers, zurückzuführen war. Neue Fangmethoden kamen nicht zum Einsatz. Dafür stieg die Anzahl der Fischer – und damit auch die absolute Zahl gefangener Fische.

Gefischt wurde – so berichtet es wenigstens der römische Schriftsteller Aelian (170–230 n. Chr.) in seinem Werk *De natura animalium* – mit Netz, Dreizack, Reuse und Angel.[16] Die verschiedenen Methoden werden von Aelian sozial differenziert: Während die Netzfischerei (infolge der großen Menge gefangener Fische) zu Reichtum verhelfe und somit eine »rationalisierte«, gewerbliche Form des Fischfangs darstelle, das Fischen mit Speer bzw. Dreizack – dem Symbol Poseidons bzw. Neptuns – große körperliche Kraft verlange und somit eine eher athletische Betätigung darstelle, zu der nicht jedermann geeignet sei, der Gebrauch der Reuse schließlich Geschick und Ausbildung erfordere, sich eben deshalb aber nicht für freie Männer schicke, dürfe allein das Angeln als die vollendete und einem freien Mann einzig angemessene Form des Fischens gelten. Funde von antiken Angelhaken in den Gärten großer Landhäuser, aber auch Abbildungen auf Vasen, die Gottheiten beim Angeln zeigen, deuten darauf hin, dass Angeln eine vornehme Freizeitbeschäftigung war. Plutarch berichtet, dass Kleopatra und Marc Anton gerne zum Angeln gingen.[17]

Schon vor 2.000 Jahren ist es in bestimmten Teilen des Römischen Reiches zu Fischknappheit, wohl infolge von Überfischung, gekommen. Dafür spricht jedenfalls der Umstand, dass Fernhandel mit Fischen und Fischzucht ein einträgliches Geschäft darstellten. Vieles spricht überdies dafür, dass die geschäftstüchtigen Römer zwecks Beseitigung dieses Problems Störe, Muränen und andere nichteinheimische Fische umsiedelten.[18] Unter Kaiser Tiberius Claudius wurde beispielsweise der Papageifisch, der Aelian zufolge »über das Vorgebirge Lekton in der Troas nie freiwillig hinausschwimmt«, an der Küste zwischen Ostia und Kampanien ausgesetzt und für fünf Jahre unter Fischfangverbot gestellt. Die Fischzucht war so ausgefeilt, dass man sogar die Temperierung des Wassers und die Wassertiefe den Vorlieben der jeweiligen Fischart anzupassen versuchte. Lukrativ war das Geschäft mit dem Fisch allemal. Das Einkommen der Fischzuchtbetreiber übertraf das wohlhabender Landwirte nicht selten um das Doppelte. Meeresfisch war besonders beliebt und daher entsprechend teuer. Um die Preistreiberei einzuschränken, erließ zu Beginn des vierten Jahrhunderts Kaiser Diocletian, ein Edikt, das Höchstgrenzen für die Preise von Fleisch und Fisch festsetzte: Meeresfische durften danach nicht mehr als 24 Denare, Flussfische höchstens die Hälfte kosten; der teuerste Schinken wurde für 20 Denare angeboten. Hauptgrund für die hohen Preise war, wenn wir Juvenal (etwa 55–135 n. Chr.) Glauben schenken dürfen, die bereits angesprochene Knappheit. Der römische Satiriker übte heftige Kritik an der römischen Dekadenz, an der Völlerei und der Gier nach kulinarischen Genüssen, welche dazu geführt hätten, dass die Fischvorkommen des Tyrrhenischen Meeres nunmehr völlig erschöpft seien. Verantwortlich für den allenthalben zu beobachtenden Fischschwund sei die Fischerei mit dem Netz, welche es den Fischbeständen nicht ermögliche sich zu regenerieren, weshalb Fisch aus fremden Ländern eingeführt werden müsse.[19] Juvenal erbittert sich über das Gewinnstreben der Kaufleute und Fischer, die sich selbst vor der »grausen Charybdis« nicht abschrecken lassen.[20] Als Anekdote am Rande mag man in diesem Zusammenhang den Hinweis Lukians (ca. 120–180 n. Chr.) verstehen, dass die Fischer häufig genug alten Tand anstelle der erhofften Beute aus dem Meer zogen: »[U]nd dann, wenn sie sich abgemüht haben und das Netz oben ist, bekommen sie nichts zu Gesicht als einen Stein oder einen kleinen Tontopf mit Sand darin.«[21]

Im Mittelalter stieg der Fischkonsum sprunghaft an. Der Grund hierfür dürfte vor allem in der Christianisierung Mitteleuropas beziehungsweise in der Einrichtung einer »fleischlosen« Fastenzeit zu suchen sein. Weil der Verzehr von Fleisch verboten war, wechselte man zum Fisch über, der seines hohen Eiweißgehalts wegen überdies als besonders gesund galt. Die Kirche schrieb den Fischverzehr in der Fastenzeit nicht vor, doch lag der Griff nach dem Fisch nahe, aufgrund seines Nährwertes, vor allem aber aufgrund seines im Vergleich zum Fleisch viel niedrigeren Preises. Als Speise regelrecht verordnet wurde Fisch in gewissen herrschaftlichen Verfügungen, die der »Werkleute« Lohn und Kost regelten, so etwa in der Landesordnung der Herzöge Ernst und Albrecht von Sachsen aus dem Jahre 1482: »Es soll auch von niemand anders gehalten werden und man soll denselben Werkleuten allezeit zu ihrem Mittag- und Abendmahle vier Essen geben, an einem Fleischtage ein Suppen, zwei Fleisch und Gemüse«. »Auf einen Freitag und anderen Tag, da man nicht Fleisch isset, ein Suppe, ein Essen grün oder dürre Fisch, zwei Zuggemüse. So man fasten muss fünf Essen: Ein Suppen, zweierlei Fisch, dürr oder grün, und zwei Gemüse. Zudem morgens und abends Brot.«[22] Fluss, See und Meer galten das ganze Mittelalter hindurch als sichere Nahrungsquelle, im Gegensatz zur Landwirtschaft, deren Erträge nicht nur saisonalen Schwankungen unterlagen, sondern auch durch die zahlreichen Kriege und Seuchen ständig bedroht waren. Missernten infolge schlechter Regenjahre schlugen sich auf den Viehbestand und die landwirtschaftliche Produktion nieder, die Fischpopulation hingegen blieb von diesen Ereignissen weitgehend unberührt – ein Umstand, der bereits zu Zeit Karls des Großen erkannt und in das kaiserliche Programm einer systematischen Gewässerpflege und Fischzucht umgesetzt wurde.

Im frühen Mittelalter dominierte, jedenfalls in Mitteleuropa, die Binnenfischerei; Meeresfische fing man allenfalls vor der Küste. Ein intensiverer Meeresfischfang setzte erst im Hochmittelalter ein. Neuesten Erkenntnissen zufolge kam es bereits im Zeitraum von 950 bis 1050 in der Nordsee zu einer Überfischung insbesondere des Kabeljaus und des Herings, die in dieser Zeit aufgrund des warmen Klimas ohnehin eine niedrige Populationsquote aufwiesen.[23] Aus spätmittelalterlichen Darstellungen geht hervor, dass die gleichen Fangtechniken wie schon in der Antike Verwendung fanden. Es wurden die gleichen Netzarten eingesetzt, ebenso Reusen, der Dreizack und natürlich die Angel. Eine gewisse Rolle spielte auch die bereits aus der Antike bekannte Giftfischerei, deren vermehrter Einsatz durch das Aufkommen der Alchemie begünstigt wurde. Die Giftfischer wollten die Fische freilich nicht töten, sondern bloß betäuben – schließlich sollten die Fische noch genießbar sein. Albertus Magnus (1193–1280) empfahl in diesem Zusammenhang, Rosen, den Fuß eines Wiesels sowie Senf in ein Netz zu legen, »so fahestu vil Fisch«.[24] Längere Fangreisen auf dem Meer unternahmen seit dem 13. Jahrhundert vor allem die Holländer und die Engländer. Während der Kabeljau auch noch mit der Angel gefischt wurde, verwendete man für den Heringsfang ausschließlich Treib- und Schleppnetze. Interessanterweise sorgten sich englische Fischer schon im 14. Jahrhundert darüber, dass diese Netze die Meeresbodenstruktur beeinträchtigen könnten. Dreihundert Jahre später waren es schließlich die Holländer, die forderten, weniger Schleppnetze für den Fischfang einzusetzen, da diese die Erfolgsquote der anderen Netze merklich beeinträchtigten.[25] Der Fischfang war ganz unterschiedlich organisiert: Vielfach wurden Gesellschaften gegründet, die sich auf den Fischfang spezialisierten. Manchmal taten sich auch nur einzelne Kaufleute zusammen, die gemeinsam ein Schiff ausrüsteten, bisweilen auch nur für eine einzige Fangfahrt. Die Holländer entwickelten im 15. Jahrhundert sogar einen neuen Schifftypus, die so genannte Heringbüse, auf der der Fang gleich eingelegt werden konnte. Durch das systematische Einsalzen des Fanges wurde die Haltbarkeitsdauer der Fische verlängert – dies hatte den Vorteil, dass man länger auf See bleiben und größere Erträge erzielen konnte. Das war der Beginn der »Großen Heringsfischerei«. Um die Erfolgsquote zusätzlich zu erhöhen, vergrößerte man die Netze: Bis zu 40 Netze wurden nicht selten miteinander verbunden.

Mit dem Übergang zum 16. Jahrhundert erfuhr die westeuropäische Fischerei eine enorme Ausweitung. Eine regelrechte Fischindustrie entwickelte sich. Ausschlaggebende Faktoren hierfür waren zum einen verbesserte Konservierungsmethoden, zum anderen die Neuentdeckung Amerikas und seiner fischreichen Küsten sowie die Ausweitung des Handels insgesamt. Eine gewisse Rolle dürfte auch die Gegenreformation gespielt haben, in deren Verlauf den Katholiken strenge Regeln auferlegt wurden, unter anderem das Gebot Freitags Fisch zu essen. Während die Hanse vornehmlich in Nord- und Ostsee auf Fischfang ging, zog es Briten und Franzosen über den Atlantik an die Ostküste Amerikas, wo sich in der Folgezeit ein neuer Absatzmarkt entwickelte. Die Deutschen kopierten von den Holländern die Heringbüse und gingen an den Küsten Norwegens massiv auf Heringsfang. Auch der Kabeljau war sehr beliebt. Seine gute Verwertbarkeit und seine Lagerfähigkeit machten ihn zu einem bevorzugten Fisch, außerdem ließ er sich relativ leicht fangen. Leicht fangen lassen mussten sich auch jene Fische, denen die Angehörigen des wohlhabenden Bürgertums und des Adels seit dem 16. Jahrhundert vermehrt nachstellten. Das Angeln wurde (wieder) entdeckt: als Freizeitbeschäftigung einer Elite, die endlich auch genug Muße für angenehmen Zeitvertreib aufbrachte, als Naturerlebnis und als meditative Tätigkeit. 1496 erschien in London *The Treatyse of Fysshynge wyth an Angle*, eine Abhandlung über effektives Angeln. In diesen Aufsatz wird erstmals die Methode des Fliegenfischens erwähnt, welches ausschließlich zum Zeitvertreib und als Quelle der Erholung auszuüben sei. Die Benediktiner-Äbtissin Juliana Berner beschreibt darin im Detail, wie man der Forellen und Lachse mit künstlichen Fliegen am besten habhaft werden könne. Als Ersatz für die Fliege empfiehlt sie, ähnlich wie schon Aelian 1.300 Jahre zuvor, Wolle und kleine Federn, die der Farbe des imitierten Insekts möglichst nahe kommen. Um erfolgreich zu sein, müsse man je nach Monat eine andere künstliche Fliege verwenden – die heilige Frau hatte nämlich festgestellt, dass die Insekten, die auf den Wässern trieben, regelmäßig und je nach Jahreszeit wechselten und/oder ihr Aussehen veränderten; daraus zog sie den Schluss, den Köder diesen Umständen anzupassen, und entwickelte insgesamt zwölf unterschiedliche Fliegenmuster für die Monate März bis August. Der richtigen Anbringung des Köders (in diesem Fall eines Frosches) galt die besondere Sorge Izaak Waltons (1593–1683), der dem Angler in einem – zu seiner Zeit ungemein populären – Buch über einen passionierten Angler folgende Methode für den Hechtfang empfiehlt: »Man nehme den Haken und stecke ihn so in sein Maul, dass er an seinen Kiemen herauskommt; dann nähe man mit einer feinen Nadel und etwas Seide mit nur einem Stich den oberen Teil seines Beines an den Drahthaken, oder man binde das Froschbein am oberen Gelenk an den Haken; das alles muss man jedoch so machen, als ob man ihn liebte, man verletzte ihn so wenig wie möglich, damit er möglichst lange leben darf.«[26] Geangelt wurde ansonsten auf jene Weise, die bereits seit Jahrtausenden üblich war, mit Rute und Garn. Die einzige nennenswerte technische Neuerung stellte die Verbesserung der Haken dar, welche nun erstmals gehärtet wurden. Die höhere Stabilität eröffnete den Anglern zugleich die Möglichkeit, größere Fische als je zuvor zu fangen.

Fischfang vom 19. Jahrhundert bis zur Gegenwart

Die größte Veränderung erfuhr der maritime Fischfang im Laufe des 19. bzw. zu Beginn des 20. Jahrhunderts. Der Vorgang ist zu komplex, als dass er hier in all seinen Aspekten dargestellt werden könnte – schließlich änderten sich in dieser Zeit nicht nur Technologien und Techniken, sondern auch die ökonomischen Grundtatbestände und Parameter. Die rapide Bevölkerungszunahme schuf eine Massennachfrage, die Neukonfiguration der »Produktionsverhältnisse« (Karl Marx) anonyme Massenmärkte und die Industrialisierung dafür die entsprechenden technischen bzw. (infra-)strukturellen Voraussetzungen. Fische werden heute nicht mehr gefangen, um eine lokale Nachfrage zu befriedigen, jedenfalls nicht in erster Linie, sondern weil sich mit ihnen Geld verdienen lässt. Sie sind zur Ware geworden, werden wie andere Konsumartikel auch industriell *produziert*, und zwar in Größenordnungen, die alle zuvor bekannten Dimensionen sprengen. Selbstverständlich gibt es sie noch, die lokalen Fischer, die ihren Fang auf lokalen Märkten direkt vermarkten; jedoch bilden sie die Ausnahme. Die überwiegende Mehrheit der Berufsfischer liefert ihre Ware in Auktionshäusern oder an Zwischenhändler ab, die die überregionale Distribution besorgen.

Die Versorgung von Massen erzwang, analog zur Massenproduktion in den Fabriken, den Massenfang. Kapitalkräftige Fischfanggesellschaften entstanden, die in der Hoffnung auf Rendite große Summen in Schiffe und Ausrüstung investierten. Bis zur Jahrhundertwende wurden nahezu ausschließlich Segelkutter für den Fischfang verwendet. Die Motorisierung der Schiffe setzte zu Beginn des 20. Jahrhunderts ein und trug entscheidend zur Industrialisierung der Fischerei bei. Der Motorenantrieb machte die Fischer unabhängig vom Wetter und von den Jahreszeiten; sie konnten die Fanggebiete nun schneller wechseln und insgesamt noch länger auf hoher See bleiben. Die Motorkraft wurde jedoch nicht nur zur Fortbewegung genutzt, auch die Winden, mit denen die Netze gezogen wurden, konnten nun maschinell betrieben werden. Dadurch wurde der Einsatz größerer Netze möglich, was wiederum die Fangkapazität erhöhte. Der schnelle Anstieg der Weltbevölkerung führte nach dem Zweiten Weltkrieg zu einer explosionsartigen Expansion der Fischereiwirtschaft. Riesige Fangflotten durchkämmten Tag und Nacht die Meere, zogen kilometerlange Schleppnetze durch das Wasser und kamen mit vollen Laderäumen zurück. Der Fischfang erwies sich als äußerst lukratives Geschäft – konnte man die Meeresfische doch »ernten«, ohne zuvor gesät zu haben. Der Fischreichtum schien unerschöpflich, eine natürliche Grenze nicht in Sicht. Entsprechend groß war die Euphorie, und entsprechend euphorisch waren die Prognosen: Einer Schätzung des US-Innenministeriums aus dem Jahr 1967 zufolge betrug die Menge an Fisch und Meeresfrüchten, die sich mit den zur Verfügung stehenden technischen Mitteln fangen ließ, zwischen einer und zwei Milliarden Tonnen. Die jährlich produzierte Biomasse der Meere wurde auf 700 Milliarden Tonnen beziffert. Etwa eine halbe Milliarde davon – so nahm man an – könne unter der Voraussetzung eines ausgewogenen Kosten-Ertrag-Verhältnisses abgefischt werden.[27] Diese exorbitanten Fehleinschätzungen führten dazu, dass selbst ausrangierte Kriegsschiffe zu leistungsfähigen Hochseetrawlern umgebaut wurden. Viel Geld wurde darüber hinaus in die Entwicklung der Sonartechnik zur Ortung der Fischschwärme investiert. An die Stelle von Erfahrung und Glück, die man früher brauchte, um die Treibnetze genau in die Bahnen eines Schwarmes auszulegen, trat jetzt die Technik. Schon ab den 1920er Jahren wurden Flugzeuge eingesetzt, anfangs nur für die ertragreichere Wal- und Robbenjagd, später auch für den Herings-, Thunfisch- und Makrelenfang. Heutzutage werden regelmäßig Ortungsflugzeuge, hochsensible Sonarortungsgeräte und satellitengestützte Kommunikationssysteme benützt, um Fischschwärme aufzuspüren.

Dem uneingeschränkten Fischfang wurden 1977 mit der Einführung der 200-Meilen-Zone rechtliche Grenzen gezogen.[28] Dieser Einführung voraus ging ein Konflikt zwischen Island und Großbritannien, der unter dem Namen »Kabeljaukrieg« in die Geschichte eingegangen ist. Auslöser dieses Konflikts war die eigenmächtige Ausdehnung der Fischereigrenzen durch Island, die den Widerstand Großbritanniens provozierte. Die Spannungen eskalierten und führten in beiden Ländern, immerhin westlichen Demokratien, zur Mobilisierung der jeweiligen Kriegsmarine und zum Abbruch der diplomatischen Beziehungen. Beigelegt wurde die Auseinandersetzung schließlich durch die Einführung der 200-Meilen-Zonen. Seither gehören die ersten 200 Meilen zwischen Küstenlinie und offenem Meer zum staatlichen Hoheitsgebiet. Innerhalb dieser Zone dürfen ausschließlich einheimische Fischer, Bürger des betreffenden Staates also, die Netze auswerfen. Eine Maßnahme mit Schutzfunktion vor allem für jene Länder, deren Wirtschaft zu großen Teilen vom Fischfang abhängt. Berechnungen des WWF zufolge tragen allein in Asien Meere und Küsten 40 bis 60 Prozent zum Bruttosozialprodukt bei. Weltweit arbeiten in der Fischwirtschaft und in angegliederten Produktionszweigen rund 230 Millionen Menschen.[29] Für die so genannten Entwicklungsländer, in denen auch die meisten dieser Menschen leben, ist Fisch nach Rohöl das wichtigste Exportprodukt. Die Bedeutung der Fischerei für die nationale Wirtschaft zahlreicher Länder dokumentieren nicht zuletzt die hohen staatlichen Subventionen. Allein die Regierungen der OECD-Staaten zahlen jährlich rund sechs Milliarden Dollar an Fischerei-Subventionen. Schätzungen zufolge betragen die jährlichen Subventionen weltweit zwischen 15 und 20 Milliarden Dollar.[30] Und da die Höhe der bewilligten Mittel oftmals nach Kriterien wie Größe und Fangerfolg bemessen wird, fördern diese Unterstützungsmaßnahmen den Ausbau der Fangkapazität: Tatsächlich wird der größte Teil dieser Gelder in den Bau neuer Schiffe und die Modernisierung der Flotten investiert – mit der Folge, dass sich der Druck auf das sensible Ökosystem Meer und seine Bewohner erhöht. 75 Prozent aller Meere gelten heute als überfischt, und weit über die Hälfte aller wirtschaftlich interessanten Fischarten sind nach Schätzungen der Vereinten Nationen in ihrer Existenz bedroht.

Bis zum Ende der 1980er Jahre wuchs der Stellenwert von Fisch als Nahrungsmittel und Wirtschaftsfaktor permanent an. Betrug nach dem Ende des Zweiten Weltkriegs der jährliche Weltfischereiertrag etwa 20 Millionen Tonnen, so wurden in den 1990er Jahren ca. 90 Millionen Tonnen erreicht. Während sich jedoch die Quote bis 1970 verdreifachte, ist seitdem ein deutlich langsamerer Anstieg festzustellen. Seit den 1980er Jahren liegt die jährliche Fangquote trotz technischer Aufrüstung und Modernisierung konstant zwischen 90 und 100 Millionen Tonnen. Kompensiert werden die Wachstumsausfälle durch die Ausbreitung der Aquakultur, die seit den 1980er Jahren stetig an Umfang zunimmt und mit ihrer vielfältigen Produktpalette in immer größerem Maße zur Deckung des steigenden Fischbedarfs, der im Jahr 1999 bei ungefähr 126 Millionen Tonnen lag, beiträgt. Diese Zahlen deuten darauf hin, dass eine weitere Steigerung der Fangerträge offensichtlich nicht mehr möglich ist. Werfen wir an dieser Stelle einen kurzen Blick darauf, wie diese (auf hohem Niveau stagnierende) Quote erreicht wird. Die Fischtrawler sind hoch spezialisierte High-Tech-Maschinen, ihre Besatzung besteht aus Spezialisten, im Falle der riesigen Industrieschiffe, die den Fang gleich an Bord verarbeiten, freilich auch aus ungelernten Arbeitern, die unter Deck einen harten *Job* verrichten. Seekarten werden schon lange nicht mehr verwendet, stattdessen greift man zu GPS und computerbasierten Navigationsdaten. Auf Monitoren können die »High-Tech-Fischer« den Meeresboden in 3-D und die unter ihnen befindlichen Fische beobachten. Zum Aufspüren von Schwärmen werden Bojen ausgesetzt, die per Echolot und neuerdings mittels komplexer Software etwaige Fischkonzentrationen registrieren und die Daten per Satellit weitergeben. Auf diese Weise können die jeweils größten Schwärme ausfindig gemacht und selektiv angefahren werden. Die Trawler steuern auf ihr Ziel zu, fahren die Netze per Knopfdruck vollautomatisch aus und führen sie anschließend um die Beute herum. An den Netzen angebrachte Sensoren ermitteln das Fangvolumen und übertragen die Information an die schiffseigene Weiterverarbeitungsanlage. Dort werden die brauchbaren Fische sofort filetiert und tief gefroren. Diese hochmodern ausgestatteten Schiffe machen etwa ein Prozent der weltweit über drei Millionen Einheiten umfassenden Fischfangflotte aus.[31]

Abb. 5: Schleppnetzfischer-Schiff »Joseph BJ«, das nach Thunfisch fischt, Südpazifik/Australien (Quelle: Grace/Greenpeace)

Von der Größe der Schiffe hängt auch die Größe der verwendeten Netze ab. Die Netzöffnungen können bis zu 36 Quadratkilometer umfassen, sie sind damit »groß genug, um mindestens ein halbes Dutzend Jumbo-Jets einzufangen, die in Formation fliegen«.[32] Die oftmals kilometerlangen Schleppnetze werden hinter dem Boot hergezogen. Man unterscheidet Grundschleppnetze und Baumkurren. Während die Grundschleppnetze über Rollen verfügen, die das Netzgerüst über den Meeresboden führen, besitzen Baumkurren einen Stahlrahmen, der dafür sorgt, dass das Netz beim Ziehen geöffnet bleibt. Kufen am Rahmen sollen das Gleiten erleichtern, doch je nach Bodenbeschaffenheit gräbt sich der Stahlrahmen mehr oder weniger tief in den Meeresgrund ein. Beide Netztypen können in einer Tiefe von über 2.000 Metern eingesetzt werden. Da sie über den Grund schleifen, wird der Meeresboden regelrecht umgepflügt und ein großer Teil der Meeresflora unwiederbringlich zerstört.

Ein ungewollter Nebeneffekt der modernen Fischerei(-methoden) stellt auch der *Beifang* dar. Die FAO schätzt, dass zwischen 18 und 40 Millionen Tonnen der weltweiten Jahresfangmenge ungewollter Beifang sind. Mit anderen Worten: Jeder dritte Fisch, der ins Netz geht, hat dort eigentlich nichts zu suchen und wird daher in der Regel wieder zurück ins Meer geworfen.[33] Von diesen Fischen überleben zwischen 70 und 100 Prozent den Fangvorgang nicht.[34] Genaue Zahlen lassen sich freilich nur schwer feststellen, da die offiziellen Statistiken lediglich die Fangmengen aufführen, die von den Fischern genannt und von den Mitgliedstaaten weitergegeben werden. Zur hohen Beifangquote tragen nicht nur die Schlepp-, sondern auch Ringwaden- und Treibnetze bei. Ringwadennetze werden rings um einen Fischschwarm ausgelegt und anschließend unten zusammengezogen, die im Inneren befindlichen Tiere regelrecht zerquetscht. Die von den Vereinten Nationen 1992 und von der Europäischen Union 2002 verbotenen Treibnetze bauen sich wie eine Wand im Wasser auf. Sie sind kaum erkennbare, engmaschig Todesfallen, in der sich nicht nur Fische, sondern alle möglichen Arten von Meerestieren (vor allem Kleinwale und Delphine) verfangen. Ungewollten Beifang (zumeist Meeresschildkröten und Seevögeln) produzieren auch die so genannten Langleinen. Langleinen bestehen aus Hauptleinen, die von Schwimmern an der Oberfläche gehalten werden, und Nebenleinen, die etwa 25 Meter in die Tiefe reichen. Diese Angelschnüre können in Ozeanen eine Länge von bis zu 100 Kilometern besitzen und bis zu 30.000 an Haken befestigte Köder tragen. Als ökologisch weitgehend unbedenkliche Art des Fischens, die allerdings fast ausschließlich in der Binnenfischerei verwendet wird, hat sich heute allein die Reuse bewährt. Die Fische werden in trichterförmige Leitnetze geführt, aus denen sie nicht mehr herausfinden. Bei dieser Methode des Fischens werden unnötige Grausamkeiten vermieden.

Die zahlreichen Fangmethoden – allein in den europäischen Gewässern werden etwa 17 unterschiedliche Fangtechniken verwendet[35] – wurden in den letzten Jahren immer ausgereifter. Dank neuester Navigationstechnik können heute auch bisher unerreichbare Fanggebiete erschlossen, Fischgründe in tausenden Meter Tiefe erreicht werden. Zwar machen die hochmodernen Trawler nur etwa ein Prozent aller Fangschiffe aus, doch wird mit ihnen über die Hälfte der weltweiten Tiefseefische gefangen.[36] Selbstverständlich profitieren von den modernsten Fangtechniken nur diejenigen, die sich die teuren Geräte leisten können. Dies sind meist die Fischer reicher Industrienationen, die die kräftigen Subventionen – sprich: Steuergelder – in den weiteren Ausbau ihrer Schiffe investieren. Schätzungen zufolge übersteigen schon seit Jahren die technischen Möglichkeiten das zur Erhaltung der Fischpopulationen notwendige Maß.[37] Und dieser Aufrüstungstrend hält unvermittelt an. Allein die europäische Fischfangflotte weist eine Überkapazität von ca. 40 Prozent auf.[38] Langfristig bedeutet dies das Aus für die bei weitem weniger effiziente, dafür jedoch nachhaltig wirtschaftende Kleinfischerei. Ökologische und soziale Gründe sprechen dafür, die industrielle Fischerei rigoros einzuschränken. Solange dies nicht der Fall ist, sollte man wenigstens versuchen, durch an Auflagen gebundene Subventionen die Entwicklung ökologisch verträglicher Fangmethoden zu forcieren. Könnte allein die Beifangmenge reduziert werden, würde täglich Zigtausenden von Fischen und anderen Meerestieren unnötiges Leid erspart bleiben. Wir würden auf diese Weise nicht nur unserer Verantwortung für die Schöpfung gerecht; gleichzeitig würden sich die Fischbestände erholen, was letztlich auch unserer Nahrungssicherheit zugute käme. Eines steht fest: Das Wirtschaften mit natürlichen Rohstoffen kann dauerhaft nur nachhaltig betrieben werden. Ausschließlich an marktwirtschaftlichen Prämissen (Profit, Wachstum etc.) ausgerichtete Fischerei stößt dort an Grenzen, wo die natürliche Reproduktionsrate der Fische den Abfang nicht mehr ausgleichen kann: Werden zu viele Fische gefischt, wachsen zu wenige nach – die Industriefischerei sabotiert ihre eigenen Grundlagen!

Wirtschaft und Ernährung

Die Meeresfischerei als Faktor der Weltwirtschaft

Harald Bergbauer und Patrick Uwe Petit

Beginnen wir mit einer kleinen Geschichte: Ein Investmentbanker stand in einem griechischen Fischerdorf am Pier und beobachtete, wie ein kleines Fischerboot anlegte. Es hatte riesige Thunfische geladen. Der Banker gratulierte dem Fischer zu seinem prächtigen Fang und fragte, wie lange er dazu gebraucht hätte. Der Fischer antwortete: »Ein paar Stunden nur.« Darauf wollte der Banker wissen, warum er denn nicht länger auf See geblieben sei, um noch mehr zu fangen. Der Fischer sagte, die Fische reichten ihm, um seine Familie und Freunde die nächsten paar Tage zu versorgen. Einen Teil des Fanges würde er zudem auf dem lokalen Fischmarkt verkaufen, um ein wenig Geld zu verdienen. Darauf der Banker: »Aber was tun Sie denn mit dem Rest des Tages?« »Ich spiele mit meinen Kindern, mache eine Siesta nach dem Mittagessen, gehe ins Dorf spazieren, trinke dort ein Gläschen Wein und spiele Gitarre mit meinen Freunden. Sie sehen, ich habe ein ausgefülltes Leben«, entgegnete der Fischer. Der Banker hatte eine Idee: »Ich bin ein Harvard-Absolvent und könnte Ihnen zeigen, wie Sie mehr Geld verdienen. Sie fischen länger, fischen dadurch mehr und kaufen von dem Erlös ein größeres Boot. Mit diesem Boot können Sie noch mehr Fische fangen, noch mehr Geld verdienen und schließlich noch mehr Boote erwerben, bis Sie eine ganze Fischereiflotte besitzen. Wenn Sie clever sind, eröffnen Sie eine eigene Fischverarbeitungsfabrik und kontrollieren somit selbst Produktion, Verarbeitung und Vertrieb. Sie könnten dann dieses kleine Fischerdorf verlassen und nach Saloniki oder vielleicht sogar nach Athen umziehen, von wo aus Sie Ihr florierendes Unternehmen leiten.« Der Fischer fragte, wie lange das alles dauern würde. »So etwa 15 bis 20 Jahre«, antwortete der Banker. Darauf der Fischer: »Und was dann?« Der Banker lachte und sagte: »Ja, dann kommt das Beste. Wenn die Zeit reif ist, gehen Sie mit ihrer Firma an die Börse, verkaufen Ihre Anteile und werden steinreich. Sie könnten Millionen verdienen.« Der Fischer war mit dieser Antwort noch nicht zufrieden: »Und dann?« Darauf der Banker: »Dann könnten Sie sich zur Ruhe setzen und aufhören zu arbeiten. Sie könnten in ein kleines Fischerdorf an der Küste ziehen, morgens lange ausschlafen, ein bisschen fischen gehen, eine Siesta nach dem Mittagessen machen, am Abend gemütlich ein Gläschen Wein genießen und mit Ihren Freunden Gitarre spielen.« Der Fischer grüßte den Banker, wandte sich ab und ging seines Weges.

Diese Parabel verdeutlicht Dominanz und Aberwitz ökonomischen Denkens in einer sich immer stärker globalisierenden Welt. Dem griechischen Fischer wird geraten, sich, wie die Mehrzahl seiner Kollegen, den Gesetzen der Wirtschaft zu beugen. Ihm wird endlos wachsender Reichtum sowie ein ruhiger und auskömmlicher Lebensabend in Aussicht gestellt. Was der Banker anbietet, hat für den Fischer jedoch keinen Reiz: Er hält der Verlockung stand und begnügt sich mit seinem bescheidenen Einkommen, *weil* er längst besitzt, was ihm der Banker verspricht. Warum mehr arbeiten, gar das Dorf verlassen, um erst nach vielen entbehrungsreichen Jahren in den Genuss jenes ausgefüllten Lebens zu kommen, welches er längst schon führt? Warum sich dem Diktat des freien Marktes unterwerfen – der im Übrigen auch das Risiko des Scheiterns birgt? Warum sich in Abhängigkeit von anonymen Kräften, Prozessen und Mechanismen begeben, die von niemandem kontrolliert, geschweige denn vorhergesehen werden können? Mechanismen überdies, die letztlich dazu führen werden, dass der Fischer seine eigene Lebensgrundlage, den Fisch, vernichtet. Da er und seine Kollegen immer mehr verdienen und also auch immer mehr fischen müssen, wenn sie im System der globalen Konkurrenz bestehen wollen, wird am Ende kein Fisch mehr übrig sein, der sich noch fischen lässt.

Der Weltmarkt ist ein unersättliches System, gegründet auf individuelles Begehren und ökonomischen Zwang. Die einen produzieren, die anderen konsumieren; allesamt sind sie Akteure in einem Stück, das sie nicht selbst geschrieben haben. Wer produziert, muss die Gesetze und Regeln beachten, nach denen dieses weitgehend sich selbst regulierende System funktioniert. Er konkurriert mit vielen anderen Produzenten um die unverbindliche Gunst anonymer Konsumenten, ist von zahllosen externen Variablen abhängig, die er wohl zu kalkulieren, nie jedoch vollständig zu berechnen vermag. Wer konsumiert, verbraucht, verspeist, muss nehmen, was der Markt anbietet, und er muss die Preise zahlen, die der Markt diktiert – oder aber auf den Kauf verzichten. Dem Diktat des Marktes sind auch die Fischer, sind Meeresfischerei und Fischkonsum unterworfen. Gefischt wird heute (fast) alles und überall. Riesige Flotten versorgen eine wachsende Zahl von Menschen mit Fischen und Fischprodukten. Der Handel mit Fischprodukten ist ein lukratives Geschäft. Von den Dimensionen dieses Geschäftes soll im Folgenden die Rede sein.

Die Fischerei als Wirtschaftsfaktor

Im Jahr 2002 betrug die Gesamtmenge an Fisch aus Fischfang und Fischzucht weltweit über 130 Millionen Tonnen.[39] Zwischen 90 und 100 Millionen Tonnen entfielen dabei auf die Meeresfischerei, der Rest auf die Binnenfischerei. Der Anteil des traditionellen Fischfangs lag bei 70, der der industriellen Fischzucht bei 30 Prozent. Während die Menge an gefangenem Fisch seit den 1990er Jahren stagniert, verzeichnet die Fischzucht alljährlich Zuwachsraten.

Die zwei größten Fischfangnationen sind China mit 16,6 Millionen und Peru mit 8,8 Millionen Tonnen. Mit großem Abstand folgen auf den nächsten Plätzen die Vereinigten Staaten (4,9 Millionen Tonnen), Indonesien (4,5 Millionen Tonnen), Japan (4,4 Millionen Tonnen) und Chile (4,3 Millionen Tonnen). Indien, Russland, Thailand und Norwegen beschließen die Skala der »Top Ten«, deren Reihenfolge sich seit mehr als zehn Jahren nicht mehr geändert hat.

Meeres- und Binnenfischerei 2002 der zehn größten Fischfangnationen

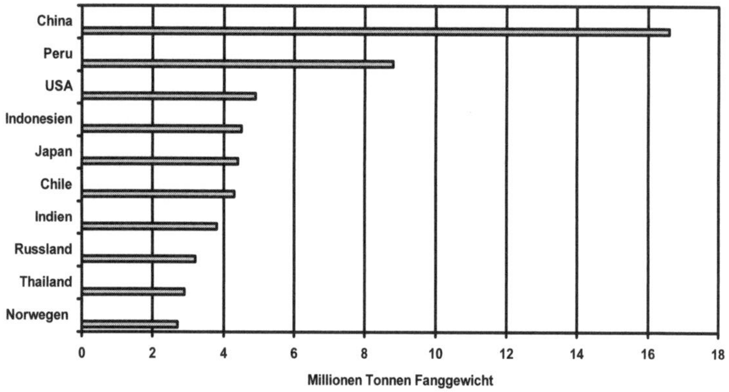

(Quelle: FAO, State of World Fisheries and Aquaculture, 2004, Figure 4, S. 8)

Interessant ist ein Vergleich mit Deutschland, dessen Gesamtaufkommen an Fisch und Fischereierzeugnissen 2004 mit etwa 1,9 Millionen Tonnen zwar deutlich unter dem Niveau der zehn größten Fischfangnationen liegt, gleichwohl aber eine hohe Referenzzahl aufweist. Hierbei ist allerdings zu berücksichtigen, dass Deutschland mit einem Anteil von 1,63 Millionen Tonnen zu 85 Prozent vom Import abhängt; nur 15 Prozent der 1,9 Millionen Tonnen entstammen der Eigenproduktion.[40] Für die Deckung ihres Bedarfs ist die Bundesrepublik seit Jahrzehnten auf Lieferungen aus dem Ausland angewiesen, wobei vor allem Nicht-EU-Länder die wichtigsten Handelspartner darstellen.

Den wichtigsten Fundort für den Fischfang bilden die Ozeane und Meere der Welt; ihnen entstammen, trotz der anhaltenden positiven Entwicklung im Bereich der Aquakulturen, immer noch mehr als drei Viertel der Fische.[41] Als ertragreichstes Fischreservoir gilt hierbei der Pazifik, dem 2002 über 50 Millionen Tonnen Fisch entnommen wurden. Der Atlantik steht mit knapp 19 Millionen Tonnen an zweiter Stelle, der Indische Ozean mit gut 9 Millionen Tonnen auf Platz drei der zehn größten Fischgebiete der Erde.[42] Die tropischen Regionen des Indischen und Pazifischen Ozeans gelten weiterhin als Wachstumsgebiete, der nordöstliche Atlantik und das Mittelmeer weisen dagegen eher gleich bleibende Fischfangmengen auf.

Die weltweit am häufigsten gefangene Fischart ist die Sardelle, die seit einigen Jahren in einer Größenordnung von knapp 10 Millionen Tonnen pro Jahr gefischt wird. Von großer wirtschaftlicher Bedeutung sind die den Heringen zugeordneten Fischarten wie der Atlantische Hering, daneben die Japanische Sardelle und die Europäische Sardine. Eine vergleichsweise unbedeutende Rolle spielt die Gattung der Dorsche: Die Fangmengen bei Kabeljau, Seehecht und Schellfisch nehmen seit 1967 kontinuierlich ab. Ein wichtiger Grund dafür dürfte die Überfischung sein. Zu den seit Jahren begehrtesten Speisefischen gehört der ebenfalls zu den überfischten Arten zählende Thunfisch, der 2002 in einer Größenordnung von 6 Millionen Tonnen gefischt wurde.

Seit einigen Jahren gilt die Aquakultur als der am schnellsten wachsende Bereich in der Fischerei. Darunter versteht man die Zucht von Fischen unter kontrollierten Bedingungen. Aquakultur hat eine lange Tradition, jedenfalls was bestimmte Süßwasserarten (zum Beispiel Forelle, Karpfen) angeht; dagegen war sie bei den Meeresfischen lange Zeit nur eingeschränkt möglich. Die Bewirtschaftung maritimer Speisefische beschränkte sich deshalb auf die Pflege der natürlichen Bestände durch die Schaffung von Schutzgebieten und den Erlass von Schutzbestimmungen, die Einrichtung von Schonzeiten während der Laichzeit und der Wanderung sowie die Festlegung und Einhaltung von Fangquoten und Mindestgrößen. Die Fischzucht im Rahmen der Aquakultur erfordert im Vergleich zum freien Fischfang sowohl mehr Zeit als auch mehr Geld. Dass sie heute dennoch die stärker wachsende Wirtschaftssparte darstellt, hängt unmittelbar mit den Problemen der traditionellen maritimen Fischerei zusammen.

Der Anteil der Aquakultur am gesamten Fischaufkommen stieg von 3,9 Prozent im Jahr 1970 auf 29,9 Prozent im Jahr 2002. Weltweit weist die Aquakultur seit 1970 ein durchschnittliches Wachstum von ca. 8,9 Prozent auf, der herkömmliche Fischfang hingegen ist eher von Stagnation als von weiterem Wachstum gekennzeichnet. Zählt man die Züchtung von Wasserpflanzen auch zur Aquakultur, so beträgt das Gesamtgewicht der Erzeugnisse aus der Aquakultur 51,4 Millionen Tonnen. Damit wird allein in diesem Sektor mehr als ein Drittel der weltweit nachgefragten Meeresprodukte erzeugt. Ihren Schwerpunkt hat die industrielle Fischzucht in den Entwicklungsländern. Allein auf China entfallen 70 Prozent der weltweiten Aquakultur-Produktion. Insgesamt werden mehr als 90 Prozent der Aquakultur-Erzeugnisse in Asien hergestellt.[43]

Abb. 6: Thunfisch auf dem Tsjukiji-Fischmarkt in Tokio (Quelle: McColl/Greenpeace)

Weltweit hängen heute etwa 38 Millionen Arbeitsplätze direkt von Fischfang und Fischzucht ab. Indirekt, also unter Berücksichtigung verschiedener, meist in den Entwicklungsländern beheimateter Zulieferer, verdienen mehr als 230 Millionen Menschen ihren Lebensunterhalt in der Fischereiwirtschaft und in den angegliederten Produktionszweigen. Die Zahl der direkt in der Fischereiwirtschaft Beschäftigten beträgt lediglich 2,8 Prozent der insgesamt ca. 1,33 Milliarden Menschen, die heute in der Landwirtschaft tätig sind. Drei Viertel der Beschäftigten arbeiten im Bereich des traditionellen Fischfangs, der Rest in der industriellen Fischzucht. Die Zahl der in der Fischerei tätigen Menschen variiert stark von Kontinent zu Kontinent. So waren 2002 von den erwähnten 38 Millionen in Asien 32,8 Millionen, in Afrika jedoch nur 2,6 Millionen Menschen, in Südamerika gar nur 770.000 und in Nord- und Mittelamerika zusammen nur 762.000 Menschen beschäftigt. Knapp ein Drittel der weltweit in der Fischerei tätigen Menschen, nämlich über 12 Millionen, arbeitet in China. Überraschend niedrig ist die Zahl der in der Fischerei und der Fischzucht Beschäftigten in Japan, einem Land mit einem überdurchschnittlich hohen Fischkonsum. Noch weniger Menschen als in Japan arbeiten in Europa im Bereich Fischfang und Fischzucht; für das Jahr 2002 weist Europa auf diesem Sektor insgesamt lediglich 746.000 Beschäftigte auf.[44] In der deutschen Fischwirtschaft waren 2004 etwa 42.550 Menschen beschäftigt. Das bedeutet im Vergleich zu 2002 einen Rückgang von über 2.500 Beschäftigten.[45] Mit 18.400 Menschen stellt der Fischeinzelhandel die größte Sparte dar, gefolgt von 10.302 Beschäftigten in der Fischindustrie. Die Küsten- und Binnenfischerei beschäftigte 2002 etwa 4.400 Menschen, in der Meeresfischerei arbeiteten etwa 4.000 Menschen.[46] Der Grund für die Abnahme der Beschäftigten in der deutschen Fischwirtschaft besteht im Rückgang der Anzahl der Betriebe in der Fischindustrie sowie in der Fischgastronomie.

Obwohl zahlreiche Fischer selbständig sind, stellen die Tätigkeiten im Fischereigewerbe oftmals keine Vollzeitbeschäftigung dar. Die starke Abhängigkeit von Jahreszeiten und kommerziellen Lizenzen beschränkt gerade in Entwicklungsländern den Fischfang. In den Industrieländern nimmt die Zahl der in der Fischerei und Fischverarbeitung Beschäftigten seit Jahren ab. Die alten Fischer scheiden allmählich aus ihrem Beruf aus, die nachwachsenden Generationen kehren der Fischerei in ihrer überwiegenden Mehrheit den Rücken. Ein Beispiel für diesen Trend ist das Land Japan, das zwischen 1990 und 2002 einen Rückgang von über 120.000 Arbeitsplätzen zu verzeichnen hatte (von 370.600 auf 243.320 Beschäftigte). Gleichzeitig stieg das Durchschnittsalter kontinuierlich an: Knapp 50 Prozent der Fischer sind über 60 Jahre alt, die unter 40-Jährigen machen gerade einmal 12,1 Prozent aus. Eine ähnliche Entwicklung ist auch für die Europäische Union festzustellen: Seit einigen Jahren nimmt die Zahl der in der Fischerei Tätigen pro Jahr um etwa 2 Prozent ab. Etwas anders verhält es sich im Bereich der Aquakultur, die für den Zeitraum von 1990 bis 2000 deutliche Zuwachsraten aufweisen konnte, seither allerdings wieder rückläufige Zahlen verzeichnet.

In vielen Teilen der Erde tragen Fischerei, Fischzucht und Fischverarbeitung dazu bei, ein gewisses Maß an Nahrungsmittelsicherheit zu gewährleisten und die Armut zu bekämpfen. Nachweislich liefert der Fischereisektor in 44 Ländern der Erde einen wichtigen Beitrag sowohl für das heimische Nahrungsaufkommen als auch für den Export.[47] Da Fisch und Fischprodukte ein höheres Einkommen erzeugen als der Handel mit Reis, Kaffee oder Tee, ist ihr Export gerade für Entwicklungsländer ein lohnendes Geschäft: 70 Prozent der Fischprodukte, die für den menschlichen Konsum bestimmt sind, stammen aus Entwicklungsländern.

Verbrauch und Verwendung von Fischen und Fischprodukten

Nach Angaben der Umweltbehörde der Vereinten Nationen *United Nations Environment Programme* (UNEP) sind 3,5 Milliarden Menschen vom Meer als ihrer primären Nahrungsquelle abhängig. Ein Sechstel der Weltbevölkerung ist zur Proteinversorgung ausschließlich auf Fisch angewiesen, Tendenz steigend. Es verwundert daher nicht, dass von dem im Jahr 2002 erwirtschafteten Weltfischereiertrag in Höhe von gut 130 Millionen Tonnen Fisch, der sowohl die traditionelle Binnen- und Meeresfischerei als auch die Aquakultur umfasst, über drei Viertel für den menschlichen Konsum bestimmt waren. Das entspricht etwa 100 Millionen Tonnen. Das restliche Viertel dient nicht der menschlichen Ernährung, sondern wird für die Fischmehl- und Fischölproduktion verwendet; ein nicht unbeachtlicher Teil davon wird als Futtermittel in der Aquakultur eingesetzt.

Der Konsum von Fisch und Fischereierzeugnissen variiert sehr stark von Land zu Land und von Kontinent zu Kontinent. Er bewegt sich zwischen einem Kilogramm und über 100 Kilogramm pro Person und Jahr. Der weltweite durchschnittliche Konsum von Fisch, Krustentieren (Krebsarten wie Hummer, Langusten, Kaisergranat sowie Krabben und Garnelen) und Weichtieren (wirbellose Tiere wie Austern, Miesmuscheln und Kamm-Muscheln) im Jahr 2002 wird pro Kopf auf 16,3 Kilogramm geschätzt. In den Industriestaaten wurden durchschnittlich 28,6 Kilogramm Fisch pro Person verzehrt, in den Entwicklungsländern durchschnittlich 14 Kilogramm. Island und Japan stehen an der Spitze der Länder mit dem größten Fischverbrauch, gefolgt von Küstenstaaten wie Spanien, Norwegen, Portugal und Frankreich. Der durchschnittliche Fischverbrauch in China beträgt 25,6 Kilogramm, in Europa 19,8 Kilogramm und in Nord- und Mittelamerika 17,3 Kilogramm. Südamerika mit 8,8 Kilogramm und Afrika mit 7,8 Kilogramm bilden die Regionen mit dem geringsten Fischkonsum.[48] In Deutschland lag der Pro-Kopf-Verbrauch an Fisch und Fischereierzeugnissen im Jahr 2002 bei 13,5 Kilogramm Fanggewicht[49], damit etwas unter dem Weltdurchschnitt von 16,3 Kilogramm. Auch innerhalb der Bundesrepublik gibt es Unter-

Der Fischverbrauch in ausgewählten Ländern

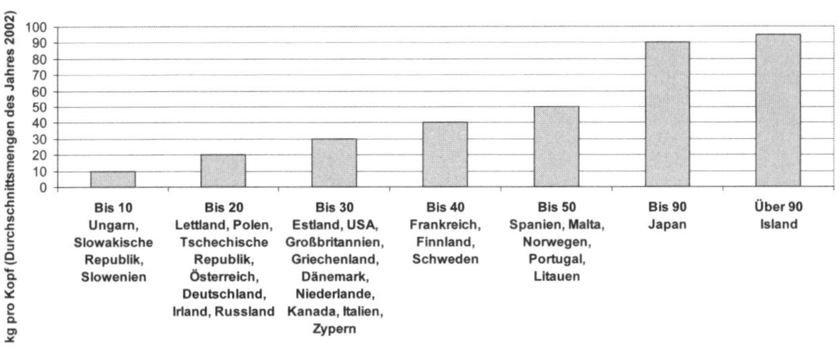

(Quelle: Fisch-Informationszentrum. Daten und Fakten 2005 im Überblick, S. 8)

schiede hinsichtlich der Menge an konsumiertem Fisch: Der Verbrauch in den nördlichen Bundesländern ist deutlich höher als in den südlichen.

Fisch wird in vielen Ländern der Welt wegen seines hohen Nährwerts geschätzt. Er enthält wichtige Mineralien, essentielle Fettsäuren und Proteine. Mehr als 2,6 Milliarden Menschen decken ihren Bedarf an tierischen Proteinen zu mindestens 20 Prozent mit Hilfe von Fisch und Fischerzeugnissen. In einigen Ländern Afrikas und Asiens liegt die Quote sogar bei über 50 Prozent. Die gesundheitsfördernde Wirkung des Nahrungsmittels Fisch ist weithin bekannt und wird immer wieder hervorgehoben. Ein Beispiel ist der Hinweis des Hamburger Fisch-Informationszentrums, das unter dem Stichwort »Ernährung und Gesundheit« den Konsum von Fisch mit folgenden Worten empfiehlt: »Das sind die Hauptvorteile des Nahrungsmittels aus dem Meer: Seefisch ist kalorienarm. Fischfett enthält im Gegensatz zu dem Fett anderer Nahrungsmittel überproportional viel mehrfach ungesättigte Fettsäuren, die Fettleibigkeit verhindern bzw. abbauen und Herzerkrankungen vorbeugen. Fisch enthält viel gesundes Eiweiß. Kein anderes Nahrungsmittel kann eine vergleichbare Fülle von Vitaminen, Mineralstoffen und Spurenelementen aufweisen wie Fisch. Sie sind essentiell für viele Körperfunktionen erforderlich – vor allem im Wachstumsalter. Das reicht von der Hormonsteuerung über den Knochenaufbau bis zur Gesunderhaltung der Zähne. Fisch in ein abwechslungsreiches Ernährungsprogramm einzubeziehen, bedeutet Gesundheitsvorsorge in vielerlei Hinsicht.«[50]

Fisch ist freilich nicht nur ein gesundes, sondern auch ein vielfältig verwendbares und vielfältig gestaltbares Nahrungsmittel. Hinzu kommt, dass der Verarbeitungsprozess die Fischprodukte nicht verteuert, weshalb man für Tiefkühlfisch, Fischkonserven, Marinaden oder Fischsalate in der Regel nicht mehr zahlen muss als für frischen Fisch. Es ist daher nicht erstaunlich, dass 70 Prozent der für den menschlichen Konsum bestimmten Gesamtfischmenge 2002 industriell verarbeitet wurden. Industriell verarbeiteter Fisch wird zu 53 Prozent gefroren, zu 27 Prozent in Konserven verwandelt und zu 20 Prozent als geräucherter Fisch angeboten. Auffällig sind die geographisch-kulturellen Unterschiede: In Afrika und Asien wird vorwiegend geräucherter Fisch gegessen, in Nord-Amerika und Europa hingegen werden gefrorener Fisch und Fischkonserven bevorzugt.

Die Situation der Fischbestände

Wie bereits zuvor erwähnt, belief sich die nicht in den Binnengewässern, sondern allein in den Meeren und Ozeanen der Welt gefischte Fangmenge im Jahr 2002 auf 90 bis 100 Millionen Tonnen Fisch. Als ertragreichste Fischgegend erwies sich dabei der nord-westliche Pazifik mit einer jährlichen Fangmenge von 20 bis 24 Millionen Tonnen. Die gewaltigen Vorkommen an japanischen Sardinen und Pollack ziehen die Meeresfischer seit den 1980er Jahren an. Im Südosten des Pazifik werden seit Jahren riesige Mengen der peruanischen Sardelle, der chilenischen Makrele und der südamerikanischen Sardine gefangen, was die Schätzung nahe legt, dass dem Pazifik insgesamt etwa 50 Millionen Tonnen Fisch pro Jahr entnommen werden. Die zweitwichtigste Region ist der Atlantik. Dem Zusammenbruch des Bestandes an Grundfisch in den Jahren 1994 und 1998 folgte eine allmähliche Erholung: Seit 1994 hat sich die Gesamtfangmenge von 2 Millionen Tonnen auf 2,26 Millionen Tonnen im Jahr 2002 erhöht. Im südöstlichen Teil des Atlantiks und im östlichen Zentralatlantik hingegen nimmt die Menge an gefangenem Fisch seit 2000 kontinuierlich ab, was auf Veränderungen in der Fischerei und auf Umweltschutzmaßnahmen zurückzuführen ist. Die drittwichtigste Gegend für die Meeresfischerei ist der Indische Ozean. Trotz unzuverlässiger Daten lässt sich sowohl im westlichen als auch im östlichen Teil des Indischen Ozeans seit Jahren eine deutliche Zunahme der Fischfangmenge feststellen. Während im Westindischen Ozean 2002 über 4 Millionen Tonnen Fisch gefangen wurden, betrug die Fangmenge im Ostindischen Ozean über 5 Millionen Tonnen. Im Vergleich zu den vorausgegangenen Jahren bedeutete das eine deutliche Steigerung.[51]

Die Folge einer derart intensiven, global agierenden Fischerei ist die hochgradige Ausbeutung der Weltmeere. Einige Fischarten wurden in den vergangenen Jahren so rücksichtslos befischt, dass ihre Bestände existentiell bedroht sind. Die Fischereiwirtschaft hat auf dieses Problem mit einer Doppelstrategie geantwortet: Zum einen wandte man sich den weniger ertragreichen – und deshalb bis zu diesem Zeitpunkt weniger rentablen – Fischarten zu; zum anderen wurden nun auch tiefere Regionen für den Fischfang erschlossen. Ein Beispiel für die Anpassung der Fischerei an rückläufige Fischbestände bildet der Kabeljau: Seit den späten sechziger Jahren wurden dessen Bestände im Nordost-Atlantik kontinuierlich reduziert; die Fischerei reagierte darauf mit dem verstärkten Fang bis dahin eher gering geschätzter Arten wie des Blauen Wittlings und des Sandaals. Ein anderer Fall von Umorientierung der Hochseefischerei spielte sich im Nordwest-Pazifik ab, wo der Rückgang von Sardine und Pollack durch den vermehrten Fang von Japanischen Sardellen und von Tintenfisch kompensiert wurde.

Die Welternährungsorganisation der Vereinten Nationen weist in ihrem jüngsten Fischereibericht darauf hin, dass sieben der zehn meistgefangenen Fischarten teils bis an die Obergrenze befischt sind oder bereits als überfischt zu gelten haben. Dies betrifft die Peruanische Sardelle, den Alaska Pollack, die Lotte, den Atlantischen Hering, die Japanische Sardelle, die Chilenische Makrele und den Blauen Wittling.

Meeres- und Binnenfischerei 2002 der zehn größten Fischfangnationen

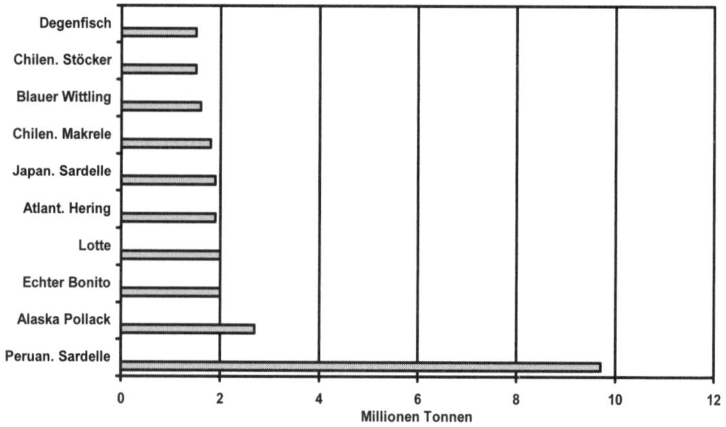

(Quelle: FAO, State of World Fisheries and Aquaculture, 2004, Figure 6, S. 8)

Nach Angaben der Organisation »Greenfacts« sind 50 Prozent der weltweiten Fischbestände vollständig genutzt oder doch zumindest nahe der maximalen Ausbeutungsgrenze, 25 Prozent sind völlig überfischt und bedürfen des Schutzes und der Regeneration, und in lediglich einem Viertel der Meere ist die mögliche Ausbeutungsobergrenze (noch) nicht erreicht. Auch die UNO bestätigt in ihrem Fischereibericht, dass mehr als 70 Prozent der weltweiten Fischbestände Opfer des Raubbaus geworden sind und von den knapp 100 Millionen Tonnen Fisch, die 2002 erwirtschaftet wurden, maximal 80 Tonnen vernünftigerweise hätten gefangen werden dürfen.[52]

Der Handel mit Fischereierzeugnissen

Der weltweite Fischhandel hat im Laufe der letzten Jahre sowohl mengenmäßig als auch wertmäßig deutlich zugenommen. Im Jahr 2002 wurden 38 Prozent aller Fischprodukte international gehandelt. Obwohl zahlreiche Nationen Fisch in großen Mengen sowohl importieren als auch exportieren, lässt sich eine Handelsbewegung von den weniger zu den stärker entwickelten Ländern feststellen. Im Jahr 2002 wurden weltweit Fische und Fischprodukte im Wert von insgesamt etwa 60 Milliarden Dollar exportiert. Verglichen mit den Daten von 1992 nahm damit der internationale Fischhandel (nicht die Fangmenge!) mengenmäßig um 45 Prozent und wertmäßig um 41 Prozent zu. Aller Wahrscheinlichkeit nach wird sich diese Entwicklung auch in den Folgejahren fortsetzen. Galt in den neunziger Jahren Thailand als weltweit größter Exporteur (2002: 3,7 Milliarden Dollar), so trat 2002 China mit einem Exportvolumen im Wert von 4,5 Milliarden Dollar an dessen Stelle. Es folgen Norwegen mit Exporten im Wert von 3,6 Milliarden Dollar, die Vereinigten Staaten mit 3,3 Milliarden Dollar, Kanada mit 3 Milliarden Dollar und das kleine Dänemark mit immerhin 2,9 Milliarden Dollar. Importiert wurden Fische und Fischprodukte 2002 im Wert von 61 Milliarden Dollar. Der größte Anteil davon, nämlich 82 Prozent, entfiel dabei auf die Industriestaaten, allen voran Japan, die Mitgliedstaaten der Europäischen Union und die Vereinigten Staaten von Amerika. Mit Abstand größter Importeur der Welt ist der Inselstaat Japan, der im Berechnungsjahr 2002 allein 13,6 Millionen Dollar Fisch und Fischprodukte einführte und damit einen Anteil von 22 Prozent des weltweiten Fischimports verzeichnet. Zweitgrößter Importeur mit etwa 10 Milliarden Dollar sind die USA, die auf Rang vier der größten Exporteure der Welt rangieren, gefolgt von Spanien mit Importen in Höhe von 3,9 Milliarden. Frankreich importierte Fisch für 3,2 Milliarden Dollar, Italien für 2,9 Milliarden, Deutschland für 2,4 Milliarden und das Vereinigte Königreich für 2,3 Milliarden Dollar.[53]

Die Situation in der Bundesrepublik ist durch einen überdurchschnittlich hohen Import charakterisiert. Nur 15 Prozent entstammen der Eigenanlandung, die restlichen 85 Prozent dem Import. Das Finanzvolumen insgesamt erstreckt sich dabei auf knapp 6 Milliarden Euro. Den größten Umsatz verzeichnen hier der Fischimport mit gut 2,4 Milliarden, die Fischindustrie mit 1,95 Milliarden und der Fischgroßhandel mit knapp 900 Millionen Euro. Geringer ist der Umsatz in den Bereichen Fischgroßhandel (826 Millionen), Gastronomie (330 Millionen) und Seefischerei (190 Millionen Euro). Die Binnenfischerei rangierte mit 175 Millionen Euro Jahresumsatz 2004 an letzter Stelle.[54] Nicht berücksichtigt sind hier die Umsätze, die – wie der Schiffsbau und diverse Zulieferbetriebe – nur indirekt mit der Fischerei und Fischverarbeitung in Verbindung stehen.

Die weltweit am häufigsten international gehandelte (nicht gefangene) Fischart ist die Garnele. Mit einem Anteil von 18 Prozent am internationalen Fischhandel rangiert sie weit vor den Grundfischarten Hecht, Kabeljau und Schellfisch, die gemeinsam etwa 10 Prozent des weltweiten Fischhandels ausmachen. An dritter Stelle folgt der Thunfisch, auf den 9 Prozent des Welthandels entfallen, gefolgt vom Lachs mit 8 Prozent. Das nicht für den menschlichen Verzehr bestimmte Fischmehl beläuft sich auf 4 Prozent des Welthandels, das Fischöl auf weniger als 1 Prozent. Die Erzeugnisse der Aquakultur sind mit 22 Prozent am Welthandel beteiligt. Da Fisch ein leicht verderbliches Nahrungsmittel ist, wird er zu über 90 Prozent in verarbeiteter Form gehandelt, insbesondere als Tiefkühlfisch, Räucherfisch und als Konserve. Technische Fortschritte unter anderem im Bereich von Transport und Vertrieb bewirkten einen Anstieg des Tiefkühlfisch-Handels von 28 Prozent im Jahr 1992 auf 35 Prozent im Jahr 2002.

Der Handel mit Fisch und Fischprodukten hat handfeste ökonomische Gründe. Die jährliche Weltfischfangmenge wird auf einen Wert von 70 Milliarden US-Dollar geschätzt. Von diesem Kuchen wollen sich insbesondere die international agierenden Handelsunternehmen ein großes Stück abschneiden. Für viele Menschen – und Volkswirtschaften der Erde – stellen Fischfang und Fischzucht eine wichtige Einnahmequelle dar. Insbesondere für die Färöer Inseln, die Staaten von Mikronesien, Grönland, Island und die Malediven sind Fischexporte ein entscheidender volkswirtschaftlicher Faktor, da sie wertmäßig mehr als die Hälfte der exportierten Güter ausmachen. In den Entwicklungsländern erhöhten sich durch den Handel mit Fisch die Außenhandelsgewinne von 11,6 Milliarden Dollar im Jahr 1992 auf 17,4 Milliarden Dollar im Jahr 2002. Der Handel mit Fisch und Fischprodukten ist für diese Staaten ein weit lukrativeres Geschäft als der Handel mit Kaffee, Bananen oder Zucker.

Nettoexporte ausgewählter landwirtschaftlicher Güter in Entwicklungsländern

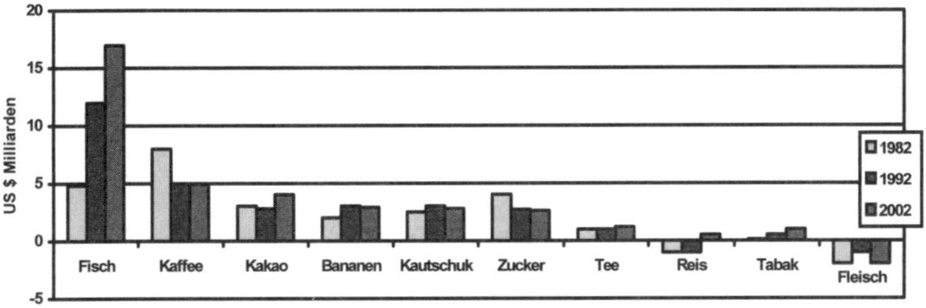

(Quelle: FAO, State of World Fisheries and Aquaculture, 2004, Figure 31, S. 54)

Die wahren Kosten der internationalen Fischereiwirtschaft

Wissenschaft und Technik haben den Wohlstand vieler Menschen (vor allem auf der nördlichen Halbkugel) vergrößert. Die moderne Technik ermöglichte die Inbesitznahme des Mondes, die Entwicklung ausgeklügelter Waffensysteme und das Vordringen in die tiefsten Tiefen der Meere. Der grenzenlose Wille zur Weltgestaltung, verbunden mit der Aussicht auf Gewinn, Abenteuer und Ruhm, trieb und treibt die Menschen an zu immer neuen Unternehmungen, aber auch zur rücksichtslosen Ausschöpfung aller Möglichkeiten, ungeachtet ihrer zerstörerischen

Folgen für andere Menschen und für die Natur. Eine dieser Folgen ist die systematische Ausbeutung des Fischbestandes der Meere. Angaben der Welternährungsorganisation (FAO) zufolge sind mehr als 75 Prozent der globalen Fischbestände maximal genutzt, überfischt oder erschöpft. Die Bestände fast aller großen Fischarten, unter ihnen Thunfisch, Schwertfisch, Heilbutt und Kabeljau, sind in den vergangenen Jahren um 90 Prozent zurückgegangen. Auch die Artenvielfalt der Großfische, so die Angaben von Fischexperten, hat sich seit 1950 um etwa 50 Prozent verringert. Seitdem die traditionelle Fischerei von einer hoch industrialisierten Meeresfischerei verdrängt worden ist, gibt es auch für die Fischbestände und die Fischer in den Entwicklungsländern keine Rettung mehr. Der Autor Philip Bethge weist angesichts des brutalen Raubbaus an den »Unterwasserparadiesen der Welt« in einem Artikel über den »Planet Tiefsee« auf die drohenden Gefahren für das Ökosystem hin.[55] Und der Verfasser einer bereits klassischen Abhandlung zum Thema, Charles Clover, stellt in seinem Buch *Fisch kaputt* die These auf, dass die moderne Meeresfischerei gravierendere Folgen für die Menschheit haben werde als die Umweltverschmutzung.[56]

Wer wissen will, warum die Weltmeere leer sind, sollte einmal dem größten Fischmarkt der Welt, Tsukiji in Tokio, einen Besuch abstatten. Dort findet er Antworten. Pro Tag werden dort 2.400 bis 3.000 Tonnen Fisch und Meeresfrüchte verkauft. Über 450 verschiedene Arten von Meeresfrüchten und Fischen werden angeboten, frisch gefangen, gefroren, getrocknet oder geräuchert. Über 10.000 Händler veräußern die Waren täglich an ihre Kunden und decken damit ein Drittel des gesamten japanischen Verbrauchs ab. An die 3.000 silbrig glänzende Thunfische werden während der täglichen Versteigerung von den Verkäufern der sieben großen Fischereiunternehmen, die den Markt versorgen, ausgelegt. Die Käufer inspizieren jeden einzelnen Thunfisch durch einen schmalen Schnitt im Schwanz, um seine Tauglichkeit für Sushi und Sashimi zu überprüfen. Dann beginnt die Auktion, und es kommt nicht selten vor, dass ein einziger Thunfisch für 10.000 Dollar verkauft wird. Auf dem Tsukiji-Fischmarkt werden in nur eineinhalb Stunden Fische und Meeresfrüchte im Wert von 25 Millionen Dollar versteigert. Der Gesamttagesumsatz des Tsukiji-Marktes beläuft sich an guten Tagen auf etwa 2,5 Milliarden Yen. Angesichts solcher Dimensionen darf man sich nicht wundern, dass die Grenzen des unserer Lebenswelt Zuträglichen längst erreicht sind. Den horrenden offiziellen Jahresfangmengen, die, wie erwähnt, zwischen 90 und 100 Millionen Tonnen pendeln, müssen schätzungsweise noch 20 Millionen Tonnen hinzugefügt werden. In der Statistik der FAO unberücksichtigt bleibt auch der Beifang mit vermutlich jährlich weiteren 30 Millionen Tonnen. Nicht erfasst werden in vielen Staaten zudem die Fänge kleinerer Küstenfischereien und der Anteil der illegalen Fischerei. Es dürfte der Realität daher eher entsprechen, wenn man die jährlich aus dem Meer geholte Menge an Fisch und Krustentieren auf über 200 Millionen Tonnen hochrechnet. Nur dann lässt sich wirklich erklären, warum weltweit über zwei Drittel der kommerziell wichtigsten Fischbestände bis an die Grenze der Ausrottung erschöpft sind.

Abb. 7: Warenangebot im Supermarkt

Die wichtigste Ursache der Überfischung sind die massiven Überkapazitäten der Fangflotten, die zu hohem Fischereidruck auf die stark schrumpfenden Fischbestände führen. Es existieren zu viele Fangschiffe und Kutter für zu wenige Fische. Hochgerüstete Fangflotten machen

Jagd auf immer weniger Fisch. Seit 1970 ist die weltweite Kapazität der Fischereiflotte deutlich angestiegen, bis Mitte der 1990er Jahre rascher, seitdem hält sie sich in etwa auf demselben Niveau. Obwohl von den 3,5 Millionen weltweit eingesetzten Fischereischiffen nur etwa ein Prozent, also ca. 38.000, so genannte Industrieschiffe sind, schöpfen diese 50 bis 60 Prozent der Bestände ab. Nach Schätzungen der FAO arbeiten weltweit 15 Millionen Fischer auf Fangschiffen, davon jedoch nur 10 Prozent auf Industrieschiffen. Wie kommt es zu dieser Fehlentwicklung? Die Antwort ist einfach, der Mechanismus immer derselbe: Fischer entdecken einen ergiebigen Fischgrund, der nach und nach weitere Fischer anlockt. Zunächst boomt das Geschäft. Übersteigt der Fang jedoch die Reproduktionsraten der Fischereipopulationen, geht deren Bestand zurück. Konsequenz: Je schwieriger es wird, genügend Fische zu fangen, umso langwieriger werden die Fangreisen und desto umfassender wird in die Verbesserung der Fangausrüstung und in die Modernisierung der Fangschiffe investiert – in größere Boote, größere Netze und in neueste Fischfangtechnologie. Die verbesserte Ausrüstung führt dazu, dass die Fischbestände noch schneller zurückgehen. Die Fischjagd nach den Restbeständen kostet aufgrund von teuren Darlehen letztlich erheblich mehr als sie einbringt. Spätestens dann stellen sich Viele die Frage, ob sich das Geschäft mit der Meeresfischerei noch rentiert – und rufen nach Subventionen.

Subventionen (durch Staaten oder Staatengemeinschaften) sind einer der Hauptgründe für die Überfischung der Weltmeere und die Dezimierung der Fischbestände. Clover bezeichnet die Subventionen gar als »die Wurzel des Überfischungsproblems«.[57] Im Unterschied zum »World Wide Fund«, der für das Jahr 2001 Subventionen in Höhe von 15 Milliarden Dollar angibt, hält Glover eine Größenordnung im Bereich von 20 bis 50 Milliarden Dollar für realistisch. Die gewaltigen Unterschiede in den Angaben rühren daher, dass man sich nicht einig ist, was im Einzelfall als Subvention zu gelten hat. An der Spitze der Subventionsliga steht Japan, das seine Fischerei 1999 mit 2,5 Milliarden Dollar unterstützte. Es folgt die Europäische Union, die 1,16 Milliarden Euro an Subventionen bereitstellte – zusätzlich zu den von den einzelnen Mitgliedstaaten gezahlten Beträgen, die im Fall Spaniens 345 Millionen, im Fall Frankreichs 139 Millionen und im Fall Italiens 92 Millionen Dollar betrugen. Auf dem dritten Platz liegen die USA mit 1,1 Millionen Dollar.[58] Die Subventionsgelder werden für ganz verschiedene »Leistungen« ausgegeben: Entwicklungsländer beispielsweise erhalten nach Angaben des Umweltkorrespondenten der britischen Zeitung *The Guardian*, Paul Brown, von der Europäischen Union pro Jahr ca. 130 Millionen Euro, um 1.300 europäischen Schiffen den Fischfang in ihren Hoheitsgewässern zu gestatten. Ein ähnlich hoher Betrag wird von der Europäischen Union Werften und Schiffseignern zur Verfügung gestellt, damit diese sich für den Bau neuer Fangschiffe einsetzen.[59] Aufgrund ihrer Subventionspolitik verfügt die Europäische Union heute mit gegenwärtig 90.000 Fangschiffen über die drittgrößte Fischereiflotte der Welt. Ermöglicht werden dadurch Fänge in einer Größenordnung, die gerade in europäischen und afrikanischen Gewässern wertvolle Fischbestände vernichten. Wer hat den Nutzen? Der europäische Steuerzahler sicher nicht: Erstens leistet er die Zahlungen an die Fischer, zweitens steigen wegen der Überfischung der Bestände die Fischpreise.

Versuche, den maritimen Raubbau einzuschränken, gibt es durchaus: Die Europäische Union hat im Rahmen der Gemeinsamen Fischereipolitik (GFP) damit begonnen, einerseits Flottenkapazität im Rahmen der »Mehrjährigen Ausrichtungsprogramme« (MAP) abzubauen, andererseits neue Bewirtschaftungsmodelle einzuführen, die unter den viel versprechenden Titeln »Vorsorgemanagement« oder »nachhaltige Fischerei« firmieren. Nach offiziellen Berechnungen hat die europäische Fischereiflotte eine Überkapazität von mehr als 40 Prozent. Damit sich die übernutzten Fischbestände erholen können, müsste die Hälfte der 90.000 Fischereischiffe stillgelegt werden. Davon ist die Europäische Union weit entfernt! Zwar investierten die EU-Länder von 1994 bis 1999 fast 900 Millionen Euro in den Abbau von Überkapazitäten. Gleichzeitig aber wurde mit hohem Aufwand die Modernisierung von Schiffen und Hafenanlagen vorangetrieben. Allein in der Europäischen Union betragen die Subventionen der Fischereistrukturfonds für den Zeitraum von 2000 bis 2006 3,7 Milliarden Euro. Eine weitere Plünderung der Meere und der Fischereibestände ist damit vorprogrammiert. Nationale Regelungen und internationale Verträge zur Sicherung der Fischbestände helfen nicht, da es an der Durchsetzung und Kontrolle der Fangquoten mangelt. Das Quotenmanagement wird nicht konsequent durchgesetzt, geschweige denn umgesetzt, und es hat, statt den Schutz und Erhalt der Fischbestände zu sichern, eher die Ausbeutung der Meere legitimiert.

Als Alternative zum Fischfang präsentiert sich heute vor allem die industrielle Fischzucht. Euphemistische Beobachter sprechen, analog zur »Grünen Revolution« in den sechziger Jahren, bereits von einer »Blauen Revolution«.[60] Gewiss konnten in den sechziger Jahren dank besserer Bewässerung und Düngung, der Anwendung von Pflanzenschutzmitteln sowie moderner Anbautechniken die Leistungsfähigkeit der Landwirtschaft deutlich erhöht und die Erträge gesteigert werden. Die – im angelsächsischen Sprachraum als »external effects« bezeichneten – sozialen und ökologischen Kosten dieser inzwischen konventionell gewordenen Landwirtschaft sind jedoch hinlänglich bekannt. Vergleichbares gilt auch für die industrielle Fischzucht. So weiß man seit langem, dass Fisch aus industrieller Fischzucht zu viel Fett und Farbstoffe enthält, durch seine Produktion die Umwelt verschmutzt und voller Antibiotika steckt. Hinzu kommt, dass die Produktion zumeist in Entwicklungsländern stattfindet und mehr Arbeitsplätze (und damit Existenzen) vernichtet als schafft.

Ein vermeintlicher Ausweg aus dem Dilemma stellt auch der Fischerei-Kolonialismus dar. Da die Gewässer Europas leer gefischt sind, fischen beispielsweise die Flotten der Europäischen Union in der Ferne. Sie bemüht sich um Fangrechte außerhalb Europas und schließt zu diesem Zweck mit den entsprechenden Staaten, zumeist Entwicklungsländern, seit vielen Jahren Fischereiabkommen ab. Diese von wirtschaftlichen Interessen diktierten Abkommen, die der Europäischen Union einen Zugang zu noch intakten Fischgründen verschaffen, sollen die eigenen Bestände und die europäische Fischindustrie schützen. Derzeit existieren mit 15 AKP-Staaten (Afrika, Karibik, Pazifik) Fischereiabkommen, die es den EU-Fischern gestatten, in fremden 200-Meilen-Wirtschaftszonen auf Fischfang zu gehen. Die Europäische Union subventioniert auf diese Weise den Export von Überkapazitäten und Überfischung und gefährdet darüber hinaus massiv noch gesunde Fischbestände, auf die die Küstenfischerei vieler Entwicklungsländer existentiell angewiesen ist.

Gesunde Fischbestände sind für die Mehrzahl der Fischer in Entwicklungsländern eine Frage des wirtschaftlichen Überlebens. Aufgrund ihrer Subventionspolitik treibt die Europäische Union diese Fischer in den Ruin, mit dramatischen Folgen. Diese lassen sich am Beispiel Westafrikas beobachten, wo die meisten Küstenstädte von Marokko bis hinunter nach Guinea von der Fischerei leben. Riesige »schwimmende Fischfabriken« grasen in den Territorialgewässern Westafrikas die Fischbestände leer. Die »Atlantic Dawn« aus Irland zum Beispiel holt pro Tag bis zu 400 Tonnen Fisch aus dem Meer. Um diese Menge an Fisch zu fangen, bräuchte ein lokaler Kleinfischer zehn Jahre. Einheimische Fischer klagen über sinkende Erträge. Diejenigen, die Fischerei auf der Grundlage eines traditionellen, von Generation zu Generation überlieferten Wissens über fischereibiologische Zusammenhänge betrieben haben, nach bestimmten Regeln, langfristig und umweltgerecht, sehen sich einer übermächtigen Konkurrenz ausgesetzt. Um nicht in Armut zu geraten, suchen sie nach Auswegen. Eine Alternative bietet sich an: Sie vermieten oder verkaufen ihre Boote an Schleppernetzwerke, die das Geschäft mit der illegalen Migration nach Europa betreiben. Zielort sind die Kanarischen Inseln. Letztere gehören zu Spanien, sind also EU-Territorium und dienen als Einfallstor in den gelobten Kontinent. Seit Anfang 2006 sind auf den Kanarischen Inseln über 11.000 »Boatpeople« gelandet. Eine Vielzahl überlebt die Überfahrt in Kleinbooten nicht. Mitverursacher für diese Tragödie ist Europas Fischerei(-politik).

Der Verweis auf ökonomische Zwänge kann so wenig überzeugen wir jener auf den Markt, der es schon richten wird. Der Markt ist weder allmächtig noch allwissend, sondern eine menschliche Erfindung mit erheblichen Unzulänglichkeiten. Weder funktioniert er zwingend gut noch gar auf magische Art und Weise. Er funktioniert nur dank der Existenz von Institutionen, Regeln, Regimes und Gewohnheiten. Märkte können ein wirkungsvolles Mittel sein, um das Wohlergehen der Menschen zu verbessern. Für arme Länder sind sie ein möglicher Weg aus der Armut. Reiche Länder benötigen sie, damit der Lebensstandard aufrechterhalten werden kann. Märkte sind also mächtige Waffen gegen Armut – aber nur, wenn sie gut funktionieren. Diese Einschränkung ist entscheidend. Der Meeresfischereimarkt funktioniert definitiv nicht. Internationales Reglement und Fischerei-Management haben kläglich versagt. Sie haben Armut hervorgebracht, durch den Niedergang der weltweiten Fischbestände und durch die Zerstörung von Existenzen. Ein gut funktionierender Markt gründet auf Vertrauen und Glauben. Die Fischereiwirtschaft hat offensichtlich dieses Vertrauen missbraucht und den Glauben an eine nachhaltige Fischereipolitik verspielt.

Meeresfischerei, Sicherung der Welternährung und nachhaltiger Seefischkonsum

Franz-Theo Gottwald

In den verschiedenen Regionen der Welt spielen Meeresfische als Faktor der Ernährungssicherung eine unterschiedliche Rolle. Je nach Region und Land variiert der Seefischverzehr erheblich, zwischen einem Kilogramm und bis zu 100 Kilogramm pro Person jährlich. Der Pro-Kopf-Verbrauch für das Jahr 2002 erreichte weltweit 16,3 Kilogramm, was bedeutet, dass der Verbrauch seit 1992 um 3,5 Kilogramm pro Person angestiegen ist. In China allein wurde im Jahre 2002 ein Durchschnittsverzehr von 25,6 Kilogramm verzeichnet, wohingegen in den westlichen Industrieländern nur ein relativ geringer Anstieg auf knapp 20 Kilogramm zu verzeichnen war. Insgesamt haben Fischprodukte einen Anteil von 15 bis 16 Prozent am Verzehr von Proteinen tierischen Ursprungs, wobei 70 Prozent dieser Produkte aus den Ländern der Dritten Welt kommen.[61]

Für die deutschen Verbraucher ist Fisch zunächst ein Lebensmittel, das den Speisezettel bereichert und vielfältige Geschmacksrichtungen bietet: als gedünsteter oder gebratener Fisch, geräuchert, in Konserven oder als Fertigmenü. Darüber hinaus bevorzugen immer mehr Verbraucherinnen und Verbraucher die Trendprodukte Sushi und Sashimi. Bei Kindern sind Fischstäbchen das beliebteste Fischgericht. 2004 verzehrten die Bundesbürger im Durchschnitt 13,5 Kilogramm Meeresfischprodukte. Dies entspricht einer Mahlzeit pro Woche von rund 260 Gramm inklusive unverzehrbarer Anteile, die etwa die Hälfte ausmachen.[62] Die Verzehrmengen nehmen in Deutschland von Norden nach Süden ab. In Hamburg und Berlin werden im Mittelwert knapp 20 Gramm pro Person und Tag konsumiert. In Rheinland-Pfalz, Hessen, Baden-Württemberg und Bayern werden nur 10 bis 12 Gramm pro Person und Tag verzehrt. Eine Ausnahme bildet Sachsen mit einem relativ hohen durchschnittlichen Fischverzehr von 17 Gramm pro Person und Tag.[63] Die deutschen Konsumentinnen und Konsumenten lieben den Alaska-Seelachs am meisten, gefolgt von Hering, Thunfischprodukten, Lachs und Rotbarsch. Ein Viertel des Absatzes von tiefgekühlten Fischen, Krusten- und Weichtieren im deutschen Lebensmittelhandel machten 2004 die Fischstäbchen aus. In Deutschland werden Fischzubereitungen und -Konserven im Wert von 6,7 Milliarden Euro produziert. Frischer, gekühlter, gefrorener, geräucherter oder getrockneter Fisch erwirtschaftet davon etwa 5,2 Milliarden Euro. Die Preise für Meeresfischerzeugnisse steigen ständig an. Begründet wird das mit der massiven Nachfrage aus China. Aber auch in Deutschland selbst nimmt die Nachfrage zu, da der Seefisch als gesundes Lebensmittel ein gutes Image hat.

Der Beitrag der Aquakulturen zur Ernährungssicherung – Ein Blick auf Prognosen für das Jahr 2015

Die Erwartungen seitens der FAO und des *International Food Policy Research Institute* (IFPRI) gehen dahin, dass der durchschnittliche weltweite Pro-Kopf-Bedarf an Meeresfischereiprodukten bis 2015 auf 19,1 Kilogramm steigen wird. Man rechnet mit einem Nachfragezuwachs von 40 Millionen Tonnen. Davon werden etwa 46 Prozent durch das Bevölkerungswachstum verursacht, während der Rest aus der Zunahme der Kaufkraft von Haushalten im reichen Norden, aber auch in Indien und China resultiert. Nach der erwarteten Steigerung der Verbrauchsmenge sollen bis 2015 etwa 73 Prozent aus Salzwasser-Aquakulturen stammen.

Die quantitative Zukunftsperspektive, die das IFPRI entwickelt hat, begründet fünf wesentliche strukturelle Veränderungen hinsichtlich des Beitrags der Meeresfischerei zur Ernährungssicherung:

1. Die Entwicklungsländer (besonders in Asien) werden die dominante Kraft der Fischerzeugung sowohl im Fischfang als auch in der Aquakultur sein.

2. Mit dem Auftreten einer urbanen Mittelschicht wird auch der Handel zwischen den Ländern des Südens ansteigen. Einheimische Produzenten in den Industrieländern werden sich mehr und mehr aus dem Fangsektor zurückziehen, während nationale Einfuhrvorschriften immer importfreundlicher gestaltet werden. Fisch als Handelsgut wird wertvoller werden, was bedeutet, dass die Umstellung von Gefrierprodukten niedriger Qualität zu Produkten hoher Wertschöpfung fortgesetzt werden wird.
3. Probleme der Nachhaltigkeit werden vermehrt auftreten und zu mehr Vorschriften und Institutionen zum Schutz der Umwelt führen, zuerst in den Ländern der Ersten Welt, dann aber auch in den Entwicklungsländern. Dabei ist und bleibt das Überfischen das Hauptproblem, wobei die Hochseebestände für die Fischmehl- und Fischölproduktion das wichtigste Thema sein werden. Die Verbindung zwischen Umweltbelastungen und Ernährungssicherung mit Bezug auf den Fischfang wird weltweit große Aufmerksamkeit erregen.
4. Im Norden und Süden werden Fischerei- und Aquakultur-Technologien Antworten finden müssen auf neue Herausforderungen: Reduktion von Fischmehl- und Fischölbedarf in der Aquakultur; Abbau der Belastungen und Minderung von Umweltschäden durch intensive Aquakultur; Suche nach Alternativen für Vorschriften zum Erhalt der Lebensmittelsicherheit, die bisher hohe Kapitalinvestitionen erforderten; Einsatz von Informationstechnologien zur Verbesserung der Fischereiverwaltung.
5. Um Armut in der Welt zu reduzieren, werden neue Institutionen nötig, die Seefischfang und Aquakultur so regulieren, dass Umwelt und Ernährungssicherung nachhaltig beeinflusst werden.[64]

Tatsächlich stellen Aquakulturen, insbesondere Netzgehegezuchten, eine erhebliche Umweltbelastung dar. Da diese Zuchtanlagen in der Regel offene Systeme sind, gelangen Kadaver, Futterreste, Fischkot sowie Chemikalien wie etwa Düngemittel, Pestizide und Antibiotika ins Meer und schädigen oftmals ganze Meereszonen. Auch die ungewollte Ausbreitung von »Flüchtlingen« stellt ein großes Problem für die wilden Fischpopulationen dar. Zuchtfische übertragen nicht nur Parasiten auf den Wildbestand, sondern können das gesamte ökologische Gleichgewicht zerstören, insbesondere durch die Einschleppung nicht-einheimischer Arten. Eine weitere Gefahr besteht in der Fütterung von Zuchtfischen mit Fischmehl. Da Fischmehl meist aus kleineren Fischarten hergestellt wird, entsteht eine Lücke in der Nahrungskette durch den verstärkten Befang kleinerer Arten. Nicht zuletzt können durch den Bau solcher Anlagen oftmals ganze Ökosysteme für immer verloren gehen.

Mittlerweile wird auch im Bereich der Aquakulturen an neuen Konzepten geforscht, die Fragen zu Tier- und Umweltschutz, Nachhaltigkeit, Artenvielfalt und Verbraucherschutz berücksichtigen. Ein Beispiel hierfür ist ein neues System der Lachsproduktion, die von der Aufzucht bis zur Verarbeitung vollständig an Bord eines Schiffes ablaufen und im Gegensatz zu herkömmlichen Aquakulturen wesentliche ökologische Vorteile besitzen soll. Allerdings sind diese Ideen derzeit nicht realisierbar, da sie sich ökonomisch noch nicht profitabel gestalten lassen.[65]

Ob dennoch all die oben genannten strukturellen Veränderungen und Entwicklungen am Ende zu einem konstruktiven Beitrag der Meeresfischerei inklusive Aquakulturlösungen – die ja den Löwenanteil des Zuwachses decken sollen – zur Ernährungssicherung führen werden, hängt auch von den weitestgehend unvorhersagbaren Effekten des globalen Klimawandels auf die Meeresfischerei und ihre Fangmengen ab. Eine Studie des *Department of Wildlife, Fish and Conservation Biology* im *Center for Aquatic Biology and Agriculture* der University of California at Davis, zusammen durchgeführt mit dem »Climate Change Program« des WWF, belegt deutlich, dass der Klimawandel bereits jetzt einen starken und noch zunehmenden Einfluss auf das Fischereiwesen hat.[66]

Der globale Klimawandel beeinflusst schon heute die Hochsee- und Küstenfischerei und wird sich in Zukunft noch viel stärker auswirken. Datentrends zeigen Änderungen im Anstieg des Sauerstoffverbrauchs bei Fischen, im Fress- und Migrationsverhalten in den Eismeeren, bis hin zur Abnahme von Fischpopulationen in ausgebleichten tropischen Korallenriffen. Vorhersagen sprechen schon bei relativ kleinen Temperaturveränderungen von Beeinträchtigungen der Verteilung und Anzahl von Fischarten. Es gibt keine Zweifel daran, dass diese Veränderungen große Auswirkungen auf jene Bevölkerungsgruppen haben werden, deren Überleben vom Fischfang abhängt. Der Fischbestand für die Küstenfischerei (sei es als Lebensunterhalt, kommerzielles Unternehmen oder Freizeitbeschäftigung) würde (positiv oder negativ) von Temperaturveränderungen betroffen. Außerdem ist nur eine relativ kleine Temperaturveränderung und das daraus resultierende Ansteigen des Meeresspiegels nötig, um die Gesundheit und Lebensqualität von Inselvölkern, deren Wirtschaft von der Küstenfischerei abhängt, nachhaltig zu beeinflussen. Die Interpretation der Daten beinhaltet zahlreiche Ungewissheiten über die Zukunft betroffener Fischarten und der Fischerei. Es ist deshalb erforderlich, die Physiologie und Ökologie der Hochsee- und Küstenfische weiter zu erforschen, insbesondere in den Tropen, wo diesem Thema bisher relativ wenig Aufmerksamkeit geschenkt wurde. Sobald eine breitere Informationsgrundlage existiert, werden Forscher zu genaueren Vorhersagen und der Formulierung relevanter Lösungsansätze befähigt sein, die auch dem Erhalt des Beitrags der Meeresfischerei zur Welternährungssicherung dienen.[67]

Gesundheitsversprechen und toxikologische Realität – oder: Wie sicher sind Lebensmittel aus dem Meer?

Es ist falsch, anzunehmen, die Ernährungssicherung (*Food Security*) und eine ausreichende Nährstoffversorgung in den Ländern des reichen Nordens, aber auch in einem Land wie der Volksrepublik China, könne nur durch Produkte aus der Meeresfischerei gewährleistet werden. Vielmehr treiben die in den Massenmedien zunehmend verbreiteten Empfehlungen von Ärzten und Ernährungswissenschaftlern den Konsum an. Diese fordern zu ein bis zwei Fischmahlzeiten in der Woche auf, mit Portionsgrößen von etwa 150 Gramm. Fachleute propagieren den hohen gesundheitlichen Wert von Fisch, da vor allem magere Sorten hochwertiges Eiweiß liefern würden, über eine große Nährstoffdichte bei relativ geringer Energiekonzentration verfügen würden und somit für eine Bevölkerung mit Tendenz zum Übergewicht besonders geeignet seien. Darüber hinaus soll vor allem der hohe Gehalt an Omega-3-Fettsäuren Fisch zu einem besonders wertvollen Nahrungsmittel machen. Diese Fettsäuren kommen in hohen Konzentrationen bei Moosen und Farnen vor, im Wasser vor allem in Algen und gelangen aus den Algen über die Nahrungskette in die Kaltwasserfische. Einen besonders hohen Anteil an Omega-3-Fettsäuren haben zum Beispiel Makrelen, Hering oder Lachs. Diese Fettsäuren werden unter anderem dafür genutzt, den Blutdruck und erhöhte Triglyzeridwerte im Blut zu senken und der Entstehung von Arteriosklerose vorzubeugen. Sie gelten als wichtig für die Prophylaxe von Herz-Kreislauf-Erkrankungen und scheinen ein Mittel gegen diese zumindest in Deutschland dominante Todesursache zu sein. Weiterhin scheinen ungesättigte Fettsäuren positiv auf chronisch entzündliche Erkrankungen zu wirken, Symptome bei Schuppenflechte und Asthma-Bronchiale zu lindern und bei Migräne hilfreich zu sein. Schließlich wird angenommen, dass Omega-3-Fettsäuren für die Gehirnreifung von Kindern eine große Rolle spielen, so dass Kinderärzte werdenden Müttern empfehlen, viel Fisch wie etwa Makrele zu essen. Es gibt empirische Hinweise darauf, dass die speziellen Makrelenfettsäuren die Gehirnreifung und das Sehvermögen des Ungeborenen bereits im Mutterleib fördern. Zu guter Letzt deuten Studien darauf hin, dass hoher Fischverzehr das Risiko einer Thrombose verringern könnte.[68]

Dazu kommt, dass Seefisch das einzige jodreiche Lebensmittel ist. Jod hat ebenfalls einen konstruktiven Einfluss auf die Entwicklung und die Intelligenz eines Kindes. Nachdem weltweit immer noch – trotz jodiertem Salz – eine knappe Milliarde Menschen von Jodmangel betroffen sind, scheint der Meeresfischkonsum die einzig mögliche Abhilfe schaffen zu können. Da darüber hinaus Fische als wichtige Lieferanten für Vitamin D (das vor allem für den Knochenstoffwechsel und als Vorbeugung gegen Osteoporose wirkt), Vitamin B_{12} (zum Beispiel wichtig für die Bildung von roten Blutkörperchen), Eisen (Blut- und Enzymbildung) und das für viele Körperfunktionen unentbehrliche Selen gelten, gibt es also eine Vielzahl von Gesundheitsversprechen, die durch den Konsum von Meeresfischen scheinbar eingelöst werden können und zu positiven Markterwartungen hinsichtlich des Absatzes der Meeresfische in den nächsten 10 bis 15 Jahren führen werden.

Allerdings mehren sich kritische Stimmen, die nachfragen, ob man die entsprechenden Nährstoffe nicht auch über eine gute, aus dem Boden und nicht aus dem Meer stammende Lebensmittelversorgung erhalten könnte. Darüber hinaus muss man die Verbraucher auf die gesundheitsgefährdenden Folgen hinweisen, die der Meeresfischkonsum aufgrund der hohen Schadstoffbelastung der Meere mit sich bringen kann. Im Gewebe von Fischen und Meerestieren haben sich in den letzten Jahrzehnten zunehmend unerwünschte Inhaltsstoffe angereichert. Es ist bekannt, dass Schadstoffe jeglicher Art fast unbemerkt unter der Wasseroberfläche von Meeren und Ozeanen verschwinden. Gelegentliche Tankerunfälle bewirken ein kurzfristiges Aufflackern von Protesten. Neueste Studien zeigen, dass die Küstengewässer vor China weitgehend verseucht sind, nicht zuletzt mit hormonell wirksamen Chemikalien und schwer abbaubaren organischen Verbindungen, die sich in der Nahrungskette anreichern. 80 Prozent der Industriechemikalien werden über Gewässer, Luft und vom Land her eingetragen. Auch wenn die toxikologisch relevanten Mengen im Einzelfisch selten die Schwellen- und Grenzwerte überschreiten, die seitens der Lebensmittel-Sicherheitsstandards gefordert werden, könnte doch in der Summe und angesichts der vielfältigen Wechselwirkungen mit anderen, über die Atemluft und andere Lebensmittel aufgenommenen Schadstoffen eine Reihe von Erkrankungen, wie etwa Immunschwäche, Krebserkrankungen oder Fortpflanzungsstörungen, entstehen. Nach Angaben von *Greenpeace Deutschland* sind Heringe aus der zentralen und westlichen Ostsee so stark belastet, dass Finnland und Schweden ihre Fänge nicht exportieren dürfen. Lachs aus der Ostsee sollte insbesondere von Schwangeren gemieden werden.[69]

Beunruhigen muss auch, dass Umweltgifte zu *Global Players* geworden sind. In der Arktis findet man mittlerweile manche Chemikalien in höherer Konzentration als in den Ländern, in denen sie hergestellt wurden. Mit den Meeren werden deren Bewohner belastet und vor allen Dingen das letzte Glied der Nahrungskette, der Mensch. So konnte etwa bei 30 Prozent der Inuit-Bevölkerung in den östlichen Teilen Grönlands eine Schadstoffkonzentration im Körper nachgewiesen werden, die weit über den internationalen Grenzwerten liegt. Da die Menschen dort traditionell vom Fischfang leben, musste ihnen angeraten werden, ihre Ernährungsgewohnheiten zu ändern. Studien zeigen ferner, dass chlorierte Paraphine, die beispielsweise in Farben, Klebstoffen, Leder und in der Gummiverarbeitung verwendet werden, in norwegischen Kegel- und Ringelrobben, in Belugawalen, Walrössern, verzehrbaren Fischen, Vögeln und Meeressedimenten zu finden sind. Orcas zählen zwar nicht zu den häufig verzehrten Speisefischen, aber sie sind mittlerweile die am stärksten kontaminierten Säugetiere. Entsprechende Untersuchungen haben gezeigt, dass sich in ihrem Gewebe große Mengen PCB, Pestizide und Flammschutzmittel anreichern können.

Als ein besonders übel wirkendes Gift wurde in den vergangenen Jahren das Tributylzinn (TBT) ausgemacht, dass in Schiffsanstrichen den Bewuchs mit Algen, Muscheln und Seepocken verhindern soll und seit den 1970er Jahren eingesetzt wird. Im Meer lagert es sich im Sediment ab und gelangt so in die Nahrungskette. Diese Chemikalie wirkt auf das Hormonsystem und macht unfruchtbar, wie man mittlerweile bei über hundert Arten von Meeresschnecken beobachten kann, die vom Aussterben bedroht sind. Auch in Speisefischen und Walen wurde das Gift bereits gefunden. Deshalb wurde im Jahr 2003 von der internationalen Schifffahrtsorganisation (IMO) TBT verboten. Damit dieses Verbot allerdings in Kraft treten kann, müssen 25 Staaten mit einer Handelstonnage von 25 Prozent der Welthandelstonnage die IMO-Konvention ratifizieren, was aber bis heute noch nicht geschehen ist, obwohl TBT-freie Anstriche zur Verfügung stehen.[70]

Immer wieder machen Nematoden Schlagzeilen. Diese Fadenwürmer, die naturbedingt in Fischen vorkommen, werden durch haushaltsübliches Braten, Dämpfen und Kochen zuverlässig abgetötet. Ein Problem kann allerdings beim Verzehr von rohem Fisch – Sushi, Sashimi, Matjesheringe, Graved Lachs oder kalt geräuchertem Lachs – auftreten. Da nicht erhitzte Fischprodukte auch die Gefahr einer Infektion mit Listerien (Bakterien, die sich während der Verarbeitung ansiedeln können) bergen, wird empfohlen, für den rohen Verzehr nur einwandfreie Rohware aus einer Produktion mit hohen Hygienestandards zu verwenden. Schwangere sollten aus Vorsorgegründen überhaupt keinen rohen Fisch essen. Aufgrund der durchschnittlich hohen Quecksilberbelastung von Fisch wird schwangeren und stillenden Frauen auch geraten, den Verzehr größerer und alter Raubfische einzuschränken. Dazu gehören zum Beispiel Heilbutt oder Thunfisch. Es wird den Konsumenten auch empfohlen, Räucheraale und Muscheln eher selten zu verzehren, auf alten Fisch lieber zu verzichten und mageren Fisch dem fetten vorzuziehen. Billigste Edelprodukte wie Lachs oder Garnelen sollten möglichst vermieden werden.[71]

Meeresfische in der Hand der Verbraucherinnen und Verbraucher – Zum Ethos nachhaltigen Seefischgenusses

Wenn sich Konsumentinnen und Konsumenten bewusst und verantwortlich verhalten möchten, dann kann zumindest in Europa der Blick auf das Etikett oder die Ausschilderung an der Theke etwas helfen. Seit 2002 müssen frische, gefrorene, geräucherte Fische, sowie Matjes und rohe Garnelen mit folgenden Angaben gekennzeichnet werden: Produktionsmethode, Handelsbezeichnung und Fanggebiet. Verbraucherinnen und Verbraucher können beispielsweise Produkte aus Aquakultur erkennen und von anderen Fangformen unterscheiden. Aber bei den Konserven müssen derartige Angaben nicht gemacht werden, und somit bleibt ein größerer Teil des Konsums unberührt. Eine wirkliche Hilfe für die Verbraucher ist das MSC-Zeichen des *Marine Stewardship Council*: ein stilisierter weißer Fisch in einem blauen Oval. Das *Marine Stewardship Council* hat seinem Standard eine einzigartige und international anerkannte Sammlung von Umweltprinzipien zugrunde gelegt, die eine messbare Bewertung von Meeresfischerei im Bezug auf gutes und nachhaltiges Management erlaubt. Wenn also ethische Bedenken bei Verbrauchern entstehen, könnte das MSC-Signet einen ersten und überprüften Hinweis geben, dass der Verzehr entsprechend ausgezeichneter Erzeugnisse der Meeresfischerei als nachhaltiger Seefischgenuss gelten kann. Jedes Fischereiunternehmen kann – unabhängig von seinem Fanggebiet oder von seiner Größe – eine Bewertung nach dem MSC-Standard beantragen. Das *Marine Stewardship Council* arbeitet mit autorisierten, unabhängigen Zertifizierungsstellen zusammen, die die entsprechenden Prüfungen vornehmen. Einige der wesentlichen Prinzipien, nach denen das MSC-Zeichen vergeben wird, sind eine nachhaltige Bewirtschaftung der Fischbestände, die Auswirkungen der Meeresfischereien auf die maritime Umwelt, sowie das Vorhandensein und die Anwendung von Fischereimanagementsystemen. Das global tätige Unternehmen Unilever ist einer der beiden Gründungspartner des MSC und zertifiziert entsprechend Produkte seiner Tochterunternehmen – in Deutschland beispielsweise von Iglo. Der in den Iglo-Fischstäbchen verarbeitete Alaska-Seelachs kommt deshalb aus bestandserhaltender Fischerei. Andere Unternehmen wie die Frosta AG Bremerhaven und die Deutsche See ziehen nach und führen zunehmend MSC-zertifizierte Produkte ein. Trotz der prinzipiellen Zweckmäßigkeit der Initiative gibt es Korrekturbedarf. So bemängelt etwa Greenpeace, dass das Vorsorgeprinzip innerhalb der MSC-Richtlinien zu wenig Beachtung fände und eine tatsächliche Unabhängigkeit des Kontrollgremiums durch die starke Präsenz der Fischindustrie nicht gewährleistet werden könne.

Angesichts der bedrückenden ökologischen Situation in den Weltmeeren fragt es sich allerdings, ob das MSC-Signet den einzigen Maßstab für ein Ethos nachhaltigen Seefischkonsums abgeben kann. Auch die Verbraucher tragen Verantwortung. Mit jeder Konsumentscheidung haben Verbraucher einen Einfluss auf die folgenden ethischen Dimensionen im Fischereiwesen:

Akteure	*Ethische Zielstellung*
Ökosystem	Wohlergehen des Ökosystems
Fischbestände	Bestandserhalt
Fischfang	Verantwortlicher Fang, nachhaltige Entwicklung
Fischer	Sicherheit an Bord, Freiheit und Wohlergehen, gerechter Zugang
Fischereigemeinden	Abschaffung der Armut, kulturelle Diversität
Andere Interessengemeinschaften	Allgemeine Gerechtigkeit, effiziente gesellschaftliche Normen
Verbraucher	Recht auf Nahrung, Ernährungssicherheit
Politiker	Transparente Regeln, öffentlicher Diskurs

Wenn Konsumentinnen und Konsumenten sich einem Ethos verpflichtet wissen, in dem Nachhaltigkeit das Leitprinzip darstellt, das ihre Entscheidungen und ihr Verhalten moralisch organisiert, dann bedeutet dies für den Seefischkonsum ein bewusstes Sich-Informieren über die Konsequenzen der persönlichen Konsumentscheidung für die Armutsvermeidung, die Stärkung des Rechts auf Nahrung und die Verhinderung von Überfischung und Degradierung von Meeresökosystemen.

Bezüglich der Armut sind Verbraucher zur Prüfung verpflichtet, ob ihr Fischgenuss einen Beitrag zur Armutssteigerung oder -verringerung leistet, insbesondere bei Fischern, die zur Sicherung ihrer eigenen Lebenshaltung auf nachhaltige Fischbestände angewiesen sind. In vielen dicht bevölkerten Ländern Asiens gehören die Handwerks-Fischer zu den Bevölkerungsteilen, die am stärksten sozial, ökonomisch und politisch benachteiligt sind. Sie haben einen sozialen Status, der verglichen werden kann mit demjenigen landloser Wanderarbeiter. Unterernährung, hohe Kindersterblichkeit, häufige chronische Erkrankungen und eine kurze Lebenserwartung sind Merkmale dieser Existenz. Auch an einer Reihe der Küsten Afrikas und Lateinamerikas sind ähnlich schlechte Lebensbedingungen der kleinen Fischerfamilien gegeben. Wenn durch den Seefischkonsum der Wohlhabenden die Lebensbedingungen dieser von Subsistenz-Fischfang abhängigen Menschen und Familien geschädigt werden, ist das ethisch nicht zu rechtfertigen. In Süd- und Südostasien leert die Fischindustrie mehr und mehr die Fanggründe dieser Kleinfischer, beraubt die Familien dadurch ihrer Lebensgrundlagen und steigert deren Armut. Der Konsum von Fischereiprodukten, der diese Art der Ausbeute in Kauf nimmt, ist moralisch unverantwortlich.

Mit Blick auf das Recht auf Nahrung müssen sich Konsumentinnen und Konsumenten aus den wohlhabenden Ländern fragen, wer ihnen moralisch erlaubt, als Konkurrenten um die wesentliche Lebens- und Nahrungsgrundlage von Millionen der Ärmsten der Menschen auf ihrem Seefischgenuss zu beharren. 2001 waren mehr als 48 Prozent der Weltbevölkerung zu etwa 15 bis 25 Prozent hinsichtlich ihres Proteinbedarfs von der Seefischerei abhängig. Mehr als eine halbe Milliarde Menschen sind hinsichtlich ihrer Eiweißversorgung zu 50 Prozent auf die Küstenfischerei angewiesen. Für diese Mitmenschen bedeutet eine Verringerung des Fischbestands in den Küstengewässern einen unmittelbaren Verlust an Nährstoffquellen. Der hohe Seefischkonsum in den reichen Binnenländlern trägt in einer heute ethisch nicht mehr verantwortbaren Weise zur Einschränkung des Rechts auf Nahrung dieser Milliarden Mitmenschen bei.

Nicht nachhaltiger Seefischkonsum hat nicht nur verheerende Folgen für die menschliche und soziale Dimension nachhaltiger Entwicklung, sondern auch im Hinblick auf die Ökologie. So ist etwa die Biodiversität der Ozeane durch nicht nachhaltiges Fischereiwesen äußerst bedroht, ganze Ökosysteme werden dadurch degradiert oder gänzlich zerstört. Beispiel hierfür sind die Garnelenfischerei oder auch die Gespannfischerei, bei der ein Netz von bis zu einem Kilometer Breite durch das offene Meer geschleppt und alles Leben, das seinen Weg kreuzt, aus dem Wasser gefischt wird – unabhängig von dessen tatsächlicher Verwertbarkeit für die Fischer.[72] Ein anderes Beispiel sind die nicht nachhaltig angelegten Aquakulturen in der Lachszucht vor Chile. Wie bereits bei der Intensivhaltung von Hühnern, Schweinen und Rindern beobachtet werden konnte, begünstigen selektive Zucht, intensive Haltungsbedingungen und der damit verbundene Verlust an Artenreichtum und genetischen Ressourcen die Entstehung immer neuer Seuchen und Krankheiten, deren ökologische Folgen insbesondere bei der Fischwirtschaft kaum abzusehen sind.[73] Dass dies im Sinne einer intergenerationalen Zugangsgerechtigkeit zu Fischereiprodukten nicht verantwortet werden kann, ist evident.

Ein nicht nachhaltiger Seefischgenuss hat also eine Reihe ethisch relevanter Implikationen. So werden unter anderem die Grundlagen der Nahrungssicherung für eine Fülle von meeresnahen Regionen bedroht, die Lebensgrundlagen von zukünftigen Generationen gefährdet, durch Umweltfehlverhalten an sich sichere Nährstoffquellen verseucht und damit die Lebensmittelsicherheit verringert und die menschliche Gesundheit bedroht. All dies sind Indikatoren für ein moralisches Versagen einzelner Entscheidungsträger sowie von Konsumentinnen und Konsumenten, aber auch von nationalen Gesellschaften und der Weltgemeinschaft als Ganzer.

Wenn die Lösung darin gesehen wird, die Zugangsrechte zum Meeresfischereiwesen zu regulieren, birgt auch das Herausforderungen für die ethische Analyse. Die moralischen Folgen eines Systems eingeschränkter Zugangsrechte für Fischer wie für vom Fischfang abhängige Regionen müssen ethisch auf ihre Stichhaltigkeit geprüft werden. Da es noch keine elaborierte Fischereiethik gibt, die dieses leistet, muss auf einen 1995 durch die FAO akzeptierten »Code of Conduct for Responsible Fisheries« zurückgegriffen werden.[74] Dieser Code entfaltet Prinzipien und internationale Verhaltensstandards für verantwortliches Seefischereiwesen, das darauf abzielt, die lebendigen Ressourcen der Meere und Ozeane effektiv zu bewahren und nachhaltig zu führen. Der Verhaltenskodex berücksichtigt dabei alle relevanten biologischen, technischen, ökonomischen, sozialen, umwelt- und handelsbezogenen Aspekte der Seefischerei, darunter unter anderem die Folgenden:

»6.1 Staaten und Nutzer lebender Meeresressourcen müssen die Ökosysteme des Meeres bewahren. Hand in Hand mit dem Nutzungsrecht geht die Verpflichtung, diese Nutzung auf verantwortliche Weise durchzuführen, um effektiven Schutz und Management dieser lebenden Ressourcen zu gewährleisten.
6.2 Das Management der Fanggebiete muss den Erhalt von Qualität, Diversität und Verfügbarkeit dieser Fischressourcen in ausreichender Quantität für jetzige und zukünftige Generationen gewährleisten mit Hinblick auf Nahrungssicherheit, Armutsbekämpfung und nachhaltige Entwicklung. […]
6.13 Staaten müssen […] gewährleisten, dass Entscheidungsprozesse durchsichtig bleiben und dass zeitgemäße Lösungen für dringende Fälle gefunden werden. Staaten müssen den Entscheidungsprozess mit Blick auf Gesetzgebung und Ausarbeitung von Vorschriften für das Fischmanagement, Entwicklung, internationale Kreditvergabe und finanzielle Hilfe unter Einhaltung angemessener Maßnahmen und Konsultationen fördern und die tatkräftige Mitarbeit von Industrie, Fischereiarbeitern, Umwelt- und anderen interessierten Organisationen ermöglichen. […]
6.18 Staaten müssen die wichtigen Beiträge handwerklicher und kleiner Fischer mit Bezug auf Beschäftigung, Einkommen und Nahrungssicherheit erkennen und die Rechte der Fischer und Fischereiarbeiter angemessen schützen, besonders jene, die Subsistenz-, Mittelstands- oder Handwerksfischerei betreiben, um ihnen ein sicheres und gerechtes Einkommen zu garantieren sowie (wenn angebracht) bevorzugten Zugang zu Fischgründen und Ressourcen in den Hoheitsgewässern ihres Landes sichern.«

Verbraucher sind angesichts der bedrohten Situation der Seefische und des vorhandenen »Code of Conduct« sowie auch des vorhandenen MSC-Signets und anderer ökologischer Zertifizierungssysteme verpflichtet, informiert über ihren Fischkonsum zu entscheiden. Der Konsument muss mehr Verantwortungsbewusstsein beim Einkauf zeigen, denn er ist nicht nur Opfer, sondern zugleich Täter.[75]

Ferner kann der Verbraucher heute nicht mehr behaupten, ihm stünden nicht ausreichend Kriterien oder leicht zugängliche Informationen zur Verfügung. So veröffentlichen beispielsweise Greenpeace und der WWF jährlich Informationsbroschüren und Einkaufsführer, in denen alle herkömmlichen Fischarten nach Bestandslage, Haltungs- bzw. Fangmethode oder negativen ökologischen Auswirkungen aufgelistet sind. Diese sind im Internet und bei Verbraucherzentralen zu erhalten. Jedoch sind die Kriterien von WWF und Greenpeace im Hinblick auf die Bedrohtheit einzelner Fischarten und die Nachhaltigkeit verschiedener Fangmethoden nicht einheitlich. Während der WWF sich weitgehend an den MSC-Standards orientiert, legt Greenpeace strengere Kriterien an, insbesondere im Hinblick auf die Tiefseefischerei. So wird bei-

Mini-Einkaufsführer Fisch[76]		
Annehmbar	*Bedenklich*	*Bedrohlich*
Alaska-Wildlachs	Alaska-Seelachs	Atlantischer Lachs
Atlantischer Lachs (Öko-Lachs)	Goldbrasse	Dornhai/Haie/ Rochen
Hering	Miesmuschel	Flussaal
Hoki	Nordseegarnele/ Krabbe	Heilbutt
Karpfen (Öko)	Sardine	Kabeljau/ Dorsch
Makrele	Tintenfisch/Kalmar/ Oktopus	Rotbarsch
Regenbogenforelle (Öko)	Wolfsbarsch/ Seebarsch	Schellfisch
Seelachs		Scholle
Zander		Seehecht
		Seezunge
		Tropische Shrimps/ Tiefsee-Garnelen
		Thunfisch/Bonito
		Viktoriabarsch
		Wittling

spielsweise der Verzehr des Hoki vom WWF als annehmbar eingestuft, während Greenpeace aus ökologischen und Artenschutzgründen von einem Verzehr vollständig abrät. Wünschenswert ist also in jedem Fall eine generelle Einschränkung des Seefischkonsums und nicht eine bloße Verschiebung hin zu einzelnen, vermeintlich unproblematischen Arten.

Insgesamt warnen Verbraucherschutzorganisationen wie *Food Watch* jedoch vor einer Überschätzung der Verbrauchermacht. Trotz der vielfältigen Informationen, die den Konsumentinnen und Konsumenten heute für ihre Kaufentscheidungen zur Verfügung stehen, werden sie zunehmend entmündigt. Einerseits besteht die Gefahr, dass die Verbraucher anhand der Fülle unterschiedlicher Informationen den Überblick verlieren. Andererseits fehlt ihnen häufig essentielles Wissen um Qualität und Herstellungsweise der Produkte, so dass sie im Marktgeschehen kaum als Schiedsrichter agieren können.[77]

Für ein vertieftes Studium der moralischen Dimension des Seefischkonsums hat die FAO eine Ethikmatrix des Seefischereiwesens entwickelt, die Produzenten, Vermarktern und Konsumenten gleichermaßen Orientierung für einen verträglichen, nachhaltigen Seefischgenusses bieten soll. Diese Matrix fußt auf drei Leit- oder Letztwertverwirklichungen: Wohlfahrt, Freiheit und Gerechtigkeit. Mittels dieser Matrix können Verbraucherinnen und Verbraucher überprüfen, ob ihr persönlicher Seefischkonsum zu einer nachhaltigen Entwicklung beiträgt bzw. wie er dazu beitragen kann. Sie können und müssen ihre private Letztwertverwirklichung durch den Konsum von Seefischen und Meerestieren in einen Abwägungsprozess einbauen und mit dem ethisch berechtigten Anspruch auf Letztwertverwirklichung anderer Akteure, die von der Meeresfischerei abhängen, vergleichen. Wenn daraus – was wohl nur für nachhaltigen Seefischfang gilt – konstruktive Effekte für die Mehrzahl der »Stakeholder« resultieren, ist ein Konsum von Seefischen moralisch gerechtfertigt und nicht schadhaft für Mensch und Umwelt.

	Zielstellung mit Bezug auf		
Akteure	*Wohlfahrt* (Wohlergehen)	*Freiheit* (Autonomität)	*Gerechtigkeit* (Fairness)
Das Ökosystem	Integrität des Ökosystems, Habitat- und Biodiversitätserhaltung	Reformfähigkeit, Widerstandsfähigkeit	Institutionen übernehmen Verwaltungsaufgaben und Interessenwaltung
Fischbestände	Bestands- und genetischer Erhalt, Tierwohl	Keine Migrationsbarrieren	Gleiche Fortpflanzungschancen
Fischerei	Wirtschaftlichkeit, nachhaltige Entwicklung, Sicherheit an Bord	Begrenzter Aktionsspielraum	Gerechtigkeit für alle (Steuern und Gesetz), Zugang zu Gerichten
Fischer und ihre Gemeinden	Angemessenes Einkommen und Arbeitsbedingungen, Ausmerzung von Armut, kulturelle Vielfalt	Transformationsmöglichkeiten, kulturelle Identität	Gerechte gesetzliche Handelsbedingungen, gleicher Zugang zu Ressourcen, Abfindungen
Andere interessierte Gruppierungen	Keine oder begrenzte externe Effekte durch Fischfang	Wettbewerbsfreiheit	Gleicher Zugang zu Ressourcen, Schlichtung von Zwistigkeiten
Verbraucher	Sichere, nährstoffreiche, erschwingliche Nahrungsmittel, gesellschaftliche Wirkungen	Selektionsmöglichkeit (zum Beispiel Etikettierung)	Gleicher Zugang zu Nahrungsquellen, keine Handelsbarrieren, Gerechtigkeit für alle
Politiker	Verfügbarkeit alternativer Regulierungsmöglichkeiten	Wahlfreiheit, ungehinderte Teilnahme am öffentlichen Diskurs	Transparenz, Rechenschaftspflicht, Haftung, öffentliche Aufsicht

Konsumwende: Forderungen an eine nachhaltige Verbraucherpolitik

Angesichts der beklemmenden sozial-ökologischen Situation der Weltmeere und in vielen der Anliegerstaaten ist an die Verbraucherpolitik vor allem in den wohlhabenden Ländern der Anspruch zu stellen, dass sie, gerade bei den Seefischprodukten, viel stärker als bisher über die Implikationen des Konsums für Tier-, Natur- und Umweltschutz sowie für menschliche Entwicklung und Rechte der zukünftigen Generationen auf ausreichende und zuträgliche Lebensmittel aus Seefischen aufklärt. Im Zentrum entsprechender Aufklärungskampagnen könnten Hinweise auf Alternativen zum Seefischkonsum stehen. Von den weltweit verbreiteten Empfehlungen, zwei Fischmahlzeiten pro Woche einzunehmen, sollte abgegangen werden. Schon jetzt ist klar, dass der derzeitige Fischverzehr, zumindest in Deutschland, von durchschnittlich knapp 20 Gramm pro Tag lediglich zu 20 Prozent die empfohlene Zufuhr von Omega-3-Fettsäuren deckt. Schon jetzt sind also andere Lebensmittel zur Bedarfsdeckung an Omega-3-Fettsäuren wichtiger als der Seefisch. Erwähnt werden können hier beispielsweise Raps- und Walnussöle. Auch hinsichtlich des Jods deckt der Fischanteil bei den Mahlzeiten der Verbraucher und Verbraucherinnen aus den reichen Ländern des Nordens nur etwa ein Zehntel des Bedarfs. Er spielt also keineswegs die bedeutsame Rolle, die ihm in den Massenmedien zugewiesen wird. Wenn ein nicht nachhaltiger Seefischfang und -konsum negative Folgen für Umwelt und Menschen hat, wenn also die sozial-ökologischen Nachteile die gesundheitlichen Vorteile eindeutig überwiegen, gibt es keinen Grund dafür, dass in Berichten und Empfehlungen von öffentlichen Einrichtungen und Behörden nach wie vor Seefischkonsum derart stark empfohlen wird.

Stattdessen muss eine Konsumwende initiiert und gefördert werden, in der Seefisch wieder den »Festtagscharakter« erhält, den er, denkt man an den Lachs- oder Krustentierkonsum, in den sechziger Jahren in Deutschland noch hatte. Eine solche Konsumwende ist auch über ein neues Bewusstsein der volkswirtschaftlichen Kosten der Seefischerei zu erreichen. Seefische müssen am Markt, was ihren Preis angeht, die sozial-ökologische Wahrheit vermitteln. Das heißt konkret, dass sie bis zu

50 Prozent teurer vermarktet werden müssten. Die dadurch entstehenden Mehreinnahmen sind über neu zu findende Mechanismen global so umzuverteilen, dass sie den von den negativen Folgen der bestehenden konventionellen Seefischerei betroffenen Bevölkerungsgruppen oder Ökotopen zugute kommen.

Eine nachhaltige Verbraucherpolitik trägt dazu bei, die Leitbilder von der wettbewerbsorientierten Intensivfischwirtschaft zu einer nachhaltigen, multifunktionalen Seefischwirtschaft mit dem Fokus auf den Erhalt der Meeresökosysteme zu fördern und zu kommunizieren. Sie nimmt auch eine neue Prioritätensetzung vor, nämlich zugunsten des vorsorgenden Verbraucherschutzes und wider eine reine Klientelpolitik. Hinsichtlich des Politikstils zeichnet sie sich durch die Öffnung für gesellschaftliche Anspruchsgruppen (zum Beispiel Nichtregierungsorganisationen) aus und gibt Medienkampagnen zur Aufklärung der Verbraucherinnen und Verbraucher eine erhöhte Bedeutung. Schließlich nutzt sie einen neuen Policy-Mix. Sie bindet mit harten und weichen Instrumenten gezielt alle relevanten Akteure entlang der Wertschöpfungskette rund um den Seefisch in Maßnahmen ein, die eine »Umstellungsmotivation« zu Gunsten eines nachhaltigen Seefischgenusses erzeugen.

Politik, Recht und Moral

Meer ohne Fisch? Der Oikos des Meeres am Abgrund

Bernd Malunat

In der Antike zählte Wasser noch zu den Elementen. Heute weiß man besser, dass es sich um eine chemische Verbindung handelt, eine Verbindung allerdings, die ganz außergewöhnliche Eigenschaften aufweist. Sehr viel mehr weiß man von dieser geheimnisvollen Substanz – von einigen »technischen Daten« abgesehen – aber noch immer nicht. Die Ungewissheit beginnt schon damit, dass nicht mit Sicherheit anzugeben ist, woher die geradezu ungeheuere Ansammlung von Wasser auf dem deshalb so genannten Blauen Planeten stammt,[78] dessen Biosphäre bis zu 90 Prozent aus dieser Substanz besteht.

Wasser ist Leben, soviel darf als gesichert gelten. Leben entstand im Wasser und durch Wasser, vermutlich in der »Ursuppe« der frühen Ozeane. Menschen sind »Schaumgeborene«, haben nicht nur ihre evolutionäre, vielmehr auch ihre individuelle, ihre pränatale Phase im wärmenden und nährenden Schutz des bergenden Wassers erlebt, bestehen zu 70 Prozent aus Wasser und bleiben Zeit ihres Lebens – so wie alles Leben – auf die nachhaltige Zufuhr frischen Wassers angewiesen. Menschen sind Wasserwesen, die auf dem Land leben, aber verdrängen, was sie dem enigmatischen Oikos des Meeres schulden, bis sie vielleicht eines Tages in der Wüste erwachen werden. Fische ohne Meer!

Wasser ist mit Meer identisch, trotz des gravierenden Umstandes, dass Menschen an Süßwasser gewöhnt sind, jenes aber nur noch aus Salzwasser besteht. An der Fülle der globalen Wasservorräte beträgt der für Menschen genießbare Anteil an Süßwasser gerade mal 2,6 Prozent,[79] und das wäre schnell verbraucht, würde es nicht in einem symbiotischen Zirkel beständig erneuert. So wie das Wasser der Weltmeere durch Einträge von Land salzig wurde, so generiert das Meer süßes, genießbares Wasser, das sich als Regen auf dem Land niederschlägt und damit die Kette des Lebens auf dem Land in Gang hält.

Das Wasser der Meere

Meer, was ist das eigentlich? Das einzige, was wir ziemlich genau anzugeben vermögen, ist, dass Wasser etwa sieben Zehntel der Erdoberfläche bedeckt, dass 1,4 Milliarden Kubikkilometer Wasser darauf warten, die Potentiale, die Gefahren und auch die Geheimnisse preiszugeben, die es beherbergt. Die Ozeane, dieser gigantische zusammenhängende Lebensraum, werden nur gelegentlich unterbrochen von Land, das gegliedert wird durch Bäche, Flüsse und Ströme, die den Meeren zustreben. Die Abgrenzung zwischen Land und Wasser ist gleichwohl keineswegs eindeutig. Wo gestern noch Land war, kann morgen schon Meer sein und natürlich auch umgekehrt. Über die Zeiten haben sich diese Verhältnisse immer wieder gewandelt. Eine Ahnung davon erhält man bei Ebbe, die in flachen Küstengewässern riesige Landflächen vorgaukelt, während der Tidenhub droht, manchenorts alles Festland zu verschlingen. Meer kann man sich eigentlich nur im Konjunktiv nähern.

Die geringe Landmasse ließe sich übrigens in den Ozeanen komfortabel unterbringen; es wäre die *ökologisch* perfekte Lösung. Dem stehen die mehr als 6 Milliarden Menschen entgegen, welche die Welt gegenwärtig beleben. Eigentlich bilden sie allein das ökologische Problem, gefährden den Oikos, nicht nur des Meeres. Es scheint keineswegs ausgeschlossen, dass sich die Natur dieser »eleganten« Lösung eines Tages bedienen könnte.

Natürlich gibt es einiges Wissen über die organischen, unorganischen und energetischen Bedingungen in den Ozeanen und ihren Randmeeren. Natürlich bestehen ungefähre Vorstellungen über die Verhältnisse, die in den oberen Meeresschichten herrschen. Über das, was sich unterhalb der von Licht erreichten Tiefen ereignet, besteht aber erschreckend wenig gesichertes Wissen. Über die unterseeische Wasserzirkulation etwa, über die Funktionen der Meere als Regulatoren, Puffer und Speicher wie über deren Toleranzen und Toleranzgrenzen, geschweige denn über das Zusammenwirken dieser und vielfältiger weiterer Komponenten, ist häufig nicht mehr bekannt als über das unerforschbare Universum. Über die Wirkungen, die auftreten, sollten sich diese Faktoren und Funktionen gründlich ändern, lässt sich mangels Wissen über alle relevanten Parameter noch nicht einmal fundiert spekulieren, weil vieles noch im vollständig Verborgenen schlummert; einmal mehr gilt die alte Weisheit, dass das Wissen um so geringer wird, je mehr wir erkennen.

Vom Meeresgrund ist weniger bekannt, als von den benachbarten Planeten. Mars und Venus sind jedenfalls besser kartiert als der Boden des Meeres, von dessen 360 Millionen Quadratkilometern etwa ein Prozent als erforscht gelten. In diesem Bereich sind wir erst auf der Evolutionsstufe der Sammler und Jäger angelangt. Die wahre, die letzte *terra incognita* ist mithin das *mare incognitum*, das »Wasserland«.

Für die mangelnden Kenntnisse gibt es eine Vielzahl von Gründen. Ein ernstzunehmender Grund ist sicher, dass die schiere Größe der Ozeane, Ausdehnung und Volumen, aber auch Form und Beschaffenheit – man bedenke, dass Meeresgräben bis in 11.000 Meter Tiefe hinabreichen, Meeres-Gebirge aber viele tausend Meter hoch aufragen –, die Erforschung nicht gerade leicht gemacht haben. Andererseits waren der Flug zum Mond und vergleichbare Unternehmungen im Weltraum auch nicht einfach. Für die Vernachlässigung der Meere wird es wohl andere Gründe geben. Vielleicht sind sie wirklich in metaphysischen Himmelsutopien angesiedelt, die kulturgeschichtlich nicht »hier unten«, sondern irgendwo »dort oben« ausgemacht wurden. Vielleicht sind die Gründe aber auch ganz banal darin zu sehen, dass zur Ausbeutung der Meere deren Beforschung einfach nicht erforderlich schien, weil man nur in den oberen Schichten der Schelf-Meere[80] fischte. Am wahrscheinlichsten aber ist, dass bis vor kurzer Zeit einfach nicht verstanden wurde, welche existentielle, geradezu symbiotische Bedeutung den Weltmeeren, dem *inneren* Universum, für das Leben auf dem Land zukommt.

Den Oikos des Meeres als Oikos des Meeres *allein* zu verstehen, wäre also mehr als nur euphemistisch; der Oikos des Meeres ist der Oikos des Lebens. Diese Einsicht verlangt, sich mit der »Ordnung« der Meere aus anderer Warte zu beschäftigen als dies bisher überwiegend geschah. Den Meeren wurde vieles zugemutet und abverlangt, geachtet und geschätzt wurde der größte ökologische Lebensraum, der alle Wasser der Welt verbindet, nicht. Die Gefährdung des Oikos' der Meere liegt in beidem: darin, dass wir seinen Schatz nicht schätzen, und darin, dass seine Wasser sich in vielfältigen interdependenten Kreisläufen unaufhörlich in einem fließenden Gleichgewicht zwischen Himmel und

Erde bewegen, das sich ständig verändert. Die Gefährdung liegt also in den Gewichtungen, die sich eines Tages so weit verschoben haben könnten, dass sich der Mensch nicht mehr zurechtfindet.

Der Oikos der Meere

Die Wüste, sagt ein arabisches Sprichwort, ist ein Meer ohne Wasser. Ist das Meer eine Wüste ohne Sand? Das Meer lässt sich – nicht nur metaphorisch – als »Gebärmutter« ansehen, in der das Leben entstanden sein dürfte, bevor es sich das feste Land »untertan« machte. Deshalb ist Meer gewissermaßen immer und alles, der prinzipielle und primäre Oikos. Dann jedenfalls, wenn man Oikos nicht vordergründig nur als Haushalt, Haus und Heimat interpretiert, sondern vielmehr als den grundlegenden Zusammenhang, in dem Leben gedeiht, sich entwickelt, fortpflanzt und verändert, als der äußerst komplexe und komplizierte Raum und Rahmen also, in dem sich Leben erlebt.

Dieser »ökologische« Raum und Rahmen, den die Ozeane seit unendlichen Zeiten vorgeben, bot und bietet offenkundig die Bedingungen, die Voraussetzung der Entstehung und unaufhörlichen Zeugung des Lebens waren und sind. Diese biotischen und abiotischen, aber auch die energetischen Variablen genau zu bestimmen, fällt deshalb so schwer, weil nicht nur über ihr Zusammenwirken, das in grauer Vorzeit begann, bloß spekuliert werden kann, sondern weil auch heute noch über die Weltmeere nur geringes gesichertes Wissen verfügbar ist. Das Heraklit'sche *panta rhei*[81] gilt für diesen Oikos, der sich als autopoietischer Organismus verstehen lässt,[82] in gefälligster Weise: In das gleiche Meer kann man eben nur ein einziges Mal steigen. Die Kontinente und Meere haben nicht nur ihre äußere Form und Verteilung, sondern dabei auch ihre inneren Lebensbedingungen immer wieder verändert, seit Pangäa, der Urkontinent, zerbrach und durch die Kontinentalverschiebungen neue schöpferische wie zerstörerische Impulse freisetzte.

Trotz dieser Unwägbarkeiten lässt sich ein Eindruck von den Verhältnissen gewinnen, die gegenwärtig den Lebensraum Meer bestimmen. Dabei ist zunächst an die abiotischen bzw. die energetischen Faktoren zu denken, von denen Licht, Temperatur und Salzgehalt besondere

Bedeutung zukommt; dazu zählen aber auch die Meeresströmungen, die Meerestiefe bzw. der hydrostatische Druck der Wassersäule, die Entfernung vom Festland, die Gestalt des Meeresbodens, die Verschmutzung der Meere sowie untermeerische Einträge, die alle darüber entscheiden, welche tierischen und pflanzlichen Lebensformen in den verschiedenen Meeresarenen gedeihen.

Die marine Flora kann als in großen Teilen erforscht angesehen werden, da sich das Pflanzenwachstum auf die für Menschen relativ leicht zugänglichen Oberflächenbereiche der Meere konzentriert, die von Sonnenlicht erreicht werden. Weit weniger bekannt ist die marine Fauna, die sich dem menschlichen Blick in mehrfacher Hinsicht entzieht. Immerhin könnten etwa zwei Drittel der größeren Tierarten, vor allem natürlich die Meeressäuger und Fische,[83] bekannt sein, wobei die fast unerforschte Tiefsee noch vielfältige Überraschungen bereithalten dürfte. Bei den Klein- und Kleinstlebewesen besteht dagegen noch größte Ungewissheit, weil an ihnen nur geringes Interesse bestand, aber weil auch immer mehr Lebensformen unter Bedingungen angetroffen werden, die vorher als unbelebbar galten.

Am Fuß der Nahrungspyramide steht das pflanzliche Plankton, mikroskopisch kleine Algen, die in den oberen Wasserschichten am besten gedeihen. Sie sind in der Lage, sich selbst zu ernähren, indem sie mit Hilfe der Photosynthese anorganische Verbindungen in organische Substanzen umwandeln. Das Phytoplankton ist deshalb als Primärproduzent im Stoffkreislauf des Meeres anzusehen;[84] es bildet die Nahrungsgrundlage anderer Lebewesen, vor allem der Zooplankter, zu denen auch der Krill zählt, aber auch vieler Fische. Phytoplankton ist aber nicht nur die Nahrungsgrundlage der oberflächennahen Meerestiere, es produziert bei der Photosynthese auch einen beträchtlichen Teil des atmosphärischen Sauerstoffs, indem es Kohlendioxid umbaut. Die Photosynthese-Leistung dieser Urproduzenten der Meere ist abhängig von einer bestimmten Lichtintensität, einem bestimmten Temperaturbereich sowie dem Kohlendioxid- und Eisengehalt des Wassers.[85]

Der Krill, ein antarktischer Kleinstkrebs, erzielt mit geschätzten 500 bis 800 Millionen Tonnen pro Jahr eine der größten Biomassen einer einzelnen Art. Dieses Zooplankton ist ungewöhnlich nährstoffreich und dient vielen Meeresbewohnern, unter anderen dem Blauwal, dem mit bis zu 120 Tonnen schwersten Lebewesen aller Zeiten, als wichtigste, bisweilen einzige Nahrungsquelle. Obwohl die Nahrungskette zumeist weit vielstufiger ist, gilt grundsätzlich, dass ohne Plankton als Nahrungsbasis aller größeren Meerestiere nicht nur die allermeisten Fischarten aussterben, vielmehr würde dadurch der gesamte marine Lebensraum tief greifend verändert. Dabei ist unberücksichtigt, welche Überraschungen das noch kaum zugängliche Tiefenmeer bereithält. Dort werden sich neue Welten präsentieren, vielfältiger und fremdartiger, als man sich vorstellen kann.[86] Durch den Einsatz von Sonaren, Tauchrobotern und Mini-U-Booten ist es nämlich möglich geworden, einen Zipfel davon zu erfassen. Tief unten tummeln sich Kreaturen, die unter dem Druck von einigen hundert Atmosphären leben, ohne Sonnenlicht gedeihen und sich an kochenden vulkanischen Schloten allein von Kohlendioxid und Schwefelwasserstoff ernähren. Weil sie unter Bedingungen leben, in denen Leben undenkbar erschien, in der Hitze schwefelgiftigen Wassers oder in eiskalten Methanquellen, können sie als modellhafte Vorstellung dafür stehen, was künftige Entdecker außerplanetarischen Lebens womöglich erwartet. Dort wird etwa der seemannsumgarnte Riesenkalmar *Architeuthis* vermutet oder der Tintenfisch *Vampyroteuthis*, ein mit Leuchtorganen übersäter Fleischkoloss, oder auch die Qualle *Apolemia*, die größte bekannte Tierlebensform. Den größten Wert des Meeres aber bildet seine Artenvielfalt; tropische Korallenriffe etwa sind so artenreich wie sonst nur noch der Regenwald.

Für manches andere gibt es nur vage Annahmen, eher Fragen. Vielleicht wird das Meer nicht nur durch die Sonne erwärmt, sondern auch durch Heißwasserquellen auf dem Meeresgrund. Stört aus untermeerischen Vulkanen ausströmende Lava die Zirkulation der Ozeane? Versickert Wasser an den vulkanischen Trennlinien ins Innere der Erde, um angereichert mit Wärme und Mineralien an anderer Stelle wieder zurückgetrieben zu werden? Welche Biochemie formt die Lebewesen der Ozeane, deren Erbgut sich mit dem der Landlebewesen kaum vermischt hat? Mit Fragen dieser und ähnlicher Art steht die Forschung erst ganz am Anfang, und auf die Antworten darf man neugierig warten.

Die notwendigerweise nur skizzenhafte Schilderung einiger Determinanten des Oikos' Meer vermag die Interdependenzen, die zwischen dem Leben des Wassers und dem des Landes bestehen, wenigstens anzudeuten. Dass diese wechselseitigen Abhängigkeiten sehr viel ausgeprägter sind, wird sich später in größerer Deutlichkeit zeigen. Die Lebensbedingungen der Meere lassen sich ohne die Lebensbedingungen des Landes nicht überzeugend erklären. Die Erde bildet ein einheitliches Ganzes, das sich allenfalls, und auch dann nur mit großen Schwierigkeiten, analytisch differenzieren lässt. Diese Verflochtenheit zeigt sich schon daran, dass eine klare Differenzierung zwischen Land und Meer sinnvoll nicht möglich erscheint. Das gilt für die überaus rege Berührung von Land und Meer im Bereich der Küsten, und es gilt in noch stärkerem Maß an deren Grund, der zwar eher dem Meer zugerechnet wird, aber doch wohl Festland ist, wenngleich mit gänzlich anderen Qualitäten. Man kann sogar noch etwas weiter gehen, denn nicht nur die Atmosphäre nimmt Einfluss, vielmehr gilt dies auch für die Barysphäre, den heißen Erdkern, der sich nachhaltig auf das Meer auswirkt.

Ähnliche Überlegungen muss anstellen, wer versucht, zwischen natürlichen und anthropogenen Einflüssen zu unterscheiden, die auf Land und Wasser wirken. Man wird zwar nicht fehlgehen in der Annahme, dass es originäre natürliche Einflüsse gibt, die vom Menschen nicht induziert sind, auf die er keinen Einfluss zu nehmen vermag; dabei lässt sich etwa an Verschiebungen der Kontinentalplatten, der Erdrotation oder an Vulkanausbrüche denken. Wie aber verhält es sich mit dem Klima? Wird das Klima noch natürlich bestimmt oder schon durch den Menschen »gemacht«? Auch wenn so gut wie alle Untersuchungen darauf hinweisen, dass das Klima von Menschen bereits verändert wurde, bleibt doch zu berücksichtigen, dass die Archive der Klimageschichte die vielfältigsten Veränderungen zwischen Wärme- und Kälteperioden dokumentieren, lange bevor Menschen die Weltbühne betraten.

Derlei Relativierungen dürfen aber keineswegs davon abhalten, wenigstens den Versuch zu unternehmen, das zu erforschen, was erklärbar ist. Daran kann man scheitern. Vielleicht sollen wir gar nicht in der Lage sein, alles zu verstehen, vielleicht sind wir aber nur nicht bereit, das Verstandene zu akzeptieren und daraus Konsequenzen zu ziehen. Vieles deutet darauf hin, aber dann sollten wir es wenigstens wissen.

Alles spricht dafür, dass es interdependente Beziehungen zwischen Wasser und Land gibt, und vieles dafür, dass ein erheblicher Anteil davon anthropogene Ursachen hat. Wie diese Wechselbeziehungen funktionieren, wovon sie beeinflusst werden, wie sie sich verstärken oder auch abschwächen, welche Chancen und Risiken sie bergen, darüber ist noch viel zu wenig bekannt. Es verhält sich dabei oft ähnlich wie bei einer *black box*, in die man etwas hineinschickt, aber nicht vorhersehen kann, was herauskommt, weil man den inneren Aufbau und Ablauf nicht kennt.

Einige Abgründe des Oikos' des Meeres sind manifest, für viele gibt es eindringliche Annahmen, für den – vielleicht sogar – größeren Teil gibt es noch nicht einmal die Vermutung einer Gefährdung, eben weil es das so unzureichend erforschte *mare incognitum* geblieben ist, das so nahe liegt und doch so fern. Auch auf die Gefahr hin, dass es nicht gelingen wird, den Oikos des Meeres in seiner ganzen majestätischen Größe aufzuzeigen, weil die Ozeane zu breit sind und zu tief, erscheint es doch angemessen, wenigstens den Versuch zu unternehmen, zumindest die Dimensionen aufzuzeigen, für die es, wenn schon nicht wissenschaftlich gesicherte Hypothesen, so doch zumindest plausible Vermutungen gibt. Dies mag zugleich als salvatorische Klausel gelten wie auch als Appell, diesem so entscheidenden Lebensraum die längst fällige Aufmerksamkeit zuzuwenden, statt die immer nur begrenzten Mittel etwa zur Erforschung von Mars und Venus zu verwenden: Ist es tatsächlich sinnvoll, dort nach Wasser zu suchen, wo auf der Erde noch so viel unbekanntes Wasser lauert?

Die Eule der Minerva, so hat es G. F. W. Hegel formuliert, beginnt ihren Flug erst in der Dämmerung.[87] Dass die Dämmerung über unsere ökologischen Lebensbedingungen längst hereingebrochen ist, kann schon lange nicht mehr als Geheimnis gelten. Geheimnisse ganz unterschiedlicher Quantität wie vor allem Qualität aber dürften die Meere noch bereithalten. Wir müssen darauf gefasst, wir dürfen aber auch gespannt sein. Vielleicht finden sich bei Gelegenheit sogar *Atlantis* oder andere Zeugnisse vorgängiger Kulturen.[88] Um sich diesen Geheimnissen angesichts der in tiefe Nacht übergehenden Dämmerung wenigstens etwas zu nähern, hat sich die *scientific community* nun doch einiger der vielen unbeantworteten Fragen der Meere angenommen. Dabei ist an die vielen, weltweit arbeitenden Meeresforschungs-Institute zu denken, nicht zuletzt an das Megaprojekt »Census of Marine Life«, das sich der ambitionierten Aufgabe verschrieben hat, bis zum Jahr 2010 eine umfassende Bestandsaufnahme der marinen Fauna vorzunehmen.[89] Angesichts dieses gesteigerten Interesses lässt sich erwarten, dass das Wissen um den Oikos Meer schon sehr bald deutlich weniger Lücken aufweisen wird als dies bisher der Fall ist. Dadurch wird eine bessere Beurteilung der Chancen und der Gefährdungen ebenso möglich sein wie der Maßnahmen, sich darauf einzurichten.

Der Oikos am Abgrund

Gefährdet ist immer nur der Status quo, das Gewohnte und Vertraute, letztlich das den Menschen Nützliche. Gefährdet ist also der Mensch in seinen jeweiligen, spezifischen Gewohnheiten, die Meere nach seinen Bedürfnissen zu nutzen. Die Meere als ein natürlich seiender und bleibender Oikos sind davon gänzlich unbetroffen. Selbst die größte aller denkbaren Katastrophen, etwa der Einschlag eines mächtigen Meteoriten, würde daran nichts ändern. Gefährdung bedeutet also nur Veränderung, Veränderung aber nicht notwenig Verschlechterung; Veränderung beinhaltet, zumindest als Potential, auch Verbesserung. Ein verallgemeinerbarer Aspekt ist jedoch zu berücksichtigen: Tritt eine negative Entwicklung zu schnell ein, sind deren positive Fähigkeiten nicht mehr zu nutzen. Am Beispiel von Methan, das sowohl ein wichtiger Brennstoff als auch ein sehr stark wirkendes Treibhausgas ist, lässt sich dies gut illustrieren.

In den Weltozeanen lagern gigantische Vorräte an energiereichem Methan, das durch den Druck und die Kälte der Ozeane zu einem festen Gashydrat zusammengepresst wird. Die Vorkommen werden auf 10 bis 12 Billionen Tonnen geschätzt; das entspricht in etwa der doppelten Menge aller anderen bekannten fossilen Öl-, Kohle- und Gasvorräte.[90] Ließen sich diese Vorkommen bergen, wäre die Menschheit ihrer Energiesorgen auf unabsehbare Zeit enthoben. Sollte die Temperatur der Weltmeere aber deutlich ansteigen, bevor das Methan gefördert wurde, könnten diese Einlagerungen abschmelzen. Dadurch müsste sich das Klima der Erde in kurzer Zeit dramatisch erhöhen, weil die Treibhauswirkung von Methan zwanzig- bis dreißig mal höher ist als die des gefürchteten Kohlendioxids.[91] Da spielt es schon kaum noch eine Rolle, dass sich dieses »brennbare Eis« vor allem an den steilen Abhängen der Kontinentalsockel anhaftet und ihnen Halt verschafft. Wenn das sehr instabile Gashydrat durch Erwärmung ins Rutschen gerät, werden an den gegenüberliegenden Küsten nicht nur heftige Tsunamis[92] in großer

Zahl ausgelöst, vielmehr wird auch das tiefer liegende, nicht im Eis gebundene Methan plötzlich freigesetzt. Vor etwa 55 Millionen Jahren, am Ende des Paläozän,[93] hat sich eine derartige Katastrophe vermutlich bereits einmal ereignet – man kann (un)ruhigen Gewissens davon ausgehen, dass sich eine Reihe derartiger Beispiele findet, deren Botschaft lautet, nicht weiterhin nach dem Muster einer *black box* zu verfahren.

Bei allen Überlegungen zu den Gefährdungen, denen der Oikos der Meere ausgesetzt ist, klingt unterschwellig immer an, dass sie anthropogenen Ursprungs sind. Dies ist durchaus beabsichtigt, denn nur menschliches Verhalten lässt sich ändern. Das darf aber nicht dazu verführen, die natürlichen Veränderungen der Weltmeere, auf die Menschen keinen Einfluss haben, zu vernachlässigen, weil sie den gewohnten *Status quo* natürlich ebenfalls tief greifend beeinträchtigen oder überlagern können.

Auf natürliche Veränderungen der Kontinentalplatten, auf die Erdbahn, auf Ausbrüche von Vulkanen und Seebeben, gar auf den Einschlag von Meteoriten haben Menschen nicht den geringsten Einfluss. Vielleicht haben sie auch keinen oder allenfalls geringen Einfluss auf Veränderungen der Meeresströmungen, auf Veränderungen der Hoch- und Tiefdrucksysteme oder auf den Wechsel von Warm- und Kaltzeiten, aber sie haben zu berücksichtigen, dass derartige Ereignisse eintreten können. So könnte es sich etwa als sinnvoll erweisen, zu einer Erwärmung der Erdatmosphäre beizutragen, sollten Anzeichen für eine verstärkte natürliche Kälteperiode bestehen. Derartige Anzeichen gibt es – natürlich – nicht, obwohl nicht ausgeschlossen werden kann, dass sich Nordeuropa abkühlen wird, weil sich die Erde erwärmt. Entscheidend für das Interesse an der Beobachtung natürlicher Veränderungen ist, dass sie sowohl subtraktiv als auch additiv und deshalb auch exponentiell auf die durch Menschen verursachten Veränderungen wirken und dann mit einer Wucht eintreten können, die selbst solideste Prognosen über den Haufen wirft. Dann hätten sich auch präventive Maßnahmen gegen abgründige Wirkungen, die etwa in der Form von Dämmen gegen den schon begonnenen Anstieg der Weltmeere erwogen werden, von selbst erledigt.

Solche Nachdenklichkeit darf aber nicht einen Moment davon ablenken, dass die gravierendsten Veränderungen in den Gewässern der Welt von Menschen initiiert werden. Wir greifen beständig in den Oikos der Meere ein, ohne zu wissen, was wir tun, ohne die Wirkungen und Kombinationswirkungen, ohne deren Auswirkungen auf die Selbstregulation zu kennen.

Abb. 8: Bohrinsel Cormorant in der Nordsee (Quelle: Dott/Greenpeace)

An erster Stelle dieser Einwirkungen auf den Lebensraum Meer sind wohl die Einleitungen allerlei menschlichen Unrats aus der Landwirtschaft, der Industrie und den Haushalten über die Flüsse, aber auch durch den Regen und Wind zu nennen, weil dies gewissermaßen zum traditionellen Bestand der Missachtung zählt, die von alters her praktiziert wurde. Die Verklappung von – selbst giftigen – Abfällen durch Schiffe wie die Einleitung der touristischen Hinterlassenschaften direkt ins Meer war dann die gewohnheitsmäßige Fortsetzung des einmal eingeschlagenen Weges. Dabei übte man sich in – freilich sehr lukrativer – Gleichgültigkeit, ob die schier unendliche Größe der Meere diese Einträge folgenlos würde verteilen und verdünnen können. Die bei der Förderung der untermeerischen Öl- und Gasvorkommen auftretenden Beeinträchtigungen wurden als bloß übliche Kollateralschäden so selbstverständlich in Kauf genommen, dass auch bei der erst noch bevorstehenden Ausbeutung gerade entdeckter Rohstoffe[94] kein Tabu mehr gebrochen werden muss. Bei der beschädigten Reputation kam es dann auch schon nicht mehr darauf an, einschalige Tankschiffe über die Meere dampfen zu lassen, welche die empfindlichen marinen Ökosysteme mit Ölteppichen überzogen, entweder durch die Säuberung ihrer Tanks oder viel erfolgreicher durch Havarien, bei denen sich ganze Ladungen ins Meer ergossen. Die Einleitung radioaktiver Abfälle aus den Wiederaufbereitungsanlagen für abgebrannte atomare Brennstäbe in La Hague und Sellafield, mehr noch die stille Beerdigung ausgedienter Atom-U-Boote auf dem Grund der Barentssee bilden dann nur noch den bizarren Höhepunkt einer geradezu systematisch praktizierten Vernichtungsorgie. Damit nicht genug. Viel zu wenig berücksichtigt wird noch immer, dass in der Unterwasserwelt eine Lärmbelästigung erzeugt und durch die militärische Nutzung der Meere in einem Ausmaß verstärkt wird, dass die klangvoll kommunizierenden Großfische ihre Orientierung verlieren und hilflos umherirren.

Geradezu gegenteilig verhält es sich bei der Meeresfischerei. Die modernen, automatisierten Hochseeflotten wollen nichts ins Meer einbringen, sondern möglichst viel herausholen, was auch immer besser gelingt. Dabei richten sie Schäden an, deren Höhe auch nicht annährend berechenbar ist. Denn durch die permanente Überfischung inzwischen beinahe aller Arten wird nicht nur die Nachhaltigkeit des Fischfangs als Nahrungsquelle »nachhaltig zerstört«, vielmehr werden durch die angewendeten Fangmethoden gleichzeitig komplexe Ökosysteme auf dem Meeresgrund komplett ruiniert, ohne dass jemals ein menschliches Auge einen Blick auf diese Brutstätten marinen Lebens, vor allem auf Korallenbänke und so genannte Sea Mounts[95], hätte werfen dürfen.

Auf einer qualitativ grundsätzlich anderen Ebene liegen die mit der Erwärmung der Erde verbundenen Abgründe. Bei der Einbringung toxischen Unrats wie bei der zerstörerischen Ausbringung von Meeresfrüchten unterschiedlichster Art handelt es sich um willentliche, also bewusst und vorsätzlich verursachte Veränderungen. Dagegen lässt sich ganz unmittelbar vorgehen, wenn die Größenordnung der Gefährdung bei der – internationalen – Politik erst einmal angekommen ist, und in einigen Bereichen zeichnet sich bereits eine gewisse Besserung ab.

Bei der Erderwärmung handelt es sich dagegen um einen Teil des Abfalls der zeitgenössischen industriellen Produktions- und Wirtschaftsweise, die alle Oikoi – Land, Wasser und Atmosphäre – betrifft, die in regem Austausch stehen. Diese Veränderungen sind also nicht willentlich gesetzt, sondern absichtslos entstanden, wenngleich billigend in Kauf genommen. Sie lassen sich deshalb auch nicht ohne weiteres beseitigen, weil dies eine Abkehr, jedenfalls eine gravierende Modifikation dieser wirtschaftlichen Orientierungen erforderlich machen würde.

Dass die Temperatur der Erde, die sich durch ihre Atmosphäre ein natürliches, notwendiges Treibhaus von etwa 33°C geschaffen hat, schon seit geraumer Zeit steigt, steht aufgrund umfangreicher Untersuchungen inzwischen außer Frage. Geringfügige Zweifel bestehen allenfalls noch, ob es sich dabei wirklich um eine – erstmals – durch Menschen bewirkte globale Einflussnahme handelt oder vielleicht doch »nur« um eine der natürlich auftretenden Klimaschwankungen, die der Forschung aus früheren Perioden der Klimageschichte bekannt sind. Bestimmt man die Menge klimarelevanter Spurengase in der Atmosphäre zum relevanten Kriterium, sind die Zweifel schnell ausgeräumt, die Veränderungen könnten *nicht* durch menschliche Eingriffe ausgelöst sein.[96]

Die globale Temperaturerhöhung wird nicht nur ein anderes Wetter und veränderte Klimata schaffen, wovon besonders das mehr oder minder feste Land betroffen ist, sie wird vielmehr auch die Weltmeere direkt erwärmen und damit deren Oikos vollständig verändern. Darüber zuverlässige Vorhersagen zu treffen, erweist sich allerdings als nahezu unmöglich, weil zu viele der relevanten Indikatoren zugleich betroffen sein werden, deren Wirkungsdimensionen noch weitgehend unbekannt sind. Die Interdependenzen weisen eine Komplexität auf, die sich allenfalls beispielhaft darstellen lässt. Durch die Erwärmung verändert sich die Temperatur des Meerwassers und damit dessen Ausdehnung, sie verändert dessen Sauerstoffgehalt und die Aufnahme von Kohlendioxid, welche wiederum das Wachstum der Tiere und Pflanzen sowie Versäuerung und Eutrophierung beeinflussen, sie verändert die Wasser- und Luftströme, die Wasserzirkulation zwischen der Oberfläche und tiefer gelegenen Schichten sowie das globale Förderband (thermohaline Zirkulation),[97] die Verdunstung und die Salzkonzentration, die Winde und viele weitere Faktoren, die noch längst nicht vollständig erforscht sind. Alle diese Variablen beeinflussen einander wechselseitig, und sie stehen darüber hinaus natürlich im Austausch mit dem festen Land, wobei dessen schnee- und eisbedeckte Flächen von wahrscheinlich entscheidender Bedeutung sind. Wenn Schnee und Eis in großem Maßstab abschmelzen, wofür viele Messungen sprechen, verändern sich die dargestellten Parameter erneut, geht das »Spiel« in die nächste Runde, aber auf einem höheren Niveau – das sieht sehr nach *va banque* aus! Sollten aber alle bekannten negativen Effekte gleichgerichtet wirken, also die Zunahme der klimarelevanten Spurengase, ein aufgrund der reduzierten Eis- und Schneeflächen verminderter Albedo[98] und das Auftauen der gespeicherten Methan-Guthaben, dann könnte aus der Erderwärmung auch eine Erderhitzung, ein Backofen werden, mit Temperaturen wie sie in historischer Zeit niemals herrschten.

Auf einen anderen Aspekt der Gefährdung des marinen Lebens, der nicht eindeutig erforscht ist, soll zumindest hingewiesen werden. Durch die Ausdünnung der stratosphärischen Ozonschicht, die vor allem durch Fluorchlorkohlenwasserstoffe (FCKW) bewirkt wird, dringt kurzwellige UV-B-Strahlung[99] auch in das Meer ein und schädigt die Erbsubstanz, den Stoffwechsel und die Gestalt der Planktons. Durch die Schädigungen dieser Primärproduzenten wird nicht nur die Basis der Nahrungskette beeinträchtigt, es kommt vielmehr auch zu deren Entkopplung, weil der Teil der Algen, die in der Lage sind, sich selbständig fortzubewegen, versuchen wird, der UV-Belastung durch Vertikal-Wanderung in tiefere Meeresschichten zu entgehen. Diese Entwicklung wirkt sich auf die Ernährungsgrundlagen der Fischbestände insgesamt aus, und es könnte die Wale als Krill-Fresser ganz unmittelbar treffen.

Die Wirkungen im Oikos

Es ist schon deutlich geworden: Verändern kann sich immer nur das Vertraute, das zu den Lebensgrundlagen der Menschen geworden ist – aber dieses Vertraute könnte sich so stark verändern, dass es kaum noch zu erkennen ist. Allerdings: Die Zukunft erkennen wir erst, wenn sie Gegenwart geworden sein wird. Davor sind nur Annahmen möglich, die sich auf oftmals vage Fakten stützen müssen, deren Zusammenwirken häufig noch sehr viel vager ist. Was sich nach dem gegenwärtigen Wissensstand als Gefährdung darstellt, mag sich – mit etwas Glück – eines Tages vielleicht auch als geglückte Evolution erweisen. »Survival of the fittest«, um die berühmt-berüchtigte Formel Darwins zu bemühen,[100] wird es jedenfalls werden.

Andererseits gehört es zu den Fähigkeiten und Neigungen der Menschen, Pläne zu entwerfen, und planen bedeutet vorauszuschauen in die Zukunft. Angesichts der skizzierten Gefährdungen wäre es mehr als fahrlässig, auf das »Prinzip Hoffnung« zu bauen, vielmehr ist vernünftig, die Gefährdungen zu antizipieren, weil dies eine Grundlage bietet, ihnen doch noch zu begegnen; und sollte es nicht mehr möglich sein, dann bildet vernünftige Vorausschau eine Grundlage dafür, sich wenigstens auf die Folgen frühzeitig vorzubereiten. Trotzdem mutet es an wie der Versuch eines Schwimmers, in den endlosen Wellenbergen und Wellentälern ozeanischer Informationen nicht unterzugehen. Regenbogen hin oder her, es klingt nicht mehr bloß wie Sintflut.

Feststehen dürfte: Die großen Gewinner der heraufziehenden Veränderungen sind die Meere. Ihre Wasser werden sich in alle Richtungen ausdehnen, viele kleine Inseln von der Landkarte tilgen, einen beträchtlichen Teil des Festlandes überfluten, deren Bewohner vertreiben und durch extreme Wetterlagen mit extremer Häufigkeit terrorisieren, ihre Ernährungsgrundlagen beeinträchtigen: Die vergangenen zehn Jahre haben darauf meteorologisch schon einen kleinen Vorgeschmack gegeben. Die Meere werden den Teil der Erdoberfläche beherrschen, den sie den Menschen entrissen haben, und die werden sich auf einem beständig geringer werdenden Lebensraum zusammenballen müssen, der dichter an zunehmend gewalttätigeren Ozeanen liegen wird, die einstmals beschauliche Gestade waren.

Nach beinahe allen Prognosen wird die nicht mehr ernsthaft bezweifelte Erwärmung der Erdatmosphäre zur Freisetzung von in Eis und Schnee gebundenem Wasser führen. Ungewiss ist, wie schnell, in welchem Umfang und mit welchen regionalen Besonderheiten dieser Prozess ablaufen wird. Das *Intergovernmental Panel on Climate Change* (IPCC) geht in seinem dritten Bericht aus dem Jahr 2001 noch von einem sehr moderaten Szenarium aus. Danach sind die Temperaturen im zwanzigsten Jahrhundert bereits um 0,6 +/- 0,2° C gestiegen. Für den Zeitraum von 1990 bis 2100 sagen die Modellrechnungen eine Erwärmung der mittleren globalen Temperatur der Erdoberfläche um 1,4 bis 5,8° C voraus, die einen Anstieg des global gemittelten Meeresspiegels von 0,09 bis 0,88 Meter auslösen wird.[101] Hinter vorgehaltener Hand wird allerdings gemunkelt, dass der für 2007 vorgesehene 4. Bericht bereits einen deutlich höheren Anstieg sowohl der Temperaturen als auch der Meeresspiegel prognostizieren wird.[102] Dafür bietet schon der Winter der Jahre 2005/2006 genügend Unterrichtsstoff, der in Deutschland zwar sehr hart, in den Nordmeer-Regionen aber um etwa 10° C wärmer als im Mittel ausfiel. Weniger zurückhaltende Einschätzungen verweisen darauf, dass allein die Eismassen Grönlands, die eine Höhe von bis zu 3.000 Metern erreichen, für einen Anstieg der Meereshöhe um 6 bis 7 Meter ausreichen, während das gesamte in Schnee und Eis gespeicherte Wasser einen Anstieg der Meeresspiegel um etwa 66 bis 72 Meter bewirken würde.[103]

Derartige Zahlen sind nicht dazu gedacht, Ängste vor einer Apokalypse zu schüren. Sie sind als durchaus realistisch zu bewerten, denn erdgeschichtlich hat es derartige Zu- bzw. Abnahmen der Meeresstände schon häufiger gegeben, ohne menschliches Zutun übrigens. Derartige Ereignisse werden erneut auftreten, dazu aber vielleicht tausend Jahre benötigen. Die Hinweise sind geeignet, die Potentiale zu verdeutlichen, die im als »ewig« angesehenen Eis – vorerst noch – schlummern.

Dem Bericht des IPCC sind auch erste, zurückhaltend formulierte Einschätzungen über die Folgewirkungen der Erwärmung von Land und Wasser zu entnehmen. Durch den Anstieg der Meeresoberflächentemperatur und des Meeresspiegels kommt es zur Abnahme der Meereseisbedeckung und zu Änderungen des Salzgehaltes, der Wellenbedingungen und der Ozeanzirkulation, die durch physikalische und biogeochemische Rückkopplungen Einfluss auf das Klima nehmen. Dadurch wird die Populationsdichte und -dynamik der Fische stark beeinflusst, die hoch diversifizierten Küstenregionen leiden aufgrund der erhöhten Überflutungspegel unter verstärkter Ufererosion, dem Verlust von Feuchtgebieten und Mangrovenwäldern, und die produktiven Küstenökosysteme wie Korallenriffe, Atolle, Riffinseln oder Salzsümpfe sind in ihrer Existenz gefährdet.[104]

Diese nur knappe Zusammenfassung lässt sich weiter komprimieren zu der Aussage, dass sich der marine Oikos grundlegend verändern wird. Dabei gilt es zu berücksichtigen, dass die Auswirkungen der Erwärmung *regional* sehr unterschiedlich ausfallen werden. Veränderungen der Wassertemperatur beinhalten nicht nur, dass Meerestiere aussterben, die dem hohen Anpassungsdruck nicht standhalten, sondern auch, dass sie ihre Lebensräume wechseln, dass neue Tiere und Pflanzen auftreten können, dass die Ozeane ein völlig neues Gesicht und eine verformte Gestalt erhalten. Da aber schon das alte Gesicht kaum vertraut ist, um wie vieles unvertrauter muss das neue Gesicht ausfallen.

Ein neues Gesicht erhalten würde auch Europa, sollte der so genannte Golfstrom versiegen, der vor allem dem europäischen Norden ein für diese Breitengrade ungewöhnlich warmes Klima beschert. Untersuchungen sprechen dafür, dass sich die Wirkungen des nordatlantischen Tiefenwasserstroms, dem »Ozean Conveyor«, abschwächen, weil sein Salzgehalt aufgrund der durch die Erwärmung erhöhten Niederschlagsmengen stark abnimmt. Da dieser Strom den Weg des weit nach Norden reichenden warmen Golfstroms mitbestimmt, wird seine Abschwächung Kälte und Trockenheit über große Teile der nördlichen Halbkugel bringen. *Diese* Entwicklung aber könnte sich sehr rasch, in einem Zeitraum von zehn Jahren vielleicht, vollziehen.[105] Dadurch würde die paradox anmutende Situation eintreten, dass die Welt schwitzt, Europas Norden aber unter Eis oder Schnee verschwindet.

Im Vergleich zu den Gefährdungen, denen der Oikos Meer durch die Erwärmung ausgesetzt ist, mögen die übrigen Gefährdungen von nachrangiger Bedeutung erscheinen. Durch ihre kumulative Wirkung werden sie gleichwohl bedeutsam. Wenn sich ein Ökosystem durch die vielfältigen Interdependenzen allein der Erwärmung bereits in höchster Not befindet, kann ein weiterer Tropfen das Fass zum Überlaufen, das Meer zum Umkippen bringen. Wenn etwa Erwärmung, Übersäuerung, Vergiftung, Wind- und Wasserbewegungen das Phytoplankton bereits an die Grenze seiner Existenzbedingungen gedrängt haben, dann kann UV-B-Strahlung dazu beitragen, dass die Basis der marinen Nahrungskette zusammenbricht. Dieses oder Ähnliches könnte in vielen Bereichen ablaufen, auch wenn wir davon noch nichts ahnen.

Rettung des Oikos' Meer

An den Anfang ist die Frage zu rücken, ob überhaupt Interesse daran besteht, die marinen Lebensräume der Weltmeere zu retten. Daran zu zweifeln, gibt es ausreichend Anlass. Zwar bergen die Ozeane unendlich viele ungelöste Rätsel und Geheimnisse, sie haben aber doch immerhin preisgegeben, und zwar schon seit langer Zeit, dass viele ihrer den Menschen vertrauten Funktionen zerstört, jedenfalls aber gravierend gestört sind; die Weltmeere taumeln am Abgrund. Das bewirken nicht nur Fischerei und Meeresbergbau[106] mit all ihren Folgen, die Einleitung landwirtschaftlicher, industrieller und atomarer Abfälle, das bewirkt insbesondere die wohl gewaltigste Herausforderung, die durch die Erwärmung von Wasser und Land ausgelöst wird: Das Meer droht zur Wüste zu werden!

Diese Gefährdungen gehören längst zum Allerweltswissen, und die Akteure haben darauf mit Schminke und Retusche reagiert. Dafür gibt es vor allem den einen, überall aufscheinenden ökonomischen Grund: Es erscheint billiger, die Zerstörung der marinen Ökosysteme in Kauf zu nehmen, als sie präventiv zu schützen, und die Zerstörung wird sich auch noch als wirtschaftlich nützlich erweisen, weil die Schäden irgendwie wieder repariert werden müssen. Zumindest die Wirtschaft könnte also doppelt profitieren, und das bildet einen ausreichenden Grund, die gesellschaftlichen Folgekosten, die Zukunft, auszuklammern. Hat der Nationalökonom J. A. Schumpeter dies gemeint, als er den »Prozess der schöpferischen Zerstörung«[107] zum Motor der wirtschaftlichen Dynamik (v)erklärte?

Die politisch Verantwortlichen, denen alle demokratischen Verfassungen die Aufgabe zuweisen, Leib und Leben der Bürger wenigstens vor den gröbsten Verstößen zu schützen,[108] reagieren halbherzig, mit Lippenbekenntnissen. Das Bekenntnis zu ökologischer Verantwortung gehört zum Repertoire der Sonntags-Rhetorik, klingt in den letzten Jahren aber schwächer, weil ökonomische und soziale Probleme inzwischen in den Vordergrund gespielt wurden. Statt die Potenzierung zu fürchten, die durch den gleichzeitigen Niedergang von ökologischer und sozioökonomischer Sicherheit auftreten muss, wird bloß das Eine gegen das Andere ausgespielt.

Es wäre aber nicht redlich, die Politik völliger Untätigkeit zu zeihen. Seit einigen Jahren sind die Anstrengungen, die Erderwärmung wie die Ozeane zu erforschen, durch eine große Zahl von Forschungsprojekten auf nationaler, europäischer und vor allem internationaler Ebene intensiviert worden. Aber deren Ergebnisse werden dazu missbraucht, das Anstehende ins Ungewisse und Ungefähre zu verschieben, weil sie die Gefahren nicht mit der der Wissenschaft eigenen Klarheit zu belegen vermögen, die politische Handlungen zum unabdingbaren Zwang werden ließen. Expertise und (bestellbare) Gegen-Expertise halten sich die Waage, damit es bis auf weiteres beim *business as usual* bleiben kann; so weit reicht der Konsens.

Dazu gibt es allerdings zumindest eine bedeutsame Ausnahme. Als deutlich geworden war, in welchem Ausmaß FCKW den stratosphärischen Ozonschild zerstören, fand sich überraschend schnell eine internationale Mehrheit, um diese Gefahr durch das Montrealer Protokoll[109] zu bannen. Die Ozonschicht hat sich seither zwar noch nicht wieder geschlossen, zumindest aber ist ihre weiter Ausdünnung, und damit der Einfall zusätzlicher UV-B-Strahlung, gestoppt. Der Fall lehrt, dass rasche Abhilfe möglich ist, wirft aber die Frage auf, weshalb die internationale Staatengemeinschaft auf die ungleich bedeutsameren Herausforderungen so zögerlich reagiert. Die einfache Antwort darauf lautet: Die Erderwärmung wird vornehmlich durch Verbrennungsprozesse ausgelöst, und die Verbrennung fossiler Energieträger bildet das Rückgrat beinahe aller wirtschaftlichen Prozesse – mit dementsprechend einflussmächtigen Interessen. Damit ist gut zu argumentieren, denn das Profit-Motiv, das Wirtschaften antreibt, lässt sich hinter dem Beschäftigungs- und Versorgungsmotiv leicht verstecken, weil die Gesellschaft darauf nicht verzichten kann. In der Argumentation der nordamerikanischen Regierung, die an führender Stelle alle Bemühungen des *Kyoto-Protokolls*[110] untergräbt, weil die Vereinigten Staaten die größte Menge an Kohlendioxid emittieren, tritt dieser Zusammenhang offen zutage.

Geht man mit guten Gründen davon aus, dass die gravierendste Gefährdung der Meere durch die globale Erwärmung ausgelöst wird, muss man sich zu deren Schutz den Treibhausgasen zuwenden. Die wichtigsten klimarelevanten Spurengase sind Kohlendioxid (CO_2), das insbesondere bei der Verfeuerung fossiler Brennstoffe freigesetzt wird, und Methan (CH_4), das vor allem bei der Verarbeitung von Erdöl, als so genanntes Sumpfgas bei der Gärung von Cellulose und bei der Verdauung im Darm entsteht. Beim Vergleich der beiden Gase wird deutlich, dass die Möglichkeiten, ihre Freisetzung zu reduzieren, bei Kohlendioxid vielleicht etwas günstiger ausfallen als bei Methan, vorhanden sind sie aber durchaus. Man darf allerdings nicht übersehen, dass inzwischen Wasserdampf den größten Beitrag zur Klimaerwärmung leistet, der ironischerweise gerade durch Erwärmung verstärkt entsteht.

Der natürliche Kohlenstoff-Zyklus beeinflusst in einem komplexen Wechselverhältnis, in das Atmosphäre, Wasser und Land durch das Wachstum der grünen Pflanzen einbezogen sind, gravierend die globale Entwicklung der Temperaturen. Die Toleranzen, die in diesem Beziehungsgefüge bestehen, sind dabei offenbar deutlich überzogen worden. Durch die konzertierte Verbrennung fossil gebildeter Kohlenstoff-Ablagerungen wird weit mehr Kohlendioxid freigesetzt, als durch Assimilation gebunden werden kann. Denn was sich in einem Zeitraum von einer Million Jahren gebildet hat, wird nun innerhalb eines Jahres verheizt. Dieser Problematik lässt sich nur durch den weitestgehenden Verzicht auf die Verbrennung fossiler Energieträger begegnen, zugunsten der Energie aus nachwachsenden Rohstoffen mit ausgeglichener CO_2-Bilanz sowie aus regenerativen Energiequellen wie der Sonne, dem Wind, dem Wasser, und durch Energiesparsamkeit. Eine derartige Justierung der Energiepolitik würde aber eine grundstürzende Umwertung der zeitgenössischen industriewirtschaftlichen Interessen erfordern, die sich deshalb aus der geradezu süchtigen Abhängigkeit von fossilen Energieträgern nicht lösen, obwohl diese nur noch begrenzt verfügbar sind.

Die grünen Pflanzen assimilieren in gewissem Umfang freies Kohlendioxid und setzen dabei Sauerstoff frei. Und die Meere nehmen auf eine bisher noch nicht verstandene Weise etwa 40 Prozent des freigesetzten Kohlendioxids auf, als Kohlensäure allerdings, die den pH-Wert der Ozeane verändert. Unsicher ist, wie lange die Ozeane diese Pufferfunktion noch wahrzunehmen vermögen. Sicher ist, dass durch die Versäuerung die Kalkschale mariner Kleinlebewesen bis hin zu den Korallen aufgelöst werden kann, die dann als Nahrungsgrundlage wie als Lebensraum ausfallen. Um ihr chemisches Gleichgewicht wiederherzustellen, werden die Weltozeane vermutlich an die 100.000 Jahre benötigen.[111]

Zur Verminderung des »Treibhausgases« Methan ist es erforderlich, Vorsorge zu treffen, dass das untermeerische Methanhydrat ebenso wenig freigesetzt wird wie das in die Permafrost-Böden eingeschlossene Sumpfgas. Von kurzfristig größerer Dringlichkeit aber wäre es, auf die Haltung der nach Milliarden Stück zählenden Rinder zu verzichten, die mit den Menschen nicht nur um einen künftig beständig knapper werdenden Siedlungsraum konkurrieren, sondern auch einen bedeutenden Beitrag zur Freisetzung von Methan leisten. Dies aber würde verlangen, sich verstärkt auf vegetarische Ernährung einzurichten, was nicht nur den Tieren des Festlandes und des Wasserlandes zugute käme, vielmehr den Menschen selbst, und deshalb vielleicht Chancen hat, allmählich Gehör zu finden.

Damit lässt sich zugleich eine positive Duplizität auf den Weg bringen. Gegenwärtig wird amazonischer Regenwald, eine der globalen Klima-Maschinen, im Minuten-Takt in der Größe eines Fußballfeldes abgeholzt oder abgebrannt. Ziel ist nicht nur die Gewinnung tropischer Edel-Hölzer oder Holzkohle für die Stahlindustrie, vielmehr werden auf den nährstoffarmen Urwald-Böden für kurze Zeit Rinder gezogen oder aber eiweißreiche Sojabohnen angebaut, die – zusammen mit dem aus Anchovis gewonnenen Fischmehl – als Tier-Nahrung dienen. Dieser für das Klima äußerst fatale Zusammenhang lässt sich ganz leicht ins Gegenteil verkehren: Weniger Rinder, weniger Methan, weniger Verlust an Wald und Land, größere Kohlendioxid-Senken, mehr freier Sauerstoff und viele weitere Gratis-Effekte dazu, denn selbst dieses dann anthropogen geprägte System wirkt in den vertrauten Kreisläufen, weil es sich aus der Natur nun einmal nicht abkoppeln lässt. Dabei sollte man auch die heimischen Wälder nicht vernachlässigen, die sich allerdings in beklagenswertem Zustand befinden; das belegen die Waldschadensberichte,[112] denen schon längst keine Aufmerksamkeit mehr zuteil wird.

»Was tun?« Die Frage, die sich nicht nur Lenin[113] immer wieder stellte, wird gewiss nicht revolutionär beantwortet werden. Derartige

Umorientierungen sind nicht zu erwarten, jedenfalls nicht in absehbarer Zeit. Aber selbst wenn sie dereinst eingeleitet sein werden, bleibt der Temperaturanstieg wegen der Trägheit der Treibhausgase noch mindestens 25 Jahre lang wirksam. Es ist deshalb angebracht, sich auf die globale Erwärmung des Klimas schon jetzt als unabwendbarem Ereignis einzurichten, das in den verschiedenen Weltgegenden ganz unterschiedlich ausfallen und deshalb mit gänzlich anderen Wirkungen eintreten wird. Mit Gewissheit wird sich das Leben in den Meeren verändern, das durch die evolutive Entwicklung an un-gewisse Toleranzen gebunden ist, und durch die Veränderungen im *Wasserland* wirken sich die Folgen der Erwärmung dann in vollem Umfang auch auf das Festland aus.

Ernsthaft bezweifelt heute niemand mehr, dass der Klimawandel in vollem Gange ist. Und der ganz überwiegende Teil der damit befassten Wissenschaftler bezweifelt auch nicht, dass dies zu einem Anstieg der Meeresspiegel führt, der sich vielleicht noch verlangsamen, aber nicht mehr aufhalten lässt. Wenn die Entwicklung aber bereits so weit gediehen ist, liegt die Versuchung nahe, sich mit deren Ursachen nicht mehr länger zu beschäftigen, sondern sich gleich den Folgen zuzuwenden. Dies mag zynisch sein, aber es ist realistisch. Sich mit den Ursachen nicht mehr zu beschäftigen, ist zwar nicht gleichbedeutend mit gänzlicher Untätigkeit, aber es bedeutet, auf eine sofortige Notbremsung zu verzichten. Notbremsung würde nämlich verlangen, die rigide Reduktion von Emissionen aller klimarelevanten Spurengase unverzüglich einzuleiten. Dazu ist die (inter)nationale Politik weder bereit noch in der Lage. Deshalb ist auch nichts anderes als die Fortsetzung der bisherigen »Politik des peripheren Eingriffs«[114] zu erwarten, die notwendig dazu führen muss, dass die Temperaturen noch weiter steigen werden, als dies bisher allzu optimistische Klima-Prognosen suggerieren. In diesem Verhalten ist die Gefahr eingeschlossen, dass die Lage unbeherrschbar werden wird.

Wenn sich Politik mit den Ursachen nicht auseinandersetzen kann und will oder darf, wird sie sich mit den Folgen auseinandersetzen müssen. Dies scheint der mentalen Verfassung des *homo faber* auch besser zu entsprechen. Zu unterlassen, zu verzichten liegt unserem Naturell offenbar ferner, als zu machen, zu unternehmen, weil sich dies mit Erfolg verbinden lässt. Wenn sich die Folgen der Klimaerwärmung und steigender Pegelstände genügend deutlich zeigen, kommt die Zeit der

Macher und damit natürlich auch die Zeit, sehr viel Geld zu »machen«. Dieser Ansatz liegt zudem auf dem seit langem eingeschlagenen »aufgeklärten« Weg, die Natur unseren Ansprüchen *untertan* zu machen, statt sich ihrer Bedingungen zu bedienen. Die Hybris der Macher bestimmt das vorläufige Ende von Theorie und Moral. Theoretische Erkenntnisse werden als störend aufs Altenteil verwiesen, die Moral ins Exil geschickt, weil sie eines Tages wieder gebraucht werden könnte – man kann ja nicht wissen!

Der Katalog möglicher Maßnahmen, um den abgrundtiefen Veränderungen im Haushalt der Meere zu begegnen, ist daher schon heute fast unübersehbar. Wenn der Meeresspiegel steigt, die Fluten zunehmen, werden zunächst die Dämme erhöht, und sollte dies eines Tages nicht mehr reichen, wird der Hamburger Hafen eben nach Hannover verlegt. Sollte der Golfstrom wegen des arktischen Süßwasser-Zuflusses in Gefahr geraten, könnte dieses Malheur durch den Einsatz gigantischer Salzstreuer behoben werden. Wenn das Kohlendioxid in der Atmosphäre vielleicht doch einmal als unerträglich hoch eingestuft werden sollte, dann ließe es sich in die früheren Erdöllager-Stätten tief unter der Erde oder auf den Meeresgrund pumpen. Der Exposition von UV-B-Strahlung lässt sich durch Raketen begegnen, die in den besonders betroffenen Regionen Ozon freisetzen. Man könnte auch die Stratosphäre mit Schwefelpartikeln verschmutzen oder gigantische Spiegel im Weltall stationieren, um die Sonneneinstrahlung zu reduzieren, und zur Stabilisierung des Meeresspiegels ließen sich die Fluten in kontinentale Becken (wie den Kongo) lenken.[115] Was aber Tsunamis, Hurrikane und andere Wetterunbilden einreißen, kann anschließend prachtvoller errichtet werden, als es vorher jemals war. Wie sich die »schöne neue Welt« (Huxley) im Inneren – autopoietisch – gestaltet, interessiert schon niemand mehr.

Angesichts der zeitgenössischen Verfasstheit unserer Gesellschaften kann es nicht verwundern, dass derartige *global engineering* genannte Strategien, die auf den Einsatz von Technologien in planetarischer Größenordnung setzen, geradezu Konjunktur haben. Dieser intentionalen Gigantomanie korrespondieren die Globalisierung genannten wirtschaftlichen Intentionen: Ausplünderung und Zerstörung bis in den Abgrund. Beide Orientierungen verfolgen nicht globale, also die Weltbevölkerung umfassende Interessen, sie sind vielmehr Begriffsmasken für die egoistischen Interessen einiger Weniger. Um sich dahinter verbergen zu können, bedarf es allerdings – noch – der Tolerierung durch Politik, die sich dazu undefinierter Allgemeinbegriffe bedient, die fraglos akzeptiert sind. Dazu also hat Kants aufklärerischer Schlachtruf, »Sapere aude! Habe den Mut, dich deines eigenen Verstandes zu bedienen«, geführt. Dass »der bei weitem größte Teil der Menschen [...] den Schritt zur Mündigkeit, außer dass er beschwerlich ist, auch für sehr gefährlich halte, dafür sorgen schon jene Vormünder, die die Oberaufsicht über sie gütigst auf sich genommen haben.«[116] Die Rolle der Oberaufseher füllen zeitgenössisch die ökonomisch-politischen Interessen aus. Das lässt sich einfach belegen, wenn man die Kosten für die Vermeidung denen der Reparatur gegenüberstellt; das Ergebnis ist auch ohne besondere finanz-mathematische Kenntnisse gewiss. Am Zusammenbruch des Haushalts der Meere zeigt sich exemplarisch, dass es des Mutes, sich des Verstandes zu bedienen, nicht mehr bedarf.

Solange das gemeine Wohl, das sich mit dem globalen Wohl gut in Übereinstimmung bringen ließe, hinter individueller Gier zurücktreten muss, solange muss und wird es zu Zusammenbrüchen kommen, von denen der Haushalt des Meeres nur deshalb aktuell ist, weil eine seltsame Kinetik zufällig ihren Blick darauf richtet. Denn die nächsten Abgründe stehen schon Schlange: die Zerstörung der Wälder, die Degradierung und Verminderung des Landes, die Verknappung trinkbaren Wassers und wie die »Zufälligkeiten« sonst noch heißen, die scheinbar plötzlich und unerwartet aus der Natur hervorbrechen werden.

Wenn man auf das »Prinzip Hoffnung« (Ernst Bloch) nicht mehr bauen darf, findet sich vielleicht Zuflucht in einer »Heuristik der Furcht« (Hans Jonas), mit der »weise Gesetzgeber« – die es immer wieder einmal geben soll – die Geißel des genuinen Rechts der Natur zu nutzen verstehen.

Das Rechtsregime der Meere Verschwendung, Raubbau und Piratenfischerei

Kurt-Peter Merk

1. Die Freiheit der Fischerei oder das Meer als Allmende

Als Hugo Grotius (1583–1645) seine Idee des *mare liberum* formulierte, gab es für ihn und seine Zeitgenossen keine Zweifel an der Grenzenlosigkeit und Unerschöpflichkeit des Meeres. Angesichts der unvollständigen geographischen Kenntnisse, der überschaubaren Zahl an Menschen und insbesondere deren begrenzte technische Möglichkeiten Fischfang zu betreiben, war diese Vorstellung faktisch richtig, und der Gedanke an die Gefahr einer Überfischung außerhalb des kollektiven Vorstellungsvermögens.

Das Problem der Übernutzung aber kannte man als lokales Phänomen. Die Frage der gerechten Verteilung stellte sich bei Wiesen oder anderen Ressourcen, insbesondere Wäldern, die nicht im Privateigentum standen, sondern einer ganzen Dorfgemeinschaft gehörten und daher für deren Mitglieder ungeregelt zugänglich und nutzbar waren. Der hemmungslosen Ausbeutung solcher – als *Allmende* bezeichneten – Grundflächen durch Einzelne zu Lasten aller anderen, zu der die freie Nutzung einlädt, stand aber die kollektive soziale Kontrolle der Dorfgemeinschaft entgegen, so dass eine Erschöpfung des Gemeinschaftsguts meist vermieden werden konnte.

Auch die Meere waren damals schon Allmende, die globale gemeinsame Weide oder der gemeinsame Wald aller, die von allen frei und ohne Entgelt genutzt werden durften. Für Nutzungskonflikte bei der Ausübung der Fischerei im Allgemeinen, geschweige denn hinsichtlich einzelner Fischarten, fehlte aber die Konfliktvoraussetzung der Knappheit, denn es war jederzeit genug Beute für alle verfügbar. Inzwischen aber haben sich die Nutzungsbedingungen dramatisch verändert. Die

Zahl der Menschen ist exponentiell gewachsen mit der Folge, dass der Fischfang sowohl quantitativ dramatisch ausgeweitet als auch qualitativ nicht nur optimiert sondern durch Ausschöpfung industrieller Verfahren revolutioniert wurde. Durch die sich daraus ergebende kontinuierliche Schrumpfung der Fischbestände hat sich die Situation ab der Mitte des 20. Jahrhunderts nach und nach zu einem Verteilungsproblem gewandelt. Da die Meere weiterhin unter dem rechtlichen Primat der Freiheit der Fischerei stehen, also grundsätzlich für alle Interessenten zugänglich und nutzbar geblieben sind, steht die Menschheit vor dem größten heute relevanten *Allmende*problem. Das bedeutet, dass sich der Wettlauf um die immer knapper werdenden Bestände dauernd steigert, wodurch die Bestände immer schneller abnehmen. Dieser Teufelskreis droht zur völligen Erschöpfung der Meeresressourcen zu führen, denn das Zusammenbrechen einer Fischpopulation zieht in einem Dominoeffekt innerhalb des Ökosystems weitere Arten nach sich, deren Verschwinden wiederum weitere Arten schädigt.

Die internationale Staatengemeinschaft hat daher in Erkenntnis der wirtschaftlichen Bedeutung der Fische als Nahrungsmittel, aber auch aus wachsender Einsicht in die Empfindlichkeit ökologischer Systeme versucht, Normen zu vereinbaren, um einen dem Allmendeproblem adäquaten rechtlichen Rahmen zu schaffen. Damit soll dem Phänomen Rechnung getragen werden, dass sich bei der Nutzung von Allmendegut immer einzelne Trittbrettfahrer finden, die, gerade bei optimaler Kooperation aller anderen zur Erhaltung, Steigerung und nachhaltigen Nutzung der Ressourcen, aus dem Erfolg dieser Selbstbeschränkung besonders hohen Profit ziehen und so die Früchte der Kooperation abschöpfen und die Kooperationsbereitschaft der anderen untergraben.

2. Das Seerechtsübereinkommen der Vereinten Nationen als »Verfassung« des Lebensraums Meer

Das internationale Recht ist von besonderer Qualität und nicht vergleichbar mit nationalen Rechtsordnungen. Alle Staaten sind – mögen sie auch unter Machtgesichtspunkten verschieden sein – auf internationaler Ebene rechtlich gleich (Artikel 1 der Charta der Vereinten Nationen). Ihre Souveränität sichert ihnen einen weiten politischen Entscheidungsspielraum soweit und solange sie sich der Aggression gegenüber anderen Staaten enthalten. Eine darüber hinaus gehende verbindliche Beschränkung kennt die internationale Ordnung des allgemeinen Völkerrechts nicht. Das internationale Recht unterscheidet sich daher vom nationalen Recht grundsätzlich dadurch, dass es nur im Konsens der Staaten geschaffen und nur kooperativ durchgesetzt werden kann. Am Beginn eines Kodifizierungsprozesses steht daher regelmäßig ein internationaler politischer Konsens über die rechtliche Regelungsbedürftigkeit eines Sachproblems. So haben mit wachsender Zahl von Fischern und der Ausweitung der Reichweite der Schiffe immer mehr Staaten erkannt, dass zur Vermeidung von gewalttätigen Auseinandersetzungen der Fischer untereinander und zwischen Fischern und Küstenstaaten, die kollidierenden Fischereiinteressen völkerrechtlichen Regelungen zugeführt werden müssen.

Diese Problematik stellte sich erstmals in der Nordsee, da dort wegen der großen Zahl der Küstenstaaten der Beutedruck der Fischer zuerst eine Intensität erreichte, die zu gegenseitiger Gewalt zu eskalieren drohte. Daher ist die erste Fischereiregelung auch schon im Nordsee-Fischereivertrag von 1882 nachzuweisen, bezieht sich aber, wegen der beschränkten räumlichen Reichweite der technischen Fangkompetenz, nur auf das küstennahe Meer. Es wurde dort für das der Souveränität des Küstenstaates unterliegende Küstenmeer ein Streifen von drei Seemeilen vereinbart.[117] Dabei handelte es sich um einen für das Völkerrecht typischen Fall der *Normativität des Faktischen*, da die Strecke von drei Seemeilen die damalige Reichweite der Kanonen darstellt. Die Ausweitung der Problematik auf immer größere Räume und das Auftreten von immer mehr Akteuren erforderte aber eine Erstreckung des Regelungsbereichs auf globale Dimensionen. Anfang der 1970er Jahre wurde die Schaffung einer internationalen vertragliche Ordnung für alle Meere politisch so dringlich, dass unter dem Druck der konkurrierenden Nutzungsinteressen und der fortschreitenden technischen Entwicklung der Ausbeutungsmöglichkeiten, die Generalversammlung der Vereinten Nationen im Jahre 1973 beschloss, die III. UN-Seerechtskonferenz einzuberufen. Nach jahrelangen zähen Verhandlungen wurde dann am 10.12.1982 das Seerechtsübereinkommen der Vereinten Nationen

(SRÜ)[118] von der Konferenz verabschiedet und von 119 Staaten unterzeichnet.

Paraphierung bedeutet aber noch nicht das Inkrafttreten eines völkerrechtlichen Vertrags. Hierzu ist noch die *Ratifizierung* – die innerstaatliche Zustimmung durch die nationalen Gesetzgeber – erforderlich. Ein neuer völkerrechtlicher Vertrag tritt für einen Staat auch nicht sofort mit der Ratifizierung in Kraft, vielmehr ist meist ein bestimmtes Quorum erforderlich. Beim SRÜ war als Zeitpunkt des Inkrafttretens ein Jahr nach Hinterlegung der 60. Ratifizierungsurkunde vereinbart worden. Diese Voraussetzung wurde erst elf Jahre später, im Jahre 1993 erfüllt, das Abkommen konnte daher erst 1994 in Kraft treten.[119] Seitdem sind aber zahlreiche weitere Staaten beigetreten, so dass im Jahre 1998 bereits 127 Staaten das Abkommen ratifiziert hatten. Es kann deshalb heute eine universelle Geltung des SRÜ für die nahe Zukunft erwartet werden.[120]

Das Seerechtsübereinkommen der Vereinten Nationen (SRÜ) stellt eine umfassende Regelung der Meeresnutzung dar, mit konkreten Normen für die Schifffahrt ebenso wie für die Nutzung der Ressourcen des Meeresbodens. Ein wichtiger Teil beschäftigt sich ausführlich mit der grundsätzlichen Regelung der mit dem Fischfang einhergehenden Konflikte. Die internationale Staatengemeinschaft hat dabei den völkerrechtlichen *Grundsatz der Fischereifreiheit* als verbindliche Vorgabe zugrunde gelegt, da dieser bereits vor Beginn der Verhandlungen als Ausprägung des Grundsatzes der Freiheit der Meere völkergewohnheitsrechtlich anerkannt war und die überwiegende Mehrheit der beteiligten Staaten davon nicht abrücken wollte. Dieses Prinzip stellte daher als gemeinsamer Konsens den Ausgangspunkt und die rechtliche Basis der Verhandlungen dar und wurde in Artikel 87 Absatz 1 lit. e SRÜ in Verbindung mit Artikel 116 SRÜ in das Übereinkommen aufgenommen. Das SRÜ bildet, praktisch als Verfassung des Lebens- und Wirtschaftsraums Meer, die rechtliche Grundlage auch für die Fischerei. Von zentraler struktureller Bedeutung ist die Einteilung der Weltmeere in drei Bereiche für die jeweils verschiedene Rechtsvorschriften gelten, die aber miteinander verknüpft sind. Es handelt sich um das *Küstenmeer*, die *Ausschließliche Wirtschaftszone* und die *Hohe See*.

Daneben enthält das SRÜ zwei weitere Kategorien. Die *Anschlusszone* gemäß Artikel 33 SRÜ ist heute praktisch nicht mehr bedeutsam und kann hier vernachlässigt werden. Das *Festlandsockel*-Regime gemäß Artikel 76 ff. SRÜ ist für die internationale Fischerei nicht besonders relevant, denn es regelt den Umgang mit den am Meeresboden *sesshaften Arten* und weist das Recht auf Ausbeutung dieser lebenden Ressourcen exklusiv den Küstenstaaten zu – ohne rechtliche Ansprüche dritter Staaten (Artikel 77, 68 SRÜ).

Das *Küstenmeer* wird gemäß Artikel 3 SRÜ als ein Streifen von 12 Seemeilen vor der Küste definiert. Je nach Küstenverlauf führt dies, etwa für die deutsche Nordseeküste zu problematischen Ergebnissen, die aber keinen Zweifel an der grundsätzlichen Einigkeit der Staaten über die Reichweite des Küstenmeeres begründen. Der Raum des Küstenmeeres wird von der Souveränität des Küstenstaats umfasst. Nach Artikel 2 Absatz 3 SRÜ hat dieser die unbeschränkte Gebietshoheit über Luftraum, Wasser und Meeresgrund. Das Küstenmeer unterliegt grundsätzlich der innerstaatlichen Jurisdiktion. Diese findet ihre Grenze nur an völkerrechtlichen Vereinbarungen oder Grundsätzen wie dem Recht von Schiffen anderer Staaten auf friedliche Durchfahrt und, gemäß Artikel 192 SRÜ, der Pflicht der Küstenstaaten zum Schutz der Meeresumwelt.[121] Soweit die Fischerei betroffen ist, besteht im Küstenmeer kein Recht auf Fischerei für Fremdschiffe. Diese ist grundsätzlich den Fischern des Küstenstaats vorbehalten.

Der Küstenstaat darf in diesem Bereich auch für Schiffe die unter der Flagge anderer Staaten fahren, verbindliche nationale Gesetze zur Erhaltung der lebenden Ressourcen des Meeres, zum Schutz seiner Umwelt und zur Verhütung von Verstößen gegen seine Fischereigesetze (Artikel 21 Absatz 1, lit. e, f, d, SRÜ) erlassen. Die Ausübung des Fischfangs durch Schiffe aus Drittstaaten in Küstengewässern gilt bereits völkerrechtlich verbindlich als Verletzung des Rechts der friedlichen Durchfahrt durch das Küstenmeer (Artikel 19 Absatz 2, lit. i SRÜ) und gibt dem Küstenstaat das Recht solche Aktivitäten zu verhindern (Artikel 25 Absatz 1 SRÜ).

Gemäß Artikel 55 SRÜ unterliegt die *Ausschließliche Wirtschaftszone* einer besonderen Rechtsordnung die auch die Rechte und Freiheiten anderer Staaten einbezieht und dazu dient, die kollidierenden Interessen des Küstenstaates und der anderen Fischfang betreibenden Staaten zu regeln. Die ausschließliche Wirtschaftszone grenzt seewärts an das Küstenmeer und umfasst einen Raum von 200 Seemeilen, gerechnet ab der Küste, also unter Einschluss des Seestreifens des Küstenmeeres (Artikel 57 SRÜ). Für die Fischerei räumt Artikel 56 Absatz 1 lit. a SRÜ dem Küstenstaat dort souveräne Rechte zur Regelung der Ausbeutung, Erhaltung und Bewirtschaftung der lebenden natürlichen Ressourcen und Artikel 56 Absatz 2 lit. b, iii SRÜ verleiht ihm Hoheitsbefugnisse für den Schutz und die Bewahrung der Meeresumwelt. Da der Küstenstaat im Rahmen dieser Befugnis sogar das Recht hat, sowohl die Höhe der zulässigen Fangmengen festzulegen (Artikel 61 Absatz 1 SRÜ) als auch den Umfang seiner eigenen nationalen Fangkapazität zu bestimmen (Artikel 61 Absatz 2 SRÜ), kann er die Fischer anderer Staaten weitestgehend von der Fischerei in seiner ausschließlichen Wirtschaftszone fernhalten. Dies stellt eine einschneidende Beschränkung der Fischereifreiheit dar, weil, wegen der inzwischen nahezu globalen räumlichen Geltung des SRÜ, das Gebiet der Summe der ausschließlichen Wirtschaftszonen der Vertragsstaaten schon etwa 35 Prozent der Fläche der Weltmeere umfasst. Für die Fischerei noch wichtiger ist aber die Tatsache, dass sich in diesem Raum sogar etwa 90 Prozent der für die wirtschaftliche Fischereinutzung relevanten lebenden Ressourcen finden.[122] Damit ist dieser Bereich für die internationale Meeresfischerei erheblich bedeutsamer als die Hohe See.

Diese Rechte des Küstenstaates sind aber nicht absolut oder schrankenlos. Auch der Küstenstaat selbst hat nicht das Recht, die lebenden Ressourcen in seiner ausschließlichen Wirtschaftszone bis zur Erschöpfung auszubeuten. Nach Artikel 61 Absatz 2 SRÜ hat er durch Erhaltungs- und Bewirtschaftungsmaßnahmen sicherzustellen, dass der Fortbestand der lebenden Ressourcen in der ausschließlichen Wirtschaftszone nicht durch übermäßige Ausbeutung gefährdet wird.

Der willkürlichen Ausübung zum Nachteil anderer Staaten und deren Fischereiinteressen steht Artikel 56 Absatz 2 SRÜ entgegen, der den Küstenstaat verpflichtet, die Rechte und Pflichten anderer Staaten zu berücksichtigen, allerdings nicht vorrangig, sondern, wie es im Vertragstext heißt, »gebührend«. Diese Relativierung erweckt zwar auf den ersten Blick den Anschein, als ob damit die Beschränkung der Rechte des Küstenstaats weitgehend wieder zurückgenommen werden sollen. Dies ist allerdings unzutreffend, weil das Abkommen die Rechte anderer Staaten konkret regelt.

Artikel 63 SRÜ beschäftigt sich mit der Ordnung der Fischerei von Arten, die sowohl innerhalb der ausschließlichen Wirtschaftszonen benachbarter Staaten (Absatz 1), als auch in der angrenzenden Hohen See (Absatz 2) vorkommen. Im ersten Fall wird eine Pflicht zur mindestens bilateralen Regelung der Erhaltung und Entwicklung statuiert. Im zweiten Fall, des Vorkommens auch auf Hoher See, »bemühen« sich die Staaten, deren Fischer auf hoher See agieren, und der Küstenstaat, bilateral oder multilateral Vereinbarungen zu treffen, die zur Erhaltung der Bestände in dem angrenzenden Gebiet erforderlich sind. Dies ist besonders bemerkenswert, weil es sich bei dem »angrenzenden Gebiet« um die Hohe See handelt. Diese Verknüpfung erscheint zwar als sachgerecht, es ist aber angesichts der überragenden Bedeutung der Souveränität für viele Staaten erstaunlich, dass eine solche Beschränkung rechtlich umgesetzt werden konnte, auch wenn es nur zur Zusicherung eines »Bemühens« reichte.

Artikel 64 SRÜ ergänzt diese Regelung für die *weit wandernden* [Fisch-] *Arten*, die für die internationale Meeresfischerei wirtschaftlich besonders wichtig sind. Hier geht man sogar über das »Bemühen« hinaus. Es besteht eine Pflicht zur Zusammenarbeit in bestehenden oder noch zu gründenden Internationalen Organisationen. Schließlich haben sich die Staaten nun auch auf ernsthafte Sanktionen geeinigt. Auch in der ausschließlichen Wirtschaftszone darf der Küstenstaat gemäß Artikel 73 SRÜ zur Durchsetzung seiner souveränen Rechte zur Erforschung, Ausbeutung, Erhaltung und Bewirtschaftung der lebenden Ressourcen Schiffe unter fremder Flagge anhalten, überprüfen und, einschließlich der Mannschaften, auch vorübergehend festhalten. Gegen Kaution muss er sie allerdings freigeben, und Haft ist als Strafe unzulässig.

Die *Hohe See* wird vom SRÜ in Artikel 86 als der Meeresraum definiert, der weder zu einer ausschließlichen Wirtschaftszone noch einem weiter innen gelegenen Meeresbereich gehört. Dort – und nur noch dort – gilt heute noch der völkerrechtliche Grundsatz der Fischereifreiheit (Artikel 87 Absatz 1 lit. e SRÜ). Die Hohe See wird – durch die weitgehenden Rechte des Küstenstaates und der Einbeziehung des *angrenzenden Gebiets* in das Regime der ausschließlichen Wirtschaftszone – rechtlich zum »Restraum« reduziert, dessen Nutzung zu Fischereizwecken nur zehn Prozent der Beutefische umfasst.

Die grundsätzlich auf Hoher See bestehende *Freiheit der Fischerei* (Artikel 87 Absatz 1 lit. e SRÜ) wird weiter beschränkt durch die Regelungen der Artikel 116 ff. SRÜ. Danach haben alle Staaten (Artikel 117 SRÜ) gegenüber ihren Staatsangehörigen die zur Erhaltung der natürlichen Ressourcen der Hohen See erforderlichen Maßnahmen zu ergreifen. Damit verpflichten sie sich gegenseitig, die Aktivitäten der eigenen Fischer auch auf Hoher See zu kontrollieren und erforderlichenfalls entsprechend zu beschränken. Damit wird die vorhandene Fangmenge gesteigert. Damit eine solche Maßnahme, nicht von den Fischern einzelner Staaten ausgenützt werden kann, ist zu ihrer Effektivität eine konzertierte Aktion möglichst aller Staaten nötig. Daher haben sich die Staaten in Artikel 118 SRÜ gegenseitig verpflichtet, zur Erhaltung und Bewirtschaftung zusammenzuarbeiten. Bei konkurrierender Fischerei haben sie sich zu Verhandlungen zur Erhaltung der befischten Arten verpflichtet.

Das SRÜ geht aber sogar über diese Kontroll- und Kooperationspflichten noch hinaus. Besonders wichtig für den Schutz der Fische und die Nachhaltigkeit der Fischerei sind die Regelungen des Artikels 119 SRÜ. Dort werden den Kooperationsverpflichtungen materielle Rahmenbedingungen gesetzt, indem die Staaten sich verpflichten, die Populationen befischter Arten auf einem Stand zu erhalten oder auf diesen zurückzuführen, der den größtmöglichen Dauerertrag sichert. Dabei sind alle allgemein empfohlenen Mindestnormen zu berücksichtigen. Bei den *abhängigen Arten,* die nicht befischt werden, ist die Erhaltung soweit zu sichern, dass deren Fortpflanzung nicht ernstlich gefährdet wird.

Es wird mit diesem Regime für die Hohe See das Regime der ausschließlichen Wirtschaftszone nahtlos ergänzt. Das SRÜ fördert nachdrücklich die Praxis der Vereinbarung konkreter Regelungen für Fischbestände und Regionen. Diese rechtliche Form ist sehr wirksam, weil so flexibel und zügig, jeweils regional oder ressourcenbezogen, auf neue wissenschaftliche Erkenntnisse über die lebenden Ressourcen oder eine Veränderung der Zusammensetzung oder Zahl der Fischereiakteure reagiert werden kann.

Ergänzend hierzu befasst sich ein eigener Abschnitt des SRÜ mit dem Schutz der Meeresumwelt, die zu schützen und zu bewahren sich die Staaten verpflichten (Artikel 192 SRÜ), ohne nach Bereichen zu differenzieren. Die zentrale Vorschrift ist Artikel 193 SRÜ, der den allgemein anerkannten Grundsatz des internationalen Umweltrechts (Prinzip 21 Umweltkonferenz von Stockholm von 1972) für die Meere formuliert: »Die Staaten haben das souveräne Recht, ihre natürlichen Ressourcen im Rahmen ihrer Umweltpolitik und in Übereinstimmung mit ihrer Pflicht zum Schutz und zur Bewahrung der Meeresumwelt auszubeuten.« Ergänzend zu den Fischereiregelungen soll damit der Verschmutzung der Meere vorgebeugt werden. Konkret bezogen auf die Fischerei verpflichtet das Abkommen in Artikel 196 die Staaten, die Zuführung fremder oder neuer Arten zu unterbinden, wenn diese beträchtliche und schädliche Veränderungen der Meeresumwelt hervorrufen können.

Zu den wichtigsten staatlichen Akteuren des internationalen Fischereirechts gehört die Europäische Gemeinschaft (EG), denn der Europäischen Union (EU) gehören mit Portugal, Spanien, Italien und Griechenland besonders aktive Fischereinationen an, und die Zuständigkeit für die Meeresfischerei liegt bei der EG und nicht bei den Mitgliedsstaaten. Die Fischereipolitik ist gemäß Artikel 32 ff. des Vertrages zur Gründung der Europäischen Gemeinschaften (EGV) Teil der gemeinsamen Agrarpolitik der EG. Seit 1977 nimmt die EG in der Nordsee, im Nordatlantik und in der Ostsee eine ausschließliche Wirtschaftszone von 200 Seemeilen in Anspruch, in der Fremdfischerei nur auf Grund von Abkommen mit der EG gemäß Artikel 37 EGV zulässig ist.

Diese Aufteilung der Meere, die besondere rechtliche Qualität und räumliche Reichweite der ausschließlichen Wirtschaftszone sowie die damit einhergehende weitgehende Beschränkung des Grundsatzes der Fischereifreiheit, sind beeindruckende Erfolge internationaler Kooperation. Denn damit wird nicht nur eine beträchtliche Fläche, sondern darüber hinaus auch ein überragender Teil der lebenden Meeresressourcen dem Allmendebereich entzogen, indem er vorrangig unter nationale Kontrolle gestellt wird. Das SRÜ geht aber im Hinblick auf die Fischerei noch weit über diesen Fortschritt hinaus, indem es ein Schutzregime für die lebenden Ressourcen etabliert, das auch noch die Hohe See in qualifizierter Weise einbezieht und so auch für diesen besonders gefährdeten Bereich das Allmendeproblem relativiert. Die konkrete Ausgestaltung der internationalen Meeresfischerei wird in diesem rechtlichen Rahmen der Vereinbarung von regionalen oder Arten bezogenen Fischereiorganisationen überlassen. Die dort getroffenen Vereinbarungen stellen dann gemäß Artikel 116 a SRÜ weitere Grenzen der Fischereifreiheit auf Hoher See dar. So wird, jedenfalls dem Anspruch nach, eine Bewirtschaftung der lebenden Ressourcen erreicht, die immer optimaler wird, indem sie die Nachhaltigkeit der Erträge gewährleistet.

Beim Seerechtsübereinkommen der Vereinten Nationen handelt es sich um ein ausgewogenes Regelungswerk, das die Fischereiinteressen aller beteiligter Staaten zum Tragen bringt und eine Rechtskultur der Herstellung von Konsens zwischen Küstenstaaten und fremden Fischereinationen fordert und fördert. Dies ist auch in der Praxis in überzeugender Weise gelungen. Es gibt eine bereits unüberschaubare Vielzahl von Hunderten von Abkommen, teils zentriert auf eine Fischart, teils auf eine Meeresregion, teils bilateral, teils multilateral, teils nur eine ausschließliche Wirtschaftszone betreffend, teils wandernde Arten in einer Region unter Einbeziehung der Hohen See betreffend. Nur als Beispiele seien genannt die *Nordatlantische Lachs-Organisation* (NASCO), die I*nternationale Ostsee-Fischereikommission* (IBSFC), die *Internationale Kommission zum Schutz des Atlantischen Thunfischs* (ICCAT) und die *Inter-Amerikanische Thunfisch-Kommission für die Tropen* (IATTC) oder auch die (NEAFC) für den Nordostatlantik und die *Barcelona Convention for the Protection of the Mediterranean* (BARCON). Geregelt werden dort die Gesamtfangquoten, die Aufteilung der Fangquoten und auch der Schutz der Fische durch Beschränkung der Fangmethoden. Geregelt ist also etwa die Größe der Maschen der Netze, um kleineren Fischen die Flucht zu ermöglichen. In diese Vereinbarungen wird erheblicher Sachverstand und Zeit investiert. Man sollte daher erwarten, dass dieser Aufwand sich in einer effektiven Nutzung und nachhaltigen Bewirtschaftung der lebenden Ressourcen des Meeres niederschlagen würde.

3. Industrielle Ausbeutung und Piratenfischerei

Der Zustand der Meere und die Situation der Meeresfischerei bestätigen diese positive Erwartung aber nicht. Es kann daher auf eine weitere Vertiefung der Regelungsinhalte verzichtet werden, und es ist leider die Feststellung unumgänglich, dass auch die rechtliche Regelung der Meeresfischerei, trotz theoretischer Tauglichkeit, den angestrebten Erfolg einer nachhaltigen Fischerei – zumindest bislang – nicht erreichen konnte.

Die Fangflotten der Industriestaaten haben ihre Methoden so optimiert, dass die Fangerträge auf den Weltmeeren seit Jahrzehnten rückläufig sind. Dies führt zu immer weiterer technischer Aufrüstung der Schiffe mit dem Ergebnis weiter sinkender Erträge. Die Situation, zu der dieser Teufelskreis geführt hat, kann nur noch als Raubbau bezeichnet werden. Überfischung ist dagegen bereits ein Euphemismus. Jährlich werden ca. 100 Millionen Tonnen Fische gefangen, von denen etwa ein Viertel als unerwünschter Beifang in nicht mehr lebensfähigem Zustand zurück ins Wasser geworfen werden. Ungefähr ein weiteres Viertel wird

Abb. 9: Unbeflaggter und unmarkierter Piratenfischer-Trawler vor der Küste von Sierra Leone, Westafrika (Quelle: Davison/Greenpeace)

zu Fischmehl verarbeitet, das überwiegend als Tierfutter in der Nutztierhaltung dient. Als menschliche Nahrung bleibt höchstens ein Rest von etwa 60 Millionen Tonnen also gerade noch die Hälfte der gefangenen Masse. Zuverlässigere Zahlen sind kaum zu ermitteln, da keine objektiven Quellen existieren. Über genaue Zahlen verfügt nur die Fischereiindustrie. Diese hat aber kein Interesse an einer Kontrolle ihrer Fangmethoden und Fangmengen. Zum Raubbau kommt so eine maßlose Verschwendung von bedeutenden, für die Ernährung der Menschheit unverzichtbaren Nahrungsressourcen.

Die Dimension des Problems und seine bedrückenden Perspektiven sind kaum bekannt. Die meisten Menschen kennen Fische nur als Nahrungsmittel, sei es Fischfilet, Tiefkühlkost oder gar Fischstäbchen. Nur wenige haben eine Vorstellung von Fischen als Lebewesen. Fische sind Teil eines den Menschen fremden Lebensraums, sie schreien nicht und lösen keinen Babyreflex aus – wie etwa eine Jungrobbe –, der ihnen Mitgefühl gewähren würde. Wird ein lästig gewordener Hund ausgesetzt, gar ertränkt, findet sich eine solche Untat in der Boulevardpresse an prominenter Stelle, und der Täter kann sich strafrechtlicher Verfolgung sicher sein. Wer einem Schaf die Kehle ohne Betäubung durchschneidet, muss immerhin religiöse Gründe vorbringen können. Das tägliche millionenfache Ersticken lassen von Fischen über Wasser und Delphinen unter Wasser, kümmert aber niemanden. Es berührt nicht emotional. Der sprichwörtliche Vorwurf, *kalt wie ein Fisch* zu sein, illustriert diese Haltung. Fische werden nicht als Mitgeschöpfe wahrgenommen, *der Fisch* ist Ware, nichts weiter. Auch der Lebensraum Meer ist den meisten Menschen mental schwer zugänglich, er wird vorrangig als Gefahr *(Tsunamis)* wahrgenommen und allenfalls beim Baden marginal berührt. Es kann daher nur sehr beschränkt Öffentlichkeit hergestellt werden für die Belange der Meeresbewohner und ihres Lebensraums. Das darauf beruhende Desinteresse bedingt ein Informationsdefizit, das den auf Grotius zurückgehenden Mythos von der Unerschöpflichkeit weiterleben lässt, obwohl dieser längst widerlegt ist, sowohl was die Größe der Meere als auch was die Zahl seiner Bewohner betrifft. Das Fangen von Fischen und anderen Meerestieren ist Ernte, nicht Jagd, abgesehen von Einzelfällen, man denke etwa an Hemingways *Der alte Mann und das Meer*, an Melvilles *Moby Dick* oder an *Der weiße Hai* von Steven Spielberg, bei denen ausnahmsweise eine Individualisierung erfolgt. Auch die Bibel kennt nur *den* Fisch, der – wundersam vermehrt – zur Speisung der Fünftausend diente und den großen Fisch, der den Propheten Jonas verschlang. Sie alle haben gemeinsam, angstbesetzt zu sein. Es ist daher nicht weiter verwunderlich, dass sich kaum Widerstand regt, wenn Haie häufig nur ihrer Flossen wegen gejagt werden, und die Fischer die verstümmelten Rümpfe der noch lebenden Tiere dann einfach wieder ins Wasser werfen, wo sie sich ohne Flossen nicht fortbewegen können und daher ersticken. Es hilft den Haien nicht, dass der Zweck dieser Jagd sich in der ersichtlich nicht schutzwürdigen Herstellung von Potenz fördernden Mitteln erschöpft und diese noch dazu allenfalls Placebowirkung zeigen.

Diese Ware zu *ernten* und heranzuschaffen, ist Aufgabe der Fischindustrie. Sie tut dies weitgehend unbelästigt durch eine kritische Öffentlichkeit, sieht man davon ab, dass einige nichtstaatliche Umweltschutzorganisationen (NGO's) wie *Greenpeace* oder der *World Wildlife Fund* (WWF), in richtiger Einschätzung der Bedrohungen, ebenso beharrlich wie erfolglos versuchen, dem Raubbau entgegenzutreten und Öffentlichkeit für die maßlose Ausbeutung der Meere herzustellen. Dabei wäre gerade ein bewusstes und kritisches Verhalten der Verbraucher, das Fischarten, die nicht nachhaltig befischt werden, boykottiert, eine sehr effektive, die Nachhaltigkeit der Meeresfischerei fördernde Kontrollmaßnahme. Die wesentlichen Informationen dringen so aber nicht in eine breite Öffentlichkeit. Diskutiert wird gelegentlich, dass durch Einführung einer größeren Maschenweite wieder ein Erfolg für die Erhaltung einer gefährdeten Art erzielt wurde. Dabei geht es um viel mehr als um die Maschenweite, so bedeutsam sie im Einzelfall auch sein mag. Es geht um die Art und Weise der industriellen Fischerei. Die von Fischern der Industrienationen, in Europa vorrangig von Spanien, Portugal und Italien, betriebenen Industriefangschiffe, bei denen die Beute mit überlegenen technischen Mitteln aufgespürt und direkt an Bord bis zur Haltbarkeit und Markttauglichkeit verarbeitet wird, machen zwar einen nur sehr geringen Anteil an der globalen Flottenkapazität aus, sie erbeuten aber einen weit überproportionalen Anteil an den weltweit in den Meeren gefangenen Fischen. Entscheidend sind die technisch optimierten Methoden des Fischfangs. Der Meeresfischfang wird mit Treibnetzen, Schleppnetzen, Grundschleppnetzen, Ringwaden und Langleinen betrieben. Diese Methoden sind nicht neu, das Problem ist ihre ins industrielle gesteigerte Dimension.[123]

Treibnetze beispielsweise sind heute bis zu 60 Kilometer lang und von so hoher Materialstabilität, dass sie auch von großen Meeressäugern und Haien nicht mehr zerrissen werden, obwohl der Fang dieser Tiere nicht das Ziel der Fischerei ist. Im Ergebnis sterben so – wirtschaftlich nutzlos – als Beifang neben Delphinen und Hochseehaien sogar Potwale in solchen Fallen. Auch die Länge von *Hochseeschleppnetzen* beträgt heute mehrere Kilometer und der Einsatz erfordert zwei mit modernster Ortungstechnik ausgestattete Fangschiffe, die für den Fang relevante Schwärme mittels Radar und Echolot aufspüren und dann gezielt verfolgen; ganze Meeresregionen werden so industriell abgeräumt. Die schädlichste aller Methoden – von der Dynamitfischerei einmal abgesehen – sind die *Grundschleppnetze*. Die Netze sind mit Ketten versehen, die über den Meeresboden scharren, oder sogar mit Haken, die wie Eggen den Boden pflügen. Damit wird gleich der gesamte Lebensraum – und das »nachhaltig« – zerstört.

Angesichts dieser destruktiven Methoden ist es nur von untergeordneter Bedeutung, ob nun die Maschengröße so gewählt wird, dass kleinere Fische entkommen können. Es handelt sich um nur periphere Eingriffe,[124] die das große Geschäft mit der Fischerei wenig stören, aber die Öffentlichkeit beruhigen. Die gesamte Kultur der Fischereivereinbarungen auf der Grundlage des SRÜ erweist sich so als bloße *symbolische Politik*, mittels derer der Eindruck erweckt und so lange wie möglich aufrechterhalten werden soll, die Staaten würden eine verantwortungsbewusste Meerespolitik betreiben und das Ziel der Nachhaltigkeit ernsthaft und Schritt für Schritt verfolgen.

Die Europäische Gemeinschaft hat über Jahrzehnte dem Druck der Fischereiindustrie insbesondere in Spanien und Frankreich nachgegeben und den Bau von immer mehr Industrieschiffen subventioniert. Man kennt die überragende politische Bedeutung der Landwirtschaft für die EG auch aus anderen Agrarbereichen und, wie die Probleme der EG bei der WTO zeigen, sind die Mitgliedsstaaten der Europäischen Union nicht fähig, sachlich dringend erforderliche Entscheidungen gegen die hoch organisierten industriell wirtschaftenden Landwirte durchzusetzen. So ist eine Überkapazität der Fischereiflotte der Europäischen Union entstanden, deren Umfang umstritten ist, aber mindestens 25 Prozent, möglicherweise sogar 40 Prozent[125] beträgt. Die Europäische Union versucht gegenwärtig gegen hinhaltenden Widerstand der Fischer und der hauptbetroffenen Mitgliedsstaaten, diese Überkapazitäten abzubauen, aber die Schiffe werden meist nicht stillgelegt, sondern an Staaten außerhalb der Europäischen Union verkauft. Dies gilt insbesondere für die besonders modernen effektiven Schiffe mit der Folge, dass die Überkapazität der Gesamtflotte erhalten bleibt und damit auch der Beutedruck. Die neuen Mitgliedstaaten der EU, insbesondere Polen, versuchen, im Sinn einer »zeitversetzten Gleichbehandlung«, die Aufhebung des Subventionsstopps zu erreichen. Dies ist bisher nicht gelungen, aber die EG-Kommission zieht tatsächlich in Erwägung, die Modernisierung von Schiffen zu fördern, auch wenn dies im Wesentlichen nur Etikettenschwindel wäre. Immerhin erkennt die EG-Kommission, die seit 1976 für Fischereiabkommen mit Drittstaaten zuständig ist, die Problematik und versucht gegen diese intensiven Widerstände der Akteure aus der Fischindustrie und den Fischereinationen ernsthaft eine nachhaltige Fischereipolitik zu betreiben.

Sie hält es im Rahmen ihrer im Jahre 2002 aktualisierten Fischereipolitik für entscheidend, gemeinsam mit allen privaten und öffentlichen Partnern in der Gemeinschaft eine bessere Politik für Fischereiabkommen zu finden. Dies wird ein wesentlicher Schritt sein, der erneut bestätigen soll, dass die Gemeinschaft zur nachhaltigen Entwicklung der Fischereitätigkeiten auf internationaler Ebene beitragen will. Anlässlich des Weltgipfels über nachhaltige Entwicklung (WSSD) in Johannesburg hat sich die Gemeinschaft dem Ziel einer globalen nachhaltigen Fischerei verpflichtet; dies schließt die Zielvorgabe ein, »Bestände auf einem Stand zu erhalten oder auf diesen zurückzuführen, der den größtmöglichen erreichbaren Dauerertrag sichern kann, wobei dieses Ziel für erschöpfte Bestände zügig und, soweit möglich, bis spätestens 2015 erreicht werden soll.«[126]

Die wachsende Flottenkapazität der Volksrepublik China – zu der keine zuverlässigen Zahlen vorliegen – tut ein Übriges, um die politischen und rechtlichen Bemühungen zur nachhaltigen Bewirtschaftung der lebenden Ressourcen des Meeres immer schwieriger zu machen. So werden die Erträge weiter sinken und die Ausrottung der Arten wird fortschreiten. Auch die internationalen Vereinbarungen sind üblicherweise dadurch gekennzeichnet, dass man den kurzfristigen Interessen der Fischer an schneller Beute Vorrang einräumt. So wurde für den Kabeljau in europäischen Gewässern der Fang bis zu einer Größe von 35 Zentimeter erlaubt, obwohl zweifelsfrei bekannt ist, dass die Geschlechtsreife erst bei einer Länge von 70 Zentimeter eintritt.[127] Es kann von den Akteuren nicht übersehen werden, dass damit der Zusammenbruch der Population unausweichlich wird, es geht ihnen in der Praxis nur noch darum, diesen hinauszuschieben. Daher ist es nicht sinnvoll, diese Regelungen im Detail zu kritisieren. Denn sie verweigern sich alle der grundlegenden Einsicht, dass die Fangmengen in der Meeresfischerei generell um mindestens 30 Prozent reduziert werden müssten, um zu einer nachhaltigen Fischerei zu kommen. Sich auf Einzelheiten einzulassen ist genau das, was sich diejenigen politischen Akteure wünschen, die aus wirtschaftlichen Gründen von der Tatsache ablenken wollen, dass seit mindestens zehn Jahren bei den meisten befischten Arten die Substanz befischt wird und der Bestand damit kontinuierlich sinkt, bis zu einer, quantitativ nicht genau prognostizierbaren Grenze, ab der – als *point of no return* – der Bestand nicht mehr zu retten ist.

Als wäre dieses – legale – Ausmaß der Meeresfischerei, bei dem die Ausrottung ganzer Arten billigend in Kauf genommen wird, nicht schon problematisch genug, tritt als weiteres Phänomen noch die *illegale unregulierte und undokumentierte* (IUU) Fischerei, die so genannte *Piratenfischerei* hinzu. Diese wird überwiegend mittels moderner Industrieschiffe betrieben, die sich von den legalen Schiffen nur dadurch unterscheiden, dass sie in Billigflaggenländern registriert sind.[128] Diese Staaten sind den jeweiligen Fischereivereinbarungen nicht beigetreten, so dass diese Schiffe – jedenfalls auf Hoher See – die Bestände zusätzlich zu den schon zu hohen Gesamtfangquoten befischen. Die Eigner verstecken sich hinter Briefkastenfirmen in den von der Geldwäsche einschlägig bekannten Staaten. Auch Maßnahmen von Küstenstaaten, die ernsthafte Anstrengungen zur Bekämpfung der Piratenfischerei zu unternehmen bereit sind, laufen daher ins Leere.

In einem aktuellen Fall hat Greenpeace Deutschland am 19. Dezember 2005 gegen fünf Fangschiffe protestiert, die unbeanstandet in Rostock lagen, obwohl sie als IUU Fischer im Atlantik bekannt waren, und die Bundesregierung aufgefordert, diese Piratenfischer an die Kette zu legen. Die Schiffe liefen daraufhin unbehindert aus. Sie wurden kürzlich verkauft und heißen nun nicht mehr *Oyra*, *Ostroe*, *Okhotino*, *Olchan* und *Ostrovets*, sondern *Eva*, *Junita*, *Rosita*, *Isabella* und *Carmen*. Sie wurden aus den Registern der Billigflaggenländer Belizes und der Dominikanischen Republik gelöscht und fahren nun unter der Billigflagge von Georgien, der neue Charterer ist eine Firma in Panama. Der Eigner allerdings ist vermutlich derselbe geblieben. Die Bundesregierung hatte trotzdem keine legale Handhabe, die Schiffe festzuhalten.[129] Dabei gibt es im SRÜ klare und effektive Regelungen für die Bekämpfung der Piraterie. Seeräuberei berechtigt zur Nacheile (Artikel 111 SRÜ), also zur Verfolgung, zum Anhalten und Durchsuchen, ein Seeräuberschiff darf auch auf Hoher See aufgebracht werden. Dies bedeutet die Verhaftung der Besatzung und die Beschlagnahme des Schiffes samt Ladung (Artikel 105 SRÜ). Das Problem ist, dass Piratenfischerei nicht von der Definition der Seeräuberei des Artikels 101 SRÜ erfasst wird. Fischpiraterie ist also keine Seeräuberei im Rechtssinne. Die Mittel, gegen diese Schiffe vorzugehen, sind daher beschränkt. Gerade die effektive und von den Tätern besonders gefürchtete Maßnahme des Aufbringens auf Hoher See ist bei Fischpiraterie völkerrechtlich unzulässig.

4. Das allgemeine Umweltschädigungsverbot als potentielle Problemlösung

Angesichts der Bedeutung der lebenden Ressourcen der Meere für die Ernährung der Menschheit wäre es völkerrechtlich durchaus vertretbar, die Piratenfischerei in die Definition der Seeräuberei einzubeziehen. Aber schon wegen der langen Dauer entsprechender Verhandlungen, von den Widerständen aus dem Kreis der Akteure und der Billigflaggenstaaten ganz zu schweigen, erscheint diese Einzelmaßnahme, so sinnvoll sie auch wäre, nicht geeignet ist, die kurzfristig nötige Abhilfe zu schaffen. Die Probleme der Meeresfischerei sind weder regional noch bilateral lösbar, da jede effektive Beschränkung und Kontrolle einer Art oder eines Fangebietes nur zum Ausweichen auf andere Arten oder Regionen führt. Der heute praktizierte Raubbau an immer mehr Arten schafft aber ein ökologisches Problem globalen Ausmaßes. Die Ozeane stellen neben der Erdatmosphäre, dem Weltklima und der Biosphäre einen Aspekt des ganzen Biosystems der Erde dar, in dem die Staaten unentrinnbar eine Verantwortungs- und Risikogemeinschaft bilden.

Eine adäquate Problembehandlung im Bereich der Biosphäre kann effektiv nur durch die Formulierung räumlich globaler und rechtlich universeller, also alle Staaten umfassender politischer Ziele, gewährleistet werden. Das rechtfertigt auch bei der Abhilfe einen globalen Ansatz. Hierfür bieten sich, wie auch für die legale Fischerei, die Vereinten Nationen als geeignetes Forum an. Dort verfügen die Staaten der Dritten

Welt über eine erdrückende Mehrheit. Gerade sie hätten aber die Vorteile davon, wenn die Völkergemeinschaft eine entsprechende gemeinsame Politik betreiben würde. Denn die Gebiete, die für die Meeresfischerei attraktiv sind, liegen in erheblichem Umfang in ausschließlichen Wirtschaftszonen von Entwicklungsländern. Diese sind in ihrer Mehrheit gegenwärtig aber technisch nicht in der Lage, auch nur ihre Küstengewässer effektiv zu kontrollieren, geschweige denn ihre ausschließlichen Wirtschaftszonen. Sie sind bisher auf die Kontrollmaßnahmen der Flaggenstaaten angewiesen, mit denen sie Nutzungsverträge geschlossen haben. Diese Staaten vertreten aber nicht zuletzt die Interessen ihrer Fischer, so dass sich die Küstenstaaten, mangels eigener Kontrollmöglichkeiten, nicht auf die Einhaltung der Vereinbarungen verlassen können. Auch der Versuch einzelner Staaten, der Piratenfischerei über ein Verbot der Vermarktung der illegalen Beute beizukommen, hat sich als schwer durchsetzbar erwiesen.

Der Welthandel wird durch die Welthandelsorganisation (WTO) und das Allgemeine Zoll- und Handelsabkommen (General Agreement on Tariffs and Trade – GATT) geregelt. Bis heute stellt dort aber die Verfolgung umweltpolitischer Zielsetzungen kein eigenständig zu verfolgendes Anliegen dar. Dementsprechend werden Auseinandersetzungen mit Umweltbezug im Rahmen der WTO nach wie vor zu Lasten der Umwelt entschieden, wie das Beispiel des amerikanisch-mexikanischen Thunfischstreits[130] zeigt. Die USA verhängten Importverbote gegen Thunfische, die von mexikanischen und Fischern anderer Staaten völkerrechtswidrig so gefangen wurden, dass als Beifang im erheblichen Umfang Delphine verendeten. Die USA begründeten das Einfuhrverbot mit dem Schutz der Delphine. Das Schiedsgericht der WTO stellte schließlich immerhin fest, dass Staaten nicht gehindert seien, im Rahmen des Artikel 20 b, g GATT auch außerhalb ihres Staatsgebiets gelegene Schutzgüter zu verfolgen. Weiter wurde jedoch der Standpunkt vertreten, dass die amerikanischen Maßnahmen deshalb rechtswidrig seien, weil sie nicht in erster Linie auf den Schutz der Rechtsgüter des Artikel 20 g GATT gerichtet bzw. nicht notwendig seien, im Sinne des Artikel 20 b GATT. Zur Begründung wurde ausgeführt, dass durch die Maßnahmen ein impliziter Zwang zu Lasten der betroffenen anderen Staaten ausgeübt werde, ihre Politik innerhalb ihrer Gesetzgebungshoheit entsprechend zu modifizieren. Um diesen institutionalisierten Vorrang der wirtschaftlichen Interessen abzuschwächen, wenn nicht aufzuheben, wäre daher eine Übernahme der Verantwortung durch eine global agierende Internationale Organisation wünschenswert und sinnvoll.

Als tragfähige Rechtsgrundlage könnte das *allgemeine Umweltschädigungsverbot* dienen, das auf dem Prinzip 21 der Umweltkonferenz von Stockholm im Jahre 1972 beruht und das sich inzwischen zu einem Satz des allgemeinen Völkerrechts gewandelt hat, dessen globale Wirkung *(erga omnes)* gegenüber allen Völkerrechtssubjekten nicht mehr bestritten wird.[131] Schutzgüter dieses Grundsatzes sind, neben der territorialen Integrität der Staaten, insbesondere die als *global commons*[132] anerkannten gemeinsamen Interessen der Völkergemeinschaft an der Aufrechterhaltung der Erd-Biosphäre in all ihren Ausprägungen. Diese »global commons« beziehen sich auf die Gebiete außerhalb der nationalen Hoheitsbereiche, zu denen die Hohe See gehört. Entscheidend ist nun, dass die anerkannte globale Geltung sämtliche Staaten zur Einhaltung des allgemeinen Umweltschädigungsverbots verpflichtet. Damit könnten auch die Billigflaggenstaaten, die sich bisher ihrer Verantwortung entziehen konnten, indem sie den Beitritt zu allen völkerrechtlichen Verträgen verweigerten, die die Meeresfischerei regeln und beschränken, in die Pflicht genommen werden. Solche Staaten können als beharrliche Störer *(persistent objection states)* für das Verhalten der unter ihrer Flagge fahrenden Schiffe verantwortlich gemacht werden, wenn diese sich durch Piratenfischerei völkerrechtswidrig verhalten, indem sie die Umwelt auf Hoher See schädigen. Sollten sich die Vereinten Nationen der Problematik annehmen, bestünde die politische Option, mit der Autorität der Völkergemeinschaft ernsthaft gegen beharrliche Störer auf Hoher See vorzugehen.

Diese Vorstellung wird auch im politischen Bereich bereits vertreten und im Zusammenhang mit der Frage der Zulässigkeit einer ökologischen Intervention[133] diskutiert. So erklärte der langjährige Präsident des *Umweltprogramms der Vereinten Nationen* (UNEP), Klaus Töpfer, im Jahre 1993, damals noch als deutscher Bundesumweltminister, in einer Rede vor der Generalversammlung der Vereinten Nationen, dass künftig durchaus UN-Friedenstruppen mit ökologischem Auftrag zum Schutz der Meere oder der Antarktis denkbar seien.[134]

Bis dahin werden die überdimensionierten Fangflotten, egal ob es sich um legale oder illegale Schiffe handelt, die lebenden Ressourcen der

Meere weiter in der Substanz ausbeuten und die Erträge daher weiter zurückgehen. Das auf Hoher See unvermeidlich auftretende Allmendeproblem kann nur durch eine übergeordnete globale Zusammenarbeit der Staaten unter Kontrolle gebracht werden – und das auch nur dann, wenn die Kontrollorgane legitimiert werden, die illegal fischenden Schiffe der Billigflaggenstaaten als *ultima ratio* auch mit Gewalt vom Fang abzuhalten oder die Beute entschädigungslos zu beschlagnahmen.

Andernfalls wird die wirtschaftliche und politische Macht der Akteure[135] und ihrer Verbündeten in den Verwaltungen und Regierungen von Billigflaggenstaaten, aber nicht nur solcher, dazu führen, dass sich auf den Meeren die *Tragik der Allmende* (Garrett Hardin) verwirklicht, und die Fischer – jeder gegen jeden – den Raubbau bis zur Erschöpfung der lebenden Ressourcen der Meere treiben werden. Die am stärksten von dieser Entwicklung betroffenen Opfer werden gerade diejenigen sein, die zu dem Raubbau am wenigsten beigetragen haben – die traditionellen Fischer der Anrainerstaaten in der Dritten Welt, denen die Lebensgrundlage entzogen wird. Sie werden so zu Empfängern von Entwicklungshilfe.

Unabsehbar sind auch die ökologischen Folgen; zuverlässig prognostizierbar ist aber, dass die Kosten der Regeneration zusammengebrochener regionaler Meeresbiotope erheblich sein werden und es lange dauern wird, bis Meeresfischerei wieder wirtschaftlich profitabel möglich sein wird.

Trotzdem hat es der Agrarministerrat der Europäischen Gemeinschaft auch im Jahr 2006 nicht geschafft auch nur für die Bestandserhaltung des Kabeljaus in den Meeren der Europäischen Union zu sorgen. Man hat sich wieder über wissenschaftlichen Rat hinweggesetzt und hat sich dem Argument der Arbeitsplatzerhaltung gebeugt, dabei aber außer Acht gelassen, dass durch eine ernsthafte Beschränkung der Fangquoten die bedrohten Arbeitsplätze zwar reduziert würden, bei der jetzt drohenden Ausrottung der Bestände aber mit einem völligen Wegfall gerechnet werden muss.

Gegenwärtig haben deshalb leider nur die Fischkonsumenten in den Industriestaaten, als kritische Verbraucher, die sich aktiv informieren, die Macht, steuernd und kontrollierend in die Meeresfischerei einzugreifen und so das Rechtsregime der Meere zu stützen und zu stärken. So wie die kollektive soziale Kontrolle der Dorfgemeinschaft den Allmendewald schützen konnte, so kann die kollektive soziale Kontrolle der Weltgemeinschaft die Meere schützen.

Der Kampf um den Fisch: Das komplexe Beziehungsgeflecht der Kombattanten

Franz Kohout

Als 1975 die Regierung von Island erstmals ihre Marine gegen die großen Fangflotten vor ihren Küsten einsetzte, sprach man vom »Fischereikrieg«. Die kanadische Küstenwache enterte 1995 sogar das spanische Fischereischiff *Estai* in den internationalen Gewässern des Nordwestatlantiks, und im Oktober 2005 machte der norwegische Küstenschutz Schlagzeilen, als er das russische Fischfangschiff *Kapitän Gorbatschow* und das Transportschiff *Dimitri Pokramowitsch* unter dem Vorwurf der Verletzung der norwegischen Fischfangrechte stoppte und auf der Bäreninsel in Verwahrung nahm. Auch das Kreuzen der Greenpeace-Schlauchbote vor den Walfangbooten gehört zum gewohnten Konfliktbild im Kampf um den Fisch. Diese martialischen Methoden und dramatischen Gesten sind aber nur die Spitze des Eisberges der internationalen Fischereipolitik.

Seit mit dem Beginn der 1970er Jahre die Fischbestände kontinuierlich zurückgingen, sind auch die internationalen Fischgründe politisch schwer umkämpft. Da das Meer nicht mehr so reich wie weit ist, reagierten die Fischereinationen mit der Ausweitung der Drei- bzw. Zwölfmeilenzone zu einer 200-Meilen-Wirtschaftszone. Das einst »freie Meer« wurde in der Folgezeit aufgeteilt und reglementiert. Die Vereinten Nationen bemühen sich um Rahmenkonventionen, die Europäische Union und andere Regionalorganisationen etablieren Fischereirichtlinien und die Umweltschützer machen Druck auf Regierungen und Fischindustrie. Der Kampf um den Fisch zeichnet sich durch ein komplexes Beziehungsgefüge von Interessen und Akteuren aus. Dabei haben sich fast alle Rahmenbedingungen in den letzten fünfzig Jahren verändert: Aus Fischerbooten und Fangschiffen wurden schwimmende Fischfabriken. Die Fische werden elektronisch geortet und zum großen Teil international vermarktet. Fische aus Aquakulturen drängen immer stärker auf den Markt. Und neue Fischereinationen lösen alte ab, genauso wie neue Konsumgewohnheiten auf alte treffen.

Alte und neue Fischer

Fisch steht seit jeher auf dem Speiseplan des Menschen. Gefischt wurde bis vor gut hundert Jahren auf traditionelle Weise, so wie es die Inuit in Grönland, die Tamilen auf Sri Lanka oder die Jangadeiros in Brasilien heute noch tun: vom Kajak, von kleinen Booten oder vom Floß aus, mit Harpunen und kleinen Netzen. Seit dem Beginn der Motorschifffahrt, der Erfindung des Radars und des Echolots hat sich dies gewaltig geändert. Seit ca. 1950 spricht man von der industriell betriebenen Fischerei. Heute durchpflügen bis zu 145 Meter lange Fangschiffe die Ozeane, die bis zu 400 Tonnen Fisch pro Tag fangen, verarbeiten und einfrieren können. Solche Schiffe haben eine Lagerkapazität von bis zu 7.000 Tonnen und können bis zu drei Monate auf See bleiben.[136] Aber nicht nur das Fanggerät hat sich verändert. Dank moderner Technik und Infrastruktur können die Fische auch global vermarktet werden. Nachdem die Fischbestände in der Nordsee, im Nordatlantik oder im Mittelmeer zum Teil drastisch zurückgegangen sind, fischen die japanischen, die russischen oder EU-Schiffe auch vor den Küsten Afrikas oder Südamerikas. Dazu gesellen sich spezielle Kühlfabrikschiffe, so genannte »Mutterschiffe«, die es auch kleineren Schiffen erlauben, sich weit und für lange Zeit vom Heimatland zu entfernen.

Diese Fangflotten drücken das Einkommen der lokalen Fischer und berauben die arme Bevölkerung der Küstenregionen ihrer wichtigsten Einkommensquelle. Der Konkurrenzkampf zwischen der quasi industriell betriebenen Fischerei und der traditionellen Küstenfischerei in weniger entwickelten Ländern ist nur die eine Seite der Medaille; die Verdrängung der alteingesessenen Fischer an der deutschen Küste, in Schottland oder in Spanien ist die andere. Und die verbliebenen Berufsfischer in den regulierten Fischzonen der Europäischen Union kämpfen nicht selten unter Umgehung der Fangquoten und Fangbedingungen um ihr Überleben.[137]

Neben den »Industriefischern« gibt es eine neue Spezies von Fischern: die Fisch-Piraten. Sie fischen ohne Erlaubnis in den exklusiven Wirtschaftszonen, in küstennahen Nationalparks oder in international reglementierten Zonen. Sie fangen ohne Skrupel mit zerstörerischen Fangmethoden und nehmen keine Rücksicht auf Jungfische. Die Welternährungsorganisation FAO schätzt, dass rund ein Viertel bis ein Drittel des weltweiten Fanges illegal ist.[138] Dabei ist die Fischpiraterie keineswegs etwas, was von kleinen Booten und von finsteren Gestalten betrieben wird, sondern die Industriefischer fischen zum großen Teil »schwarz«. Die Piratenfischer umgehen internationale Fischereiabkommen, indem sie ihre Schiffe in Billigflaggenländern wie Belize, Honduras, Panama, St. Vincent oder Grenada registrieren lassen. Diese Länder vergeben gegen geringe Gebühren Lizenzen an große Fischtrawler, verzichten in der Regel auf die notwendigen Kontrollen und haben auch nicht die internationalen Schutzabkommen unterschrieben. Die Piratenbeute wird nicht selten auf See illegal an Kühlschiffe übergeben, mit legalem Fang vermischt und dann in Häfen verkauft, in denen es kaum Kontrollen gibt – beispielsweise in Las Palmas auf Gran Canaria. Für diese Fischereischiffe gibt es auf Hoher See keine Kontrolle und sie wildern bevorzugt in den Küstenbereichen der armen Ländern, weil diese nicht in der Lage sind, ihre Küsten zu überwachen oder gar zu schützen.

Die Verbraucher und Umweltschützer

Dass von den großen Fischarten wie Thunfisch, Schwertfisch, Kabeljau, Heilbutt, Rochen und Flunder nur noch etwa 10 Prozent des Bestandes von 1950 übrig geblieben sind, dass 75 Prozent aller kommerziell genutzten Fischarten überfischt sind, dass sich die Bestände also nicht mehr richtig regenerieren können, liegt natürlich nicht nur an den Fischern und ihren Fangmethoden.[139] Ohne die stark gestiegene Nachfrage gäbe es keinen solchen Druck auf die Fischbestände. Der gestiegene Fischverbrauch ist in erster Linie angebotsindiziert. Fisch wird als gesundheitsfördernd und schlank machend angepriesen. Es gilt allgemein als schick, *Seafood* oder Sushi zu essen. Diverse Fleischskandale haben überdies die Verbraucher verunsichert und den Fisch zu »der« Alternative beim tierischen Eiweiß werden lassen. Außerdem isst eine stark zunehmende Weltbevölkerung mehr Fisch.

Kein Zweifel: Fisch ist ein »trendiges« Nahrungsmittel und erschwinglich dazu. Sein Preis spiegelt jedoch weder seine Knappheit noch die ökologischen Folgekosten des Fischfangs wider. Ein gutes Beispiel ist der Victoriabarsch (korrekter: der Nilbarsch), der aufgrund seines günstigen Preises – und weniger aufgrund seines hohen Gehalts an Omega-3-Fettsäuren – die europäischen Fischmärkte mittlerweile ähnlich stark überschwemmt wie der Zuchtlachs. Der bis zu 70 Kilogramm schwere Raubfisch wurde in den 1960er Jahren im Victoriasee (Kenia) eingesetzt; inzwischen hat er dort nicht nur die heimischen Fische, sondern auch die Kleinfischerei fast völlig verdrängt – einer der »extremsten Fälle von Massenaussterben«.[140] Aus dem einstigen »Erlöser« (*mkombozi*) – so wurde er von den Einheimischen bezeichnet – ist heute der Inbegriff einer ökologischen, sozialen und politischen Katastrophe geworden, an der die Europäische Union nicht schuldlos ist. Für die europäischen Verbraucher wird der Viktoriabarsch extra aus Nairobi eingeflogen. Und obwohl auf diesem Flug für ein Kilogramm Barsch zwei Liter Kerosin verbraucht werden, kostet der Exot im Restaurant oder Fachhandel auch nicht mehr als ein einheimischer Edelfisch.[141] Die zahlreichen Fabriken, in denen die Fische verarbeitet und für den Export nach Europa und in die USA vorbereitet werden, besitzen EU-Registrierungsnummern, halten aber nicht die EU-Lebensmittelstandards ein. Den Verbrauchern sind diese Zusammenhänge oft nicht bewusst. Eben weil weder der Preis noch die Verpackung darauf hinweisen, dass die Fische – und manchmal auch ganze Öko- und Sozialsysteme – »in Seenot« geraten sind. Außerdem haben die Aquakulturen und ihre »Zuchtfische« für eine gewisse Entspannung gesorgt, allerdings nur auf dem Markt: Großgezogen werden die »Kulturprodukte« nämlich überwiegend mit Fischfutter, mit Sardinen, Anchovis und Wittlingen, deren Bestand zunehmend bedroht ist. Jährlich werden etwa 8 Millionen Tonnen Fisch zu 1,8 Millionen Tonnen Fischmehl verarbeitet: für Zuchtfische, Hühner und Schweine – ein »Veredelungsprozess« zu Gunsten der wohlhabenden Verbraucher in den Industrieländern.[142] Dieses Protein fehlt aber gerade der armen, heimischen Bevölkerung, zum Beispiel in Peru, das einen Großteil des Fischmehls liefert.

Umweltorganisationen wie Greenpeace und WWF versuchen die Konsumenten aufzuklären: Sie veröffentlichen Listen mit gefährdeten Fischarten, weisen auf Umwelt schädigende Auswirkungen der industriellen Fischerei und Fischzucht hin und mobilisieren politische Unterstützung. Erste (wenngleich nicht unumstrittene) Erfolge sind zu verzeichnen: Dem WWF gelang es zum Beispiel, zusammen mit Teilen der Fischindustrie, ein Gütesiegel zu etablieren, das MSC, das Verbraucher darüber informiert, wo der Fisch gefangen wurde bzw. dass das Produkt aus einer nachhaltig betriebenen, sprich: bestandserhaltenden Fischerei stammt. Neuerdings werden in der Europäischen Union auch Umweltschutzgruppen in die regionalen Beiräte, die Eckpfeiler der Reform der Gemeinsamen Fischereipolitik, aufgenommen. Dadurch sollen vor allem die lokalen Interessen der Fischer und Anwohner stärker in den Entscheidungsprozess eingebunden werden. Außerdem möchte man damit der Macht der ortsfremden Großfischer entgegenwirken. Diesen Teilerfolgen zum Trotz stehen Umweltschutzorganisationen und Verbrauchergruppen vor einem Dilemma: Noch immer wird umweltbewusstes Verhalten von den meisten Menschen als (finanzielle) Zumutung empfunden. Noch immer versorgen sich die meisten Menschen mit konventionellen, also nicht-nachhaltig hergestellten Nahrungsmitteln. Noch immer wird – mit anderen Worten – nachhaltiger Verbrauch diskriminiert. Es steht zu befürchten, dass dieser Zustand auch künftig anhalten wird, dass auch künftig die anfallenden Kosten auf die Umwelt und die Gesellschaft abgewälzt werden. Es wird sich nichts ändern, »solange die Normalität darin besteht, dass Produzenten und Konsumenten von der Externalisierung privater Kosten profitieren. Und externalisiert wird kräftig.«[143]

Der Konsument ist geizig – vor allem der deutsche, zumindest wenn es Nahrungsmittel betrifft. So gaben bei einer Allensbach-Umfrage »Wie wollen Sie zuerst sparen?« 81 Prozent der Befragten an, Lebensmittel verstärkt beim Discounter kaufen zu wollen. Und die Ausgaben für Lebensmittel sind ohnehin auf niedrigem Niveau: Während beispielsweise die Spanier über 18 Prozent ihres Einkommens für die Ernährung ausgeben, sind es bei den Deutschen nur 11 Prozent.[144] Eines steht fest: Wenn Verbraucher Einfluss nehmen wollen, müssen sie zuvörderst ihr Verhalten verändern. Verbraucher *können* Einfluss nehmen, sie bestimmen durch ihre Ernährungsgewohnheiten und ihre Einkaufspraxis Art und Qualität des Angebots mit. Verbraucher können wählen – und boykottieren. In den USA beispielsweise war der Boykott von Schwertfisch erfolgreich. Gewiss: Fische sind keine Marken; sie werden anonym auf Fischmärkten oder in Restaurants ver- bzw. gekauft und entziehen sich somit dem *Branding*. Allein aus Gründen der Boykott-Psychologie dürfte es daher schwierig sein, nicht nachhaltig gefangenen Fisch auf breiter Front zu boykottieren. Tatsächlich ist eine flächendeckende Änderung des Verbraucherverhaltens zu Gunsten gefährdeter Fische gar nicht nötig: Schon Umsatzeinbrüche von 10 bis 20 Prozent können bei bestimmten Produkten den Hersteller oder Erzeuger zu einem Umdenken zwingen. Und einen solchen Anteil an kritischen und bewussten Verbrauchern gibt es. Unter Druck geratene Lieferanten wie *Nordsee*, *Iglo* oder *Frosta* werden dann der Fischerei auch in punkto Nachhaltigkeit Vorgaben diktieren, genauso wie sie dies schon lange bei den Qualitätsstandards tun.[145]

Es ist zu wünschen, dass Aufklärungsmaßnahmen und Boykottaktionen wie jene von Greenpeace sowie anderen Umweltschutz- und Verbraucherorganisationen langfristig dazu beitragen, das Verbraucherverhalten zu verändern. Psychologisch – oder besser gesagt – tiefenökologisch geht es um eine intensivere Beziehung zum Nahrungsmittel Fisch. Erst wenn wir mehr Respekt vor diesen Lebewesen und ihrer Umwelt haben, werden wir anders mit ihnen umgehen. Dieser Respekt wird freilich nicht das Resultat moralphilosophischer Wertdiskussionen sein – am Ende schützen Menschen nur das, was ihnen ans Herz gewachsen ist, was sie lieben oder womit sie Mitleid haben. Die Walkampagnen von Greenpeace haben an die Herzen und nicht an den Verstand der Menschen appelliert – und diese Herzen gewonnen. Das seit 1986 geltende, neuerdings leider ins Wanken geratene Walfangmoratorium ist vor allem deshalb so erfolgreich (gewesen), weil eine emphatisch sensibilisierte, weltweite Öffentlichkeit großen Druck auf die Walfangländer ausgeübt hat. Dies sind jedoch Ausnahmen. Mitleidsappelle und Boykottmaßnahmen sind knappe Güter, die sich nicht grenzenlos vermehren lassen und daher nur punktuell zum Einsatz kommen können. Grundsätzlich ist Umdenken nötig – ein grundsätzliches Umdenken. Die Verbraucher- und Umweltverbände leisten eine wichtige Arbeit, sind jedoch auf Unterstützung angewiesen. Im Allgemeinen mangelt es ihnen – allen spektakulären Erfolgsgeschichten zum Trotz – an Durchsetzungsstärke.

Zwar lassen sich Verbraucher von Skandalen in ihrem konkreten Konsumverhalten beeinflussen; den Direktiven von Verbraucherverbänden folgen sie jedoch nur zögerlich.

Verbraucher- und Umweltschutzinteressen sind vergleichsweise schlecht organisierbar. Sie sind zu umfassend, zu allgemein – sie betreffen im Prinzip jedes Individuum einer Gesellschaft. Verbraucher ist schließlich jeder, jeder Wähler und jeder Nicht-Wähler. Niemand kann ausgeschlossen, niemand privilegiert werden. Politikwissenschaftler wissen, dass die Chance der Durchsetzung von Interessen sinkt, je allgemeiner sie sind.[146] Die eingeschränkte Durchsetzungsfähigkeit trifft die sozial- und ökologischen Verbände vor allem auf nationaler Ebene; sie kann allerdings durch die Verlagerung der Entscheidungsfindung auf EU-Ebene bis zu einem gewissen Grad kompensiert werden. Die Entscheider in der EU-Kommission oder im Ministerrat sind zumindest in einer Hinsicht unabhängiger; sie müssen nicht die nächsten Wahlen im Blick haben. Und da die Auswirkungen alle Mitgliedsländer der Gemeinschaft betreffen, gelten auch die Argumente der (eingeschränkten) Wettbewerbsfähigkeit und des Verlustes von Arbeitsplätzen nicht bzw. nur eingeschränkt. Der Umstand, dass die jeweiligen Verbraucherminister »unter sich« sind, versetzt sie überdies in die Lage, unabhängiger zu diskutieren und höhere Ziele anzustreben. Demgemäß hat sich in den 1990er Jahren der Schwerpunkt der Verbraucherpolitik auf die EU-Ebene verlagert. Mit Konsequenzen: Die »strukturelle Verantwortungslosigkeit« der EU-Entscheidungsstrukturen ist insbesondere für Umweltorganisationen nachteilig, da diese häufig nicht die richtige Stelle finden, um Druck auszuüben. Außerdem ziehen ihre Anliegen gegenüber den Wirtschaftsinteressen in der Europäischen Union fast immer den Kürzeren; das Durchsetzungsproblem wird offensichtlich, wenn man sich vor Augen führt, dass in Brüssel den etwa 150 Umweltschutzverbänden beinahe 10.000 Industrielobbyisten gegenüber stehen.

Subventionierung und Reglementierung

Der Wandel zum industriellen Fischfang wäre nicht möglich gewesen, wenn die Regierungen von Küstenstaaten dazu nicht umfangreiche

Subventionen bereitgestellt hätten. Um den Abbau dieser Subventionen wird heute im Rahmen der WTO-Verhandlungen gestritten. Ein Paradebeispiel einer solchen quasi staatlichen Fischereipolitik stellt die gemeinsame Fischereipolitik (GFP) der Europäischen Union dar. Die GFP stellt eines jener Politikfelder dar, in denen die Europäische Union die ausschließliche Zuständigkeit besitzt. Das heißt, dass die Mitgliedsstaaten auf diesem Gebiet praktisch keine eigenständigen Regelungen mehr treffen können. Dies gilt insbesondere für den »Erhalt der biologischen Meeresschätze«, oder treffender gesagt: für das Problem der Überfischung. Diese Bestandsgefährdung fing beim Hering an und betrifft gegenwärtig vor allem Kabeljau, Scholle und Rotbarsch.

Mit den Geldern der Europäischen Gemeinschaft wurden seit den siebziger Jahren die Flotten vergrößert und vor allem modernisiert. Noch im Jahr 1997 betrug die EU-Förderung ca. eine Milliarde Euro, zu der sich 500 Millionen Euro nationale Fördergelder gesellten.[147] Jedes der damals noch 100.000 Schiffe war mit durchschnittlich 15.000 Euro subventioniert. Erst im März 2000 veröffentlichte die EU-Kommission unter dem Druck der abnehmenden Fischbestände in den EU-Gewässern und im Nordostatlantik ein »Grünbuch« zur Zukunft der gemeinsamen Fischereipolitik. Und erst im Dezember 2002 beschloss der Rat der Fischereiminister »weitreichende« Reformen. Dazu zählen die schrittweise Abschaffung der öffentlichen Zuschüsse für die Erneuerung und Modernisierung von Schiffen. Subventionieren wird die Europäische Union ihre Fischer aber auf Jahre hinaus müssen, wenn auch zunehmend durch direkte Beihilfen oder Abwrackgelder. Letztere wurden für den Zeitraum von 2003 bis 2006 in einer Höhe von 272 Millionen Euro ausgelobt.[148]

Die EU-Politik wandelt sich – jedenfalls versucht sie es! An die Stelle der alten *Ausbeutungspolitik* (»Steigerung der Produktivität«) ist eine *Hegepolitik* getreten: mit Festsetzung von jährlich zulässigen Gesamtfangmengen, Quotenaufteilungen auf die Mitgliedstaaten, technischen Erhaltungsmaßnahmen (zum Beispiel Festlegung von Maschengrößen), Festlegung von »Ruhezonen« sowie der Einführung von Kontroll- und Überwachungsmaßnahmen. Leider sind die tatsächlich ergriffenen Maßnahmen nach Ansicht des Internationalen Rates für Meeresforschung und diverser Umweltschutzorganisationen, zum Beispiel der IUCN, höchst unzureichend.[149] Ein Opfer der europäischen Hegepolitik, eines von vielen, ist der extrem bestandsgefährdete Nordsee-Kabeljau. Auf das dringend erforderliche regional begrenzte Fangverbot konnten sich die Fachminister auf der entscheidenden Tagung nicht verständigen; lediglich die Zahl der in der Nordsee erlaubten Fangtage wurde für 2005 begrenzt: von zehn auf neun pro Monat reduziert! Mehr war für den Kabeljau nicht drin. Da es keine Verpflichtung für die Schiffe gibt, im Hafen zu bleiben, ist eine effektive Überwachung nicht möglich. Diese Lücken in der Gemeinsamen Fischereipolitik sind beileibe keine Ausnahmen, sondern »Sollbruchstellen«: Sie sollen nach Außen von einschneidenden Hegemaßnahmen zeugen; jeder Eingeweihte weiß jedoch, dass damit dem illegalen Fischfang Tür und Tor geöffnet wird. Ähnliche Sollbruchstellen weist auch die »Flottenabrüstungspolitik« der Europäischen Union auf. Franzosen, Iren und Portugiesen melden nicht einmal die dafür geforderten Daten nach Brüssel, und Frankreich zahlt lieber Strafgelder, anstatt die Flottenkapazitäten zu verringern.[150]

Die europäische Fischfangpolitik krankt vor allem an einem strukturellen Defizit: Die Maßnahmen im Rahmen der Gemeinsamen Fischereipolitik müssen einstimmig im Ministerrat verabschiedet werden. Dies bedeutet, dass sich einige Länder, in denen der Fischfang eine wichtige Rolle spielt, wie Großbritannien oder Spanien, querstellen und praktisch eine Politik des kleinsten gemeinsamen Nenners diktieren können. Großbritannien hat dies erfolgreich im Jahr 2004 praktiziert, als es sich vehement gegen die Ausweisung Sperrzonen für den Kabeljaufang in der Nordsee wehrte.[151] Spanien bekam als größtes Flottenland als Kompensation für beschlossene Hegemaßnahmen eine neue Europäische Behörde, das »EU-Fischereiinspektorat«. Allerdings wurde hier der Bock zum Gärtner gemacht, da das Hauptquartier nach Vigo in Nordspanien gelegt wurde, der »Welthauptstadt der illegalen Fischerei«.[152] Unter solchen Vorzeichen kann es keine nachhaltige EU-Fischereipolitik geben. Einschneidende Maßnahmen sind in bestimmten Mitgliedsländern, vor allem in Frankreich, Spanien, Italien und Irland, und damit in der Union insgesamt nicht durchsetzbar. Hinzu kommt ein EU-internes Dilemma: Die wichtigsten Akteure der Gemeinsamen Fischereipolitik, der Landwirtschaftskommissar (der auch für die Fischerei verantwortlich ist) und die nationalen Fachminister, fühlen sich in erster Linie nicht ökologischen, sondern ökonomischen Belangen – sprich: wirtschaftlichen Interessen und Interessenvertretern – gegenüber verantwortlich. Nur wenn es um nicht-kommerzielle Arten wie Delphine oder Korallen geht, kommen auch Umweltschützer zum Zug.

Der Norden gegen den Süden

Die zaghaften europäischen Bewirtschaftungsmaßnahmen und Anpassungsversuche haben weit reichende negative Folgen: nicht nur für den Kabeljau, sondern auch für den internationalen Fischbestand. Weil die Nachfrage nach Fisch steigt – und die Überkapazitäten der Fischflotten nicht schnell genug abgebaut werden können –, muss der Fisch eben woanders gefangen werden. Da auch die traditionellen Fischgründe im Nordatlantik immer weniger hergeben, weichen europäische Fischer in andere, fischreichere Regionen aus, zum Beispiel in die Gewässer vor der westafrikanischen Küste, die sich aufgrund der »nahe« gelegenen spanischen Umschlagplätzen auf den Kanarischen Inseln geradezu anbieten. Das Ganze ist ein großes Geschäft. Die Internationale Seerechtskonvention von 1982, jene hoch gelobte »Verfassung der Meere«, hat es möglich gemacht. Seither gilt die 200-Meilen-Zone als »exklusive Wirtschaftszone«, in der nur der betreffende Küstenstaat das Recht zur Ausbeutung der natürlichen Ressourcen besitzt – ein Recht, das er gegebenenfalls auch veräußern kann. Gegen gutes Geld, versteht sich. Die Europäische Union – sie nicht alleine, aber sie in ganz besonderer Weise – hat mit diversen afrikanischen Ländern wie Mauretanien, dem Senegal, Guinea, Angola oder Namibia so genannte Fischereiabkommen geschlossen. Diese armen Länder verkaufen ihre Reichtümer gegen harte Devisen an die Europäer. Und die Europäer fischen, was das Zeug bzw. das Netz (aus-)hält, unbelastet von jenen Mindeststandards, die in den EU-Hoheitsgewässern gelten. Ein typisches Abkommen ist jenes mit Senegal: Es enthält keine Quoten! Das bedeutet, die Europäer können dort so viel Fisch fangen, wie sie wollen, sofern sie nur die festgelegte Gesamttonnage einhalten. Nach Schätzungen des WWF wird die jährliche Fangmenge der letzten Jahre (12.000 Tonnen) bis um das achtfache überschritten.[153]

Eines der größten Probleme stellt die Konkurrenz mit den einheimischen Kleinfischern dar. Zwar sind bestimmte Bereiche den Küstenfischern vorbehalten, doch hat das industrielle Abfischen auch die Küstenfischerei dezimiert, weil manche Fischarten sich einfach nicht an die von Menschen definierten Zonen halten wollen. Der staatliche Devisenhunger der regierenden Eliten nimmt eben wenig Rücksicht auf bestimmte Bevölkerungsteile. Und die Verhandlungen dieser »Partnerschaftsabkommen« sind in der Regel geheim. Weil absehbar ist, dass der intensiv betriebene Fischfang vor Westafrika die Bestände über kurz oder lang erschöpfen wird, hat die Europäische Union weiter im Süden schon neue Fanggründe reserviert. Mit Angola zum Beispiel wurde 2002 ein Abkommen erneuert, das 22 Hochseeschiffen den Shrimpsfang vor der Küste erlaubt. Und seit Anfang 2004 dürfen 59 Hochseetrawler auch vor Mosambik auf Shrimps und Thunfische Jagd machen.[154] Manche Länder versuchen, »gerechtere« Abkommen auszuhandeln. Mit Namibia wurden jährlich neue Quoten vereinbart; beim Seehecht ist sogar eine 60-Prozent-an-Land-Verarbeitung vorgeschrieben, um der einheimischen Bevölkerung Arbeit zu verschaffen. Dazu durften mit EU-Geldern moderne Patroullienboote angeschafft werden.[155] Eine besonders bittere Ironie dieses »Nord-Süd-Geschäfts« liegt darin, dass die mittlerweile arbeitslosen oder unterbeschäftigten Küstenfischer der nordwestafrikanischen Staaten ihre Einkommen durch die Vermietung oder den Verkauf ihrer Fischerboote aufbessern. In diesen Fischerbooten versuchen anschließend afrikanische Flüchtlinge auf die kanarischen Inseln zu gelangen, dem noch ungesicherten Außenposten der »Festung Europa«. Ein Großteil von ihnen ertrinkt bei diesem Versuch. Den Fischereiverantwortlichen der Europäischen Union scheint dieser verhängnisvolle Zusammenhang bisher aber noch nicht bewusst zu sein – jedenfalls unternehmen sie nichts dagegen.[156] Ein neues, besonders interessantes Gebiet für die europäischen Fischereiflotten mit ihren Überkapazitäten ist der Westpazifik, das bisher von den großen asiatischen Fischfangnationen (China, Japan, Korea und Taiwan) und den USA dominiert wurde. Da der Westpazifik zu den reichsten Thunfischgründen der Welt zählt, hat die Europäische Union im Jahr 2002 mit dem 33 Inseln umfassenden Staat Karibati ein Fischereiabkommen abgeschlossen, das zunächst 18 europäischen Fangschiffen erlaubt, in dessen ausschließlicher Wirtschaftszone zu fischen. Diese ist mit

3,5 Millionen Quadratkilometern ungefähr halb so groß wie Australien. 2004 wurde auch mit den Salomoninseln ein Abkommen geschlossen, weitere, etwa mit den Staaten Mikronesiens und den Cook Inseln, sind in Vorbereitung.

Rund 500 Schiffe der Europäischen Union fischen zurzeit in den Gewässern der Staaten Afrikas, der Karibik und des Pazifiks. Mit ihren Fängen versorgen sie sowohl den europäischen als auch den internationalen Markt. Etwa die Hälfte des Fischkonsums deckt die Europäische Union durch Importe ab. Paradoxerweise gelangen nicht alle in europäischen Gewässern gefangenen Fische auch auf europäische Tische. Den größten Teil der Exportfische konsumiert die auf Importe angewiesene »Fischnation« Japan, der Rest geht nach Ägypten, in die Philippinen und zurück nach Westafrika.[157] Auch das ist Globalisierung – und eine weitere Folge jener Fischereiabkommen, bei denen die Großen die Preise und Bedingungen diktieren: Der Devisenmangel zwingt die armen Länder Westafrikas, hochwertigen Fisch über Abkommen und Fangquoten zu exportieren; das Grundnahrungsmittel Fisch muss anschließend mit Hilfe eben jener Devisen wieder importiert werden.

Abb. 10: Shrimps- und Garnelenzuchtbecken und einige wenige Magroven in der Bay of Guayaquil, Ecuador (Quelle: Clive Shirley/Greenpeace)

Eine ähnliche Schieflage zwischen dem Norden und dem Süden ist bei den Garnelen-Aquakulturen zu beobachten. Industriell produziert wird, besonders in Thailand und Ecuador, was bei uns als Delikatesse gilt: Shrimps oder Scampi. Die Meerestiere werden im küstennahen Binnenland gezüchtet, in Zuchtbecken, die mit Meerwasser oder künstlich gesalzenem Süßwasser vollgepumpt werden. Die bei der Aufzucht in Massengehegen eingesetzten Chemikalien und Antibiotika schädigen nachhaltig die küstennahen Böden. Die Garnelen werden hauptsächlich mit tierischem Eiweiß – also mit Fischmehl – gefüttert, dessen Produktion zur Intensivierung des Fischfangs nötigt und auf diese Weise den Druck auf die Fischbestände erhöht. Die sozialen und ökologischen Kosten sind immens und werden durch die wirtschaftlichen Erträge häufig genug nicht gedeckt. So wurde für eine indische Garnelenfarm in einer – vom nationalen Verfassungsgericht in Auftrag gegebenen – Studie ermittelt, dass die Kosten um das vierfache höher waren als der Ertrag.[158] Hinzu kommt, dass die betroffene Bevölkerung nicht mit staatlicher Hilfe rechnen kann. Im Gegenteil: So »[sind] gewaltsame Vertreibung, Einschüchterung durch Gewaltanwendung, illegale Verhaftung, fingierte Anklage und selbst Folter aus Bangladesch, Malaysia, Indonesien und Indien bekannt«.[159] Die armen Länder decken auch hier den Tisch der reichen, da die von ihnen produzierten Meerestiere vor allem in die Industrieländer exportiert werden. Sie tragen auch die ökologischen Folgen, die »Allmende Welt« bezahlt dafür mit leer gefischten Meeren. Einige Gegentrends gibt es. Indische Kleinfischer, die wie die Senegalesen zunehmend ihrer Lebensgrundlage beraubt werden, haben eine Gewerkschaft gegründet und sich mit Erfolg gegen die großen Fischausbeuter gewehrt. Durch Protestaktionen wie Hungerstreiks und Hafenblockaden konnte die indische Regierung 1997 veranlasst werden, die Konzessionierung des industriellen Fischfanges zugunsten der großen Fischereinationen aufzugeben und das Meer den Kleinfischern mit ihren traditionellen Fangmethoden zu überlassen. Der Gründer des National Fishworkers' Forum, Tom Kucherry, bekam im Jahr 1998 den *Earth Trustee Award* der Vereinten Nationen.[160]

Fischer und Mäster (Fische für Fische)

Als Alternative zum Leerfischen der Weltmeere gilt vielen heute die Aquakultur. Der Grund liegt auf der Hand: Wenn der Bestand an wild lebenden, sich natürlich reproduzierenden Speisefischen abnimmt, dann muss man sie eben in ausreichender Menge züchten, in Küstennähe oder im Süßwasser, will man die wachsende Nachfrage befriedigen. Genau dies wird seit geraumer Zeit im großen Stil getan. Nach Angaben der FAO sind Aquakulturen gegenwärtig der am schnellsten wachsende Zweig der weltweiten Nahrungsproduktion.[161] Die Alternative »Zucht« gegenüber »Wildfang« war ja schon einmal das Geheimrezept zur Ernährung größerer Menschenmassen und Auslöser der so genannten neolithischen Revolution. Fischzucht im Rahmen von Teichwirtschaft ist auch nichts Neues und trägt besonders in China zu einem großen Teil des produzierten tierischen Eiweißes bei. Warum es also jetzt nicht mit der industriellen Zucht von Speisefischen probieren?

Was sich in der Theorie schön anhört, hat in der Praxis leider mehrere Haken. Die jährlich etwa 40 Millionen Zuchttonnen Fische und Meerestiere werden in der Regel unter hochproblematischen ökologischen Bedingungen produziert.[162] Beispiele gibt es genug: Als etwa die Bestände der Kaltwassergarnelen in der Nordsee überfischt waren und das Ausland die Nachfrage befriedigen musste, begann man vor allem in Thailand, Indien und Indonesien, die Krustentiere in großen Farmen zu züchten. Hierfür wurde mehr als die Hälfte der in Küstennähe befindlichen Mangrovenwälder gerodet – da sie ideale Laichgebiete für Fische und Meerestiere sind, eignen sie sich auch hervorragend für die Zucht. Freilich vergaß man dabei, dass die großen Tropenbäume als natürlicher Schutz gegen Stürme und Überschwemmungen dienten. Durch das Aussetzen oder Entkommen nichtheimischer Fischarten, den immensen Wasserverbrauch dieser Farmen und die intensive Nutzung wurden die Ökosysteme – wahrscheinlich irreparabel – geschädigt. Die einheimischen Fischer in diesen Regionen beklagten einen Rückgang ihrer Fangquoten um bis zu 80 Prozent.[163] Die großen Zuchtstätten, insbesondere für den Raubfisch Lachs, in den Fjorden Norwegens, Schottlands oder Chiles benötigen, neben einer großen Menge von Chemotherapeutika, vor allem eines: Fischmehl. Die Nachfrage nach tierischem Eiweiß führt dazu, dass große Mengen von Wittlingen, Seeaalen, Sardellen und Sardinen gefangen werden müssen. Da Zuchtlachse im Laufe ihres kurzen Lebens das Dreifache ihres Endkörpergewichts an Futter verbrauchen, benötigt man für die Produktion von 1 Kilogramm Lachs das Fünffache an Fischfutter. Die im industriellen Stil betriebene Lachszucht ist also alles andere als nachhaltig. Sie verschiebt den Ausbeutungsdruck von den großen Fischen hin zu den kleinen. Zudem sind Zuchtlachse oft mit Chemikalienrückständen belastet, weshalb ihr Verzehr gesundheitlich keineswegs als unbedenklich gelten darf. Hinzu kommt, dass für die Zucht vor allem Sardellen und Sardinen den Kleinfischern insbesondere vor den südamerikanischen Küsten weggefischt werden, wiederum von den Industrieflotten der großen Fischfangnationen.[164]

Abb. 11: Transportkäfige für Blauflossen-Thunfische. Die Thunfische werden lebendig gefangen und in speziellen Käfigen zu Thunfisch-Farmen gebracht. Dort werden sie gemästet und anschließend auf japanischen Sushi-Märkten verkauft. (Quelle: Gavin Newman/Greenpeace)

Verkehrte Welt: Es findet eine »Umleitung von minderwertigen Fischen aus den Mündern der Menschen in den Entwicklungsländern in die Mäuler wohlgenährter Fische in der entwickelten Welt« statt.[165] Diese Umverteilung nimmt mitunter groteske Dimensionen an, etwa wenn

Sardinen vor Mauretanien gefangen werden, um in Australien in so genannten Thunfischfarmen für den japanischen Markt gemästet zu werden. Dabei ist sie alles andere als notwendig. Die weltweite Nachfrage nach Fisch könnten gerecht befriedigt werden, würde man nur die Futterkette umstellen. Dass dies möglich ist, beweisen die Teichfischereien in China, die vor allem Gemüseabfälle und andere landwirtschaftliche Produkte einsetzen. Mittlerweile gibt es vielversprechende Projekte ökologischer Aquakulturen, die auch von Kleinbauern bzw. Kleinfischern betrieben werden. Die Verbraucher in den Ländern der nördlichen Hemisphäre müssten auch nach einer solchen globalen Umstellung auf ihren Fisch nicht verzichten, allenfalls ein wenig ihre Ernährungsgewohnheiten »umstellen«: von Lachs auf Karpfen.

Die Allmende Meer – Regime und Lobbys

Das internationale Fischkarussell hängt von vielen Faktoren ab: von den Essgewohnheiten bestimmter Fischfangländer, von den Subventionspraktiken der Nationalstaaten, von der Weiterentwicklung des internationalen Rechts, von den Einflusschancen der Fischereilobbys und von den Verhandlungspositionen zwischen dem Norden und dem Süden. Politische Gründe spielen dabei eine zentrale Rolle. Demonstriert sei dies am bereits erwähnten »Übereinkommen zur Durchführung der Bestimmungen der Seerechtskonvention der Vereinten Nationen vom 10. Dezember 1982 über die Bewirtschaftung gebietsübergreifender wandernder Fischbestände«. Es wurde am 4. Dezember 1995 zur Unterzeichnung aufgelegt und mehrheitlich am 19.12.2003 ratifiziert, bis heute von einigen der größten Fischfangnationen wie Chile, Mexiko, Peru, Polen, Thailand und Vietnam jedoch noch nicht unterzeichnet. Dieses Abkommen ermöglicht, neben der Einrichtung so genannter exklusiver Wirtschaftszonen, das Sammeln bisher kaum oder nur unzulänglich erhobener Daten über Fischbestände, legt Quoten für den Fang fest, sorgt für den Aufbau regionaler Fischereiorganisationen, fixiert Kontrollrechte und etabliert Schlichtungsmechanismen für den Konfliktfall. Diese relativ weitreichenden Maßnahmen veranlassten den kanadischen Botschafter beim Abschluss der Verhandlungen zur folgenden Stellungnahme: »Den freien Fischfang auf hoher See, wie er unter dem alten Seerecht möglich war, gibt es nicht mehr länger. Der Grundsatz ›alles ist offen für jeden‹ gilt nicht mehr.«[166] Die Ausbeutung der Meeresressourcen konnte damit freilich nicht verhindert, allenfalls ein wenig abgebremst werden: Während Nationalstaaten wie Kanada und Island nach der Einrichtung der exklusiven Wirtschaftszonen zahlreiche Maßnahmen zum Erhalt der Fischbestände ergriffen, fischten und fischen die hochgerüsteten Fischereiflotten aus anderen Ländern jenseits der 200-Meilen-Grenze bedenkenlos weiter. Und da sich Fische gemeinhin nicht an von Menschen gezogene Grenzen halten, bekamen Kanadier und Isländer ein Problem.

Das Bemerkenswerte am Internationalen Seerechtsabkommen ist sein expliziter Regionalismus. Die Verantwortung für die Bewirtschaftung wird in die Hände der Hauptbetroffenen gelegt, was tendenziell dem verantwortungslosen Allmendeprinzip entgegenwirkt. Denn die Anliegerstaaten werden es nicht zulassen, dass ihre eigenen »Weidegründe« an den Rändern von »Ortsfremden« geplündert werden. Das Abkommen betritt auch völkerrechtliches Neuland. Nach dem überkommenen Völkerrecht ist ein Land, das ein internationales Abkommen nicht ratifiziert hat, nicht an dessen Bestimmungen gebunden. Das vorliegende Abkommen über die wandernden Fischarten überträgt jedoch die Verantwortung für die Regelung und Durchsetzung nachhaltiger Fangmethoden regionalen Organisationen, die gegen jedes Schiff vorgehen können, das die vereinbarten Regeln zur Einhaltung des Fischbestandes bricht. So weit reichend diese Neuerungen auch erscheinen mögen, so wenig wurden einige alte, aber zentrale Probleme der Fischerei gelöst. Das Abkommen enthält beispielsweise weder Bestimmungen über staatliche Subventionen noch über so genannte nicht-selektive Fangmethoden – und ignoriert damit die Beifangproblematik. Problematisch ist auch die praktische Durchführung des Abkommens. Der Regionalismus funktioniert in der Theorie, nicht in der Praxis: Manche Regionalorganisationen sind noch gar nicht eingerichtet, bestehende wie die »Internationale Kommission für den Südwestatlantik« inaktiv. Manche regionale Organisationen haben zudem überhaupt kein Mandat zur Umsetzung des Abkommens, andere wie die »Ständige Südpazifik-Kommission« nur beschränkte Bewirtschaftungsvollmachten.[167]

Eines ist dem Abkommen jedoch nicht abzusprechen: Es wirft die entscheidende politische Frage auf: »Wer kann am besten die Fische schützen und wie müssen solche Schutzmaßnahmen aussehen?« Bei der Meeresfischerei haben wir es – auch darauf wurde bereits hingewiesen – mit einem klassischen Allmendeproblem oder, anders ausgedrückt, mit dem Nutzungsproblem so genannter Öffentlicher Güter zu tun. Der vornehmlich an kurzfristiger Gewinnmaximierung orientierte Fischer handelt rational, wenn er so viel Fisch fängt, wie er absetzen kann. Ein oder einige Fischer können das Gesamtsystem auch nicht schädigen; tun dies jedoch viele oder die meisten oder gar alle, bedeutet dies im Ergebnis die Übernutzung, im äußersten Fall sogar den Zusammenbruch der Bestände bzw. des Systems. Es gibt zahlreiche Beispiele dafür, dass öffentliche Güter durchaus mit Erfolg und nachhaltig bewirtschaftet werden können. Eine Voraussetzung dafür ist die Begrenzung des Teilnehmerkreises (Übersichtlichkeit), eine zweite die Bereitschaft der Akteure, kurzfristige Profitinteressen einer nachhaltigen Nutzungsperspektive unterzuordnen; das dritte und wichtigste Kriterium ist die individuelle Zurechenbarkeit eines bestimmten Tuns oder Unterlassens.[168] Dafür könnte das isländische System individueller, übertragbarer Quoten (ITQs) Pate stehen. Island hatte in den 1970er Jahren mit seinem militanten Vorgehen gegen die englischen und spanischen Fischer den modernen Fischereikrieg zwar vom Zaun gebrochen, danach aber in seiner Wirtschaftszone vor allem den Kabeljau heillos überfischt. Seit Anfang der neunziger Jahre ist es der Regierung zusammen mit den Fischereiorganisationen gelungen, einen Modus einzuführen, der jedem Fischer für unterschiedliche Fischarten bestimmte Fangquoten zuerkennt. Die Quoten sind übertragbar und handelbar und werden jährlich nach wissenschaftlichen Erkenntnissen neu bestimmt. Dieses System hat die bisherige Praxis beendet, den Fisch zu fangen, bevor jemand anderes es tut. Es ist gekoppelt mit einem gut funktionierenden Überwachungssystem und harten Strafen im Falle des Verstoßes. Sogar an den Beifang ist gedacht: Für ihn kann man kurzfristig eine Quote kaufen; existiert eine solche jedoch nicht, darf man den Fisch trotzdem anlanden und verkaufen, muss aber einen erheblichen Teil des Erlöses an das isländische Meeresforschungsinstitut abführen.[169] Der Erfolg stellte sich innerhalb eines Jahrzehnts ein, heute haben sich die Bestände vor Island gut erholt.

Zugegeben, der isländische Ansatz funktioniert nicht im Rahmen eines regionalen Regimes, er kann jedoch als Vorbild dienen. Wichtig ist, dass sämtliche Beteiligten in etwa die gleiche Ausgangslage haben und sich auf eine gemeinsame Vorgehensweise – nur diese führt zu einer nachhaltigen Bewirtschaftung – zu verständigen willens sind. Internationale und regional eingegrenzte Fischereiregime funktionieren im Prinzip auf die gleiche Weise. Es muss sich nur um gleiche Interessen handeln. Freilich muss bezweifelt werden, ob die Japaner vor Australien und die Europäische Union vor Afrika die gleichen Interessen wie die lokalen Fischer haben. Tatsächlich setzen sich die politischen und wirtschaftlich stärksten Interessen durch, sowohl innerhalb der Europäischen Union als auch im Verhältnis der Europäischen Union zu den armen Ländern.

Fazit: Ein fischereipolitisches Hegungsregime

Von einer Hegepolitik in Sachen Fisch sind wir – allen Abkommen und Bemühungen zum Trotz – noch immer weit entfernt. Beim Kampf um den Fisch gab und gibt es viele Verlierer: die Kleinen verlieren gegen die Großen, die Armen gegen die Reichen, die Einheimischen gegen die Fremden, die Traditionalisten gegen die Techniker. Verloren haben vor allem die Fische, verloren hat die Natur, mag sie auch am Ende – wenn es nichts mehr zu fischen gibt – über den Menschen triumphieren. Die letzten fünfzig Jahre haben allerdings auch etwas anderes gezeigt: Der Kampf um den Fisch muss nicht notwendigerweise in einem ökologischen und wirtschaftlichen Desaster enden. Es gibt durchaus positive Ansätze für einen verantwortungsvollen Umgangs mit dem gemeinsamen Erbe der Natur. Eine wichtige Rolle bei den Bemühungen um den Schutz der Fischbestände und der maritimen Umwelt spielten und spielen Umweltschutzorganisationen, ohne die das Problem der Überfischung nicht zu einem Thema der internationalen Politik gemacht worden wäre. Die Politik kommt notorisch zu spät: Auch für die Fischerei gilt, dass ein Politikwechsel – und ein solcher tut Not – in der Regel erst dann möglich wird, wenn die Gefährdungen bereits ein (lebens-) bedrohendes Ausmaß angenommen haben. Eine grundlegende Änderung der Fischereipraxis wird am Ende jedoch erst dann eintreten, wenn die Fischer selbst sich in (wirtschaftlich) verantwortliche Heger und Pfleger verwandeln. Notwendige Voraussetzung dafür ist eine Regionalisierung der Fischereipolitik, damit Fischer, Umweltschützer und die jeweiligen Regierungen zusammenwirken können. Eines jedenfalls steht fest: Der »strukturellen Verantwortungslosigkeit« muss ein Ende bereitet werden, nachhaltig!

Republik der Fische – Ein moralisches Schlusswort

Bernd Mayerhofer

Unendlich viele Tote

Seit frühesten Zeiten wird gefischt, wird den »Völker(n) des Meeres«, dem »schwimmende(n) Geschlecht Amphitrites« nachgestellt,[170] werden mehr oder minder seetüchtige Fahrzeuge bemannt und ins offene Meer hinaus gesteuert, Netze ausgeworfen und wieder eingeholt. Seit unvordenklichen Zeiten wagen Menschen ihr Leben, wagen sich hinaus, in viel zu kleinen Booten auf eine viel zu große, unberechenbare See, ernähren sich andere Menschen von dem, was in den Netzen zappelt.[171] Die Meeresfischerei ist ein hartes Brot, ist es immer gewesen, und gefährlich dazu. Sie versorgt viele Seelen, doch so manche geht dabei verloren, ertrinkt im wilden Ozean oder in den Hafenkneipen und -bordellen. Zahlreiche Geschichten handeln von den Entbehrungen und Widrigkeiten des Seemannslebens – Herman Melvilles *Moby Dick* ist nur eine von ihnen. Sie handeln von den stürmischen Nächten auf See, dem verbissenen Kampf gegen Welle und Wetter, vom Kampf mit dem Fisch, sei es ein Weißer Wal, seien es die Kabeljauschwärme vor Neufundland; und sie handeln von den anderen Dingen: von der Einsamkeit an Bord, von der Enttäuschung über das Ausbleiben der Fische, von der Angst, die Familie nicht über die Runden bringen zu können, und vom Tod.

Der Tod fährt immer mit: Er ist ständiger Begleiter, ein alter Bekannter, dem man mit Respekt begegnet, Respekt erweist. Seemänner sind abergläubische Naturen, die auf Kraft und Erfahrung, ihre eigene Kraft und ihre eigene Erfahrung, vertrauen – und auf geheimnisvolle Bräuche, die die gewaltigen Naturmächte besänftigen sollen. Sentimental oder gar über die Maßen gefühlvoll sind Seeleute nicht. Es ist der eigene Tod und der ihrer Kollegen, der die Fischer beschäftigt; das Sterben der

Fische lässt sie kalt. Es ist ihr Beruf, und je besser sie diesen Beruf ausüben, desto mehr Fische werden »gefangen«, desto mehr Mäuler können gestopft werden. Der Tod ist ihr Geschäft, die physische Gewaltsamkeit das Mittel: Große Fische erjagen sie mit Speeren oder Harpunen, mit langen, die Haut einreißenden und sich in ihr verkeilenden Hakenstangen ziehen sie sie an Bord; den kleineren Fischen stellen sie, heute nicht anders als zu Zeiten der Hansekoggen, mit Netzen nach, die sich wie unsichtbare Schleier um den Schwarm legen, ihn auf engstem Raum einkesseln und langsam zerquetschen. Wenn die Netze eingeholt werden, prasseln Aal, Kabeljau und Seelachs, Makrele, Thunfisch oder Rotbarsch an Deck, tot oder lebendig, mit zerrissenen Schwimmblasen, aufgerissenen Kiemen und weit aus den Höhlen herausgetretenen Augen, erstickt oder im Begriff zu ersticken, erdrückt vom Gewicht der anderen, zerschmettert vom Fall auf die Planken oder Wurf in den Laderaum. Auch das ist Fischerei – ein blutiges Handwerk, das weder Mitleid noch Gnade kennt, nie kannte. Da man sie töten wird, die Fische, hat es keinen Sinn, sie zu lieben. Und da man viele töten wird, Tausende, Abertausende, immer wieder, wird das Töten zur Routine, verliert sich in der Masse Fisch jedes Gefühl für Individualität und damit auch für Schuld. Was getan wird, dass muss getan werden, und es wurde ja immer schon getan. Die Fischer haben Tradition, Geschichte und – sofern sie gegen selbiges nicht verstoßen – auch das Gesetz auf ihrer Seite, dazu den *common sense* und die öffentliche Meinung. Nur Aal, Kabeljau und Seelachs, Makrele, Thunfisch und Rotbarsch zeugen gegen sie, doch die sind tot. Und wären sie lebendig, man würde sie nicht verstehen.

Der Fisch ist die Beute, der Fischer ihr Jäger. Er stellt ihr nach mit List und Tücke, ersinnt Vorkehrungen, Maßnahmen, Techniken gegen die »verborgene(n) Fische«,[172] sie aufzuspüren und sie anschließend zu töten, so viele wie möglich, so schnell wie möglich – schließlich hängen davon die eigene Existenz und das Überleben der anderen ab. Fische wie Meeressäuger werden gehetzt und zur Strecke gebracht: Wenn die Wale zum Atemholen auftauchen, schlägt ihr letztes Stündlein; wie eine Rakete bohren sich Speer oder Harpune in die graue Haut der Meeresriesen, stundenlang dauert das Sterben. Andere geraten nichts ahnend in eine Falle, schwimmen in ihr Verderben und merken es nicht; arglos kosten sie vom Köder und verbeißen sich an »zurückgebogenen Haken aus Erz«[173] oder suchen, von Netzen umzingelt, nach einem Ausweg, den es nicht gibt.

Die Fische zu überlisten, darauf kommt es an, kam es immer an. Der griechische Schriftsteller Oppian (149 bis 179 n. Chr.) berichtet von einem »übelriechende(n) Gift«, mit dessen Hilfe Fische im zweiten nachchristlichen Jahrhundert aus ihren küstennahen Schlupfwinkeln vertrieben wurden: »(T)runken von dem Verderben bringenden Hauch … springen und stürzen (sie) hastig auf die Netze zu in ihrem Streben auszubrechen. Aber es gibt keine Errettung vom schlimmen Verderben und kein Entkommen.«[174] Wenn »Schweigen die See ergreift und die Fische vom Klatschen und schlimmen Kampf ablassen und jämmerlich ihr Leben aushauchen«, holen die Fischer sie ein: »unendlich viele Tote …, die zusammen getötet [worden] sind durch ein gemeinsames zerstörerisches Geschick«.[175] Ein »zerstörerisches Geschick« ereilt die Fische; Tod und Verderben droht ihnen vom Menschen, der kein Mittel scheut, und sei es noch so grausam, sich ihrer zu bemächtigen. Fast hat es den Anschein, als wären sie Feinde, die es auszumerzen gilt, als würde der Mensch, getrieben von einem abgründigen Hass, Krieg führen gegen die Fische. Sie werden nicht einfach getötet; *jämmerlich* hauchen sie ihr Leben aus, Opfer einer überlegenen Kriegskunst, die niemanden entkommen lässt, die keine Gefangenen macht, sondern nur Leichen einsammeln möchte. Die »Gift bereitenden« sind giftbereite Männer: bereit, alles zu wagen, alles zu tun – und sei es das Äußerste, Gift zu streuen etwa –, um den Erfolg, das große Glück der großen Zahl, sicherzustellen.

Gute und schlechte Gründe

Rücksichtnahme sucht man vergebens. Fische – so scheint es – verdienen keine Rücksichtnahme; mit ihnen darf nach Gutdünken verfahren werden. Sie sind Ressource, prädestiniertes Nahrungs- und Lebensmittel, jedoch niemals Zweck, gar Selbstzweck. Auf die Fische kommt es nicht an, weshalb ihnen seit je nachgestellt wurde, bis es keine mehr gab. Wer etwa glaubt, die *Überfischung* sei ein modernes Phänomen, wird durch den römischen Satiriker Juvenal (ca. 55 bis 135 n. Chr.) eines

Besseren belehrt: »Eine Barbe bekommt der Herr, wie man sie aus Korsika oder den Felsen von Tauromenium schickt, nachdem unser ganzes Meer schon leer gefischt ist; denn es wütet die Völlerei, dem Fischmarkt zuliebe durchsucht man mit unermüdlichem Netz alle Tiefen der See, die uns zunächst liegt, und wir erlauben dem Fisch im Tyrrhenischen Meer nicht, seine volle Größe zu erreichen. Drum muss das Ausland unsere Küche bedienen: dorther holt man, was der Erbschleicher Laenas kaufen, Aurelia wiederverkaufen kann.«[176] Treffender könnte man auch den gegenwärtigen Zustand, der offensichtlich ein ganz alter ist, nicht beschreiben – ein Teufelskreis: Am Anfang stehen Völlerei und Handel, verstärkte Nachfrage (nach Frischfisch) und (ein immer knapper werdendes) Angebot. »[D]em Fischmarkt zuliebe« werden »mit unermüdlichem Netz« nicht nur die Küstengewässer, sondern »alle Tiefen der See, die … zunächst liegt«, durchsucht und abgefischt. Der rücksichtslosen Ausbeutung der eigenen Gewässer fallen schließlich auch die Jungfische zum Opfer, Überfischung ist die Folge. Sie zwingt den Handel, nach Alternativen zu suchen; das Ausland muss nun »die Küche bedienen«, die wachsende Nachfrage stillen. Leidtragende dieser »Globalisierung« sind – sieht man einmal von den Fischen ab – die einheimischen Fischer, die nichts mehr zu fischen haben, und all jene, die sich den teuren Exportfisch nicht leisten können. Nutznießer sind der Handel in Gestalt der »wiederverkaufenden« Aurelia und Reiche wie Laenas, die ihren Gästen exotische Spezialitäten wie die korsische Barbe kredenzen und sich nachhaltig als Feinschmecker in Szene setzen können.

In Zivilisationen wie der römischen muss man sich Fisch »leisten« können – weil er im Preis steigt. Und im Preis steigt er, weil sich immer mehr Menschen, aus welchen Gründen auch immer, Fisch leisten wollen und die Nachfrage ankurbeln. Reichen die eigenen Versorgungsmöglichkeiten nicht mehr aus, gilt es, andere (ausländische) Versorgungsquellen zu erschließen und auszubeuten – bis die Nachfrage gestillt ist oder sich die einheimischen Bestände erholt haben, die überfischten Arten in ausreichender Anzahl »nachgewachsen« sind. Solange ausschließlich für die Befriedigung der eigenen Bedürfnisse oder für einen lokalen Markt »produziert« wird, ist die Gefahr gering, dass die Bestände überfischt werden. Wachsen jedoch die lokalen Märkte zu einem einzigen Weltmarkt zusammen, entstehen komplexe Austauschverhältnisse mit konsumierenden Zentren (z. B. Rom) und »produzierender« Peripherie (z. B. Korsika). Es entsteht ein gewinnorientierter Zwischenhandel, der beide miteinander verbindet (z. B. Aurelia), dann gerät der Fisch zur Ware, mit der sich Geld, oft genug sogar sehr viel Geld verdienen lässt – und alles andere aus dem Blick. Dann muss sich, mit anderen Worten, der Fisch »rechnen«, wird aus dem lokalen Handwerk ein lohnendes Geschäft. Zu einem solchen Geschäft sind Fisch und Fischfang endgültig im 19. Jahrhundert geworden und es bis heute geblieben. Wer heute *fischt* – man scheut sich fast, diesen beschauliche Assoziationen aufrufenden Begriff zu benützen – muss *lukrativ* fischen, und wer lukrativ fischen möchte, muss große Summen investieren: in den Bau riesiger »Industrieschiffe«, in die Verbesserung der Ortungssysteme und in die Modernisierung der Fangtechniken. Vorbei die Zeiten, da noch »ein stürmisch Meer« (Horaz) die Fische beschützte und »(k)ein Hund … den Fischern den Weg in der See« wies.[177] Die »Spuren der schwimmenden Scharen« sind nicht länger »unsichtbar«.[178] Satellitensysteme und eine komplexe Computertechnologie haben das Unsichtbare sichtbar gemacht und den Fischen zugleich jeden Fluchtweg versperrt. Mit Hilfe der modernen Technik lassen sich Fischschwärme schnell und zuverlässig aufspüren, in kaum vorstellbaren Größenordnungen abfischen und vor Ort verarbeiten. Keine Barbe entgeht ihrem Schicksal, kein Hering dem Topf, der seinen Namen trägt, jeder Fisch wird zum Stäbchen.

Die schwimmenden Fabrikschiffe mit ihren hoch technisierten Verarbeitungsstraßen, Verpackungsanlagen und Kühlsystemen *fangen* den Fisch nicht mehr, sondern *produzieren* ihn. Sie betreiben mit einer geradezu grausamen Folgerichtigkeit, gewissermaßen auf Knopfdruck, die *Industrialisierung* des Fischfanges. Mit Hilfe ihrer leistungsstarken Motoren ziehen die hocheffektiv arbeitenden Todesmaschinen kilometerlange Netze durch die Meere, die alles »abweiden«, was ihnen in die Quere kommt, ohne Rücksicht auf Verluste. Was sich nicht verwerten lässt, ungewünschter Beifang etwa, geht als Abfall über Bord; der Rest wird noch auf See blockweise tief gefroren, in Konserven verschweißt oder zu Fischfutter verarbeitet. Egal, welche Maßstäbe man anlegt, die Folgen dieser Art von Fischerei sind in jedem Fall verheerend und moralisch in keiner Weise zu rechtfertigen. Noch nie zuvor wurde in so kurzer Zeit so viel »geerntet«, vernichtet, zerstört, wurde so viel unnötiges Leid billigend in Kauf genommen. Noch nie zuvor wurden die Meere so radikal ausgeplündert, ausgebeutet, wurde der maritimen Flora und Fauna so übel mitgespielt wie heute. Die Gesetze der kapitalistischen Ökonomie und jene der Biologie erweisen sich als inkompatibel: Kaum ein Bestand wird gegenwärtig noch innerhalb seiner biologischen Grenzen »bewirtschaftet«; in der Nordsee beispielsweise gibt es heute fünfmal weniger geschlechtsreife Tiere als noch vor dreißig Jahren.[179] Die Meere sind leer, viele Arten, wie der Kabeljau – ein ehemaliges Massennahrungsmittel –, vom Aussterben bedroht.

Abb. 12: Orange roughy, dt. Atlantischer Sägebauch (Tiefseefisch) auf einem Förderband an Bord eines Bottom-Trawlers (Quelle: Baigent-Mercer/Greenpeace)

Was auf und in den Ozeanen geschieht, weitab von jeglicher Zivilisation also, weitab von den Rechtfertigungszwängen bürgerlicher Moral, mutet an wie ein Stück aus dem Horrorkabinett. Es ist ein Vernichtungsfeldzug, ein veritabler Ausrottungskrieg, dem große Teile der weltweiten Fischbestände und einzigartige Ökosysteme bereits zum Opfer gefallen sind und weitere gewiss noch fallen werden. Weil die küstennahen Gewässer leer gefischt sind – und weil es gilt, für den unersättlichen Markt neue Fischarten zu erschließen –, werden immer entlegenere Gebiete angelaufen, die Netze immer tiefer, manchmal bis zu 1.500 Meter tief, herunter gelassen. Die riesigen Trawler hinterlassen eine Spur der Verwüstung: Wie eine Walze rollen die mit schweren Eisenplatten und Vorlaufketten bestückten Grundschleppnetze über den Meeresboden und zermalmen jegliches Leben (Muscheln, Seeigel, Seesterne etc.); in Jahrtausenden gewachsene Lebensräume (vor allem Korallenwälder) verwandeln sich so innerhalb weniger Wochen in Mondlandschaften, komplexe ökologische Meereskreisläufe brechen zusammen. Nicht weniger gravierend sind die Folgen der oberflächennah operierenden Schleppnetzfischerei. Die gigantischen, oftmals mehrere Fußballfelder großen Netzöffnungen verschlingen alles, was nicht auszuweichen vermag; dazu gehören kommerziell genutzte Fischarten, aber eben auch große Mengen an weiteren Fischarten und anderen Tieren, der so genannte Beifang. Allein das Wort lässt einen frösteln, wenn man weiß, welche Grausamkeiten damit terminologisch retuschiert werden sollen. Beifänge sind der »Kollateralschaden« der industriellen Meeresfischerei – und vielleicht der überzeugendste Grund, sie zu reformieren. Es kann nicht sein, dass jedes Jahr Millionen von Tieren in den Schlepp- und Treibnetzen qualvoll verenden oder durch sie brutal verstümmelt werden – Tiere, auf die es die Fischer überhaupt nicht abgesehen haben: Meeresschildkröten, Seevögel, Wale, Delphine. Kein Fischstäbchen, kein Schlemmerfilet ist dieses Opfer wert, darf dieses Opfer wert sein.

An der Beifangproblematik wird, gleichsam exemplarisch, die ganze moralische Fragwürdigkeit der Industriefischerei deutlich. Wenn manchmal sogar 90 Prozent eines Fangs wieder zurück ins Meer befördert werden müssen – weil die Fische zu jung oder zu klein sind, unter Schutz stehen oder eben nicht zur »Gattung« der Speisefische gehören –, kann mit dieser Fangmethode, mit der globalen maritimen Ökonomie etwas nicht stimmen. Eine einfache Überlegung mag dies verdeutlichen: Wir fangen Fische – oder lassen sie fangen –, weil wir sie essen wollen. Und wir sind, von einer kleinen Minderheit abgesehen, aus diesem Grund auch bereit, Fische zu töten bzw. sie töten zu lassen. Aber wir wollen sie weder fangen noch töten, um sie anschließend *nicht* zu essen. Essen ist für die meisten Menschen ein *guter* Grund, ein Tier zu töten. Es zu töten, *ohne* es anschließend zu verspeisen, ist kein guter Grund. Wir brauchen solche guten Gründe, wenn wir ein *gutes Leben* (Aristoteles) führen wollen. Sie sollen unser Handeln oder ein Handeln, das in unserem Auftrag oder mit unserem stillschweigenden Einverständnis erfolgt, rechtfertigen. Aber lässt sich, was über und unter der Meeresoberfläche geschieht, wirklich mit guten Gründen rechtfertigen? Sind ein oder zwei Fischmahlzeiten in der Woche ein guter Grund, den Tod von Millionen anderen Lebewesen billigend in Kauf zu nehmen? Gibt es auch nur ein einziges Argument, mit dessen Hilfe der Umstand gerechtfertigt werden könnte, dass wir Meerestiere quälen, verletzen, töten und sie anschließend wieder über Bord werfen, weil sie sich an Land nicht verkaufen lassen oder nicht verkauft werden dürfen? Wer an dieser Stelle auf die Zwänge der Ökonomie, auf den Zusammenhang von Angebot und Nachfrage, Profitmaximierung und Konkurrenzdruck verweist, hat eben nicht verstanden, was gute Gründe sind. Wer in dieser Frage ausschließlich oder überwiegend ökonomisch argumentiert, hat sich längst entschieden, und zwar für den Primat der Wirtschaft und gegen den Primat guter (= rechtfertigungsfähiger) Gründe. Keine Frage: Auch ökonomische Gründe können gute Gründe sein; wo es um Leben und Tod geht, reichen sie jedoch nicht aus.

Fragen wir also nach guten Gründen oder vielmehr danach, warum es keine gibt und dennoch geschieht, was geschieht. Dass Menschen unnötiger Gewaltanwendung (= Grausamkeit) in der Regel mit Abscheu begegnen, darf als sicher vorausgesetzt werden. Viele können keiner Fliege etwas zu Leide zu tun, geschweige denn einem größeren Lebewesen. Die meisten reagieren mit Entsetzen und Empörung, wenn sie auf jemanden stoßen, der einem Tier – und sei es einem Fisch – grundlos Schmerzen zufügt. Versetzen Sie sich für einen kurzen Augenblick in die Situation eines Menschen, der einen anderen Menschen dabei beobachtet, wie er mitten in der Fußgängerzone einen mit Wasser und einem Goldfisch gefüllten Klarsichtbeutel auslaufen lässt. Sobald Sie begriffen haben, was vor sich geht, werden Sie das nach Luft ringende Tier zu retten versuchen und die Person zur Rede stellen – zumindest werden Sie das Bedürfnis verspüren. Und Sie werden dies um so eher tun, als Sie sicher sein können, dass auch andere Passanten ihnen zu Hilfe eilen werden. Wer ein offensichtlich »unschuldiges« Lebewesen vor den Augen der anderen quält oder gar tötet, bricht mit fundamentalen Verhaltensregeln, die von den anderen nachdrücklich eingefordert werden: Er grenzt sich aus und wird ausgegrenzt. Man quält nicht ungestraft Tiere, nicht in der Öffentlichkeit!

Bleiben wir im Bild: Derselbe Mensch, der eben noch das Leben des Goldfisches zu retten versuchte, sitzt nur wenig später in einem Fischrestaurant und bestellt ein goldbraun paniertes Schollenfilet. Nordseeschollen werden mit so genannten Baumkurren gefischt; das sind Schleppnetze, die auf Kufen über den Boden gleiten und mit vorgespannten Ketten die zumeist im Sand eingegrabenen Plattfische aufscheuchen. Die »Scheuchketten« – ein ähnlich euphemistisches Wort wie Beifang – pflügen mehrmals im Jahr den Meeresboden in der südlichen Nordsee um und töten auf diese Weise den größten Teil der dort angesiedelten Kleinstlebewesen. Damit nicht genug: Da in der Regel engmaschige Seezungennetze eingesetzt werden, sind 80 Prozent des Fanges Jungtiere, was zur Folge hat, dass der Bestand der Nordseeschollen stark überfischt ist. Hinzu kommt eine überaus hohe Beifangrate; ins Netz gehen nämlich nicht nur Schollen, sondern auch viele andere Fische, darunter der ebenfalls sehr stark gefährdete Kabeljau, Fische, die auf Deck aussortiert und wieder zurück ins Wasser geschmissen werden. Die Überlebenschancen des »Rückwurfes« – auch so ein Wort –, sind äußerst gering. Das ist die eine Seite des Skandals. Die andere Seite ist der Kabeljau, der über Bord geworfen wird. Der Kabeljau ist ein Speisefisch. Die modernen Fang- und Fabrikschiffe werfen *Speisefische* über Bord.

Welchen guten Grund kann es geben, zwischen Speisefischen zu unterscheiden und die einen zu verarbeiten, die anderen jedoch nicht? Keinen! Gründe freilich, die gibt es, ökonomische Gründe, politische Gründe: Die Fabrikschiffe sind in der Regel auf den Fang und die Verarbeitung einer einzigen Fischart spezialisiert; sie produzieren entweder Scholle, Kabeljau, Rotbarsch oder Seelachs, aber eben nicht alles zusammen. Diese Spezialisierung erzwingt eine rigide Bordselektion, da die verwendeten Netze mit ihren gigantischen Öffnungen eine solche Selektion in der Regel nicht leisten können. Zu den politischen Gründen zählen paradoxerweise jene Vorschriften, die zum Schutz der Fischbestände erlassen wurden: Bestimmte Fische dürfen nicht angelandet werden, weil beispielsweise die entsprechenden Fangquoten bereits überschritten sind oder die festgesetzte Größe unterschritten wird.

Was hat das alles mit Ihnen zu tun? Sie sitzen vor Ihrem Filet und lassen es sich gut gehen, denken möglicherweise noch ein wenig zurück an das Goldfisch-Ereignis und wundern sich, was es doch für rohe, gefühllose Menschen gibt. Und sind im gleichen Augenblick selbst Teil eines gefühllosen Systems, das ohne Sie, ohne Konsumenten, die den Fisch nachfragen, nicht funktionieren würde. Machen Sie sich keine Illusionen: *Ihretwegen* ist die Scholle gestorben, Ihretwegen sind aber auch all die anderen Fische gestorben, die auf keiner Speisekarte auftauchen. *Unseretwegen* – daran führt kein Weg vorbei – sterben nicht nur die Fische, die wir essen, sondern auch jene, die wir nicht essen. Unseretwegen verenden jedes Jahr Hunderttausende von Walen und Delphinen – nicht weil wir sie töten wollen, sondern weil ihr Tod von der Fischerei in Kauf genommen wird und weil wir von diesem Sterben nichts wissen, oft nichts wissen wollen. Diese Fische mussten und müssen nicht sterben, nicht elend verrecken in Netzen, aus denen sie sich, einmal hineingeraten, aus eigener Kraft nicht mehr befreien können. Sie müssen nicht ertrinken, sowenig wie die unzähligen Seevögel, die nach den an Langleinen angebrachten Ködern tauchen, sie mitsamt Haken verschlucken und unter Wasser gezogen werden. 100.000 Albatrosse sterben jedes Jahr diesen qualvollen Tod – damit wir etwas zu essen haben. Wollen wir das? Kann man so etwas überhaupt wollen? Gibt es gute Gründe, die eine solch offensichtliche Rohheit zu rechtfertigen imstande sind? Nein, natürlich nicht! Nichts kann diese grausamen Fangpraktiken legitimieren – sie abzuschaffen liegt im Interesse der Tiere und in unserem eigenen Interesse. Schließlich wollen wir nicht nur gut essen, sondern auch mit einem guten Gewissen.

Ein finsterer Schoß

Es muss Gründe geben, gute Gründe, weshalb die Grausamkeiten, die sich jeden Tag in den Weltmeeren abspielen, nicht nach oben dringen, für gewöhnlich weder unseren Verstand noch unsere Herzen erreichen. Suchen wir nach diesen Gründen, fragen wir uns noch einmal, warum geschieht, was geschieht bzw. warum die meisten von uns so wenig von dem, was geschieht, mitbekommen. Eines gleich vorweg: Verbrechen begeht man nicht in der Öffentlichkeit, sondern im Dunkeln, im Verborgenen. Und im Verborgenen leben die Fische, weshalb Oppian auch von »verborgenen Fischen« spricht. Verborgen werden sie vom Meer, das Meer ist ihr Element. Aufs Meer hinaus muss sich der Mensch wagen, wenn er den Fischen auf den Leib rücken will, sich selbst in Gefahr bringen, das eigene Leben riskieren, um sich des fremden Lebens zu bemächtigen. Das Meer ist gefährlich, das Meer ist ambivalent: Eben noch glitzerten die Wasser im strahlenden Licht der Sonne, dann peitscht ein Orkan die Wogen auf und verwandelt die friedliche See in ein mörderisches Grab. Tobt und brüllt oben der Sturm, ist es nur wenige Meter unterhalb der aufgewühlten Oberfläche totenstill. Und je tiefer man dringt, desto dunkler wird es, bis schwarze Nacht alles verschluckt, als hätte es nie etwas gegeben, als gäbe es da auch nichts … außer dieser unheimlichen, undurchdringlichen, abgründigen Dunkelheit.

Das Meer ist uns fremd, und fremd sind uns seine Bewohner. Carl Schmitt hat in einem wunderschönen Büchlein den Grund für diese Fremdheit zu bestimmen versucht: »Der Mensch ist ein Landwesen, ein Landtreter. Er steht fest und geht und bewegt sich auf der fest gegründeten Erde. Das ist sein Standpunkt und sein Boden; dadurch erhält er seinen Blickpunkt; das bestimmt seine Eindrücke und seine Art, die Welt zu sehen. Nicht nur seinen Gesichtskreis, sondern auch die Form seines Gehens und seiner Bewegungen, seiner Gestalt erhält er als ein erdgeborenes und auf der Erde sich bewegendes Lebewesen.«[180] An anderer Stelle heißt es: »Der Mensch ist kein Fisch und kein Vogel, und erst recht kein Feuerwesen, falls es solche geben sollte.«[181] Wir verstehen: Weder kann er unter Wasser schwimmen wie ein Fisch, noch kann er fliegen wie ein Vogel oder gar Feuer speien wie ein Drache. Er ist – und bleibt – ein unbeholfener, mangelhaft ausgestatteter »Landtreter«, ein armer Wicht, der auf zwei Beinen steht, auf festem Grunde Häuser sich errichtet und Staaten gründet. Das *Land* ist sein Schicksal, dem Land hat er alles zu verdanken, das Meer kann ihm bestenfalls alles rauben. Das Meer ist der Feind, eine Bedrohung, eine Provokation – allenfalls als sanft an die Küste anflutende Brandung Ort eines, freilich immer nur vorübergehenden, zuträglichen Aufenthalts. Gewiss, es hat sie gegeben, jene »autothalassischen« Völker, deren Existenz überwiegend vom Meer bestimmt wurde und die daher, gleichsam als Umkehrung des anthropologischen Grundgesetzes, vom festen Land nichts wissen wollten.[182] Aber eben diese Umkehrung bestätigt, als Ausnahme, die Regel. Der Mensch im Allgemeinen braucht einen Boden unter den

Füßen – letztlich gilt dies sogar für die dem Meer so inniglich verbundenen »Seeschäumer«, denen die Planken ihres Schiffes zum festen Halt werden. Schiffe verdrängen das Wasser und schaffen auf diese Weise Land, ein schwankendes, ständig sich bewegendes, auf und nieder hüpfendes Land. Ständig bedroht und zugleich Hort, Zuflucht und Zuhause. Der Mensch sucht das Land und fürchtet das Meer!

Das Meer – so steht es in Schillers berühmter Ballade »Der Taucher« aus dem Jahr 1797, und wir sind nach den Erfahrungen der jüngsten Vergangenheit geneigt, dieser Behauptung auch über den Abgrund von mehr als 200 Jahren hinweg einen gewissen Glauben zu schenken – ist, allem Liebreiz zum Trotz, »fürchterlich«: ein »schwarzer Mund«, »finsterer Schoß«, »gähnender Spalt«.[183] Oberfläche und Abgrund zugleich, von allen Abgründen, ausgenommen die menschliche Seele, vielleicht der schrecklichste. Alles zieht es hinunter, das Meer, und lässt es häufig genug nicht mehr los. Mag auch der Taucher sich mit ihm vermählen, Hochzeit feiern in abgründiger Finsternis, irgendwann verschlingt es ihn, wie Jonas vom Wal verschlungen wurde, wie der von einem Seebeben ausgelöste Tsunami Hunderttausende verschlungen hat. Das Meer – ein tödliches Schattenreich, von allen guten Geistern verlassen, öde, trostlos, kein Platz für Menschen, einer jedoch für Dämonen, für »Molche und Drachen«[184] und andere abscheuliche Kreaturen: »Schwarz wimmelten da, in grausem Gemisch, / Zu scheußlichen Klumpen geballt, / Der stachlichte Roche, der Klippenfisch, / Des Hammers gräuliche Urgestalt, Und dräuend wies mir die grimmigen Zähne / Der entsetzliche Hai, des Meeres Hyäne.«[185] Es sind Wesen aus einer anderen Galaxie, von Schillers dichterischem Genie in ein unförmig-amorphes Kollektiv verwandelt: »Zu scheußlichen Klumpen« ballen sie sich zusammen, bar jeder Individualität, ein »grauses Gemisch«, das den Menschen zu absorbieren droht, der freilich in der Konfrontation mit diesem Gemisch, mit dieser Unterwelt in einzigartiger Weise seine Menschlichkeit erfährt: »Und da hing ich und war's mir mit Grausen bewusst, / Von der menschlichen Hülfe so weit, / Unter Larven die einzige fühlende Brust, / Allein in der grässlichen Einsamkeit, / Tief unter dem Schall der menschlichen Rede / Bei den Ungeheuern der traurigen Öde.«[186] Wir vermerken eine repräsentative Differenz: Die »einzig fühlende Brust« unter lauter gefühllosen »Larven«, das einzig der Rede und damit der Vernunft mächtige Wesen unter lauter »Ungeheuern«, die als blöde Materieklumpen in »trauriger Ödnis« dahinvegetieren, ist der Mensch. Und Mensch ist er, weil er sowohl über Vernunft als auch über Gefühl verfügt und die nicht-menschlichen Lebewesen beides vermissen lassen.

Welten trennen den »empfindsamen« Menschen von diesen Ungeheuern und trennten ihn seit jeher. So viel steht fest: Der Mensch hat dort unten nichts zu suchen, seinem Streben ist ein anderes Ziel, eine andere Richtung gewiesen. Nach oben hat er sich zu strecken, dem Licht der Sonne entgegen, himmelwärts, um Hochzeit zu feiern mit den Göttern, mit Gott, mit dem unendlichen Kosmos. Keiner hat die Dialektik von submarinem (Meeres-)Grauen und transmariner Schönheit beredter formuliert als der griechische Philosoph Platon (427–347 v. Chr.): »[N]ichts der Rede Wertes« – so Platon im *Phaidon* – »wächst im Meere, noch (gibt) es irgendetwas Vollkommenes darin, sondern nur Klüfte und Sand und unendlichen Kot und Schlamm, wo es noch Erde gibt, und nichts, was irgend mit unsern Schönheiten könnte verglichen werden«.[187] Von allen irdischen Höhlen – und tatsächlich begreift Platon in der *Politeia* ja die ganze Erde als eine riesengroße Höhle, der es zu entkommen gelte – ist das Meer die dunkelste, von der reinen, ätherischen Luft der Ideen so weit entfernt wie der Leib von der Seele. In dieser kotigen Kloake, in dieser trüben, miasmischen Brühe gedeihen nur seelenloser Unverstand und dumpfer Lebenstrieb, ist kein Raum für »unsere Schönheit«, noch weniger ein Raum für die Betrachtung jener überirdischen Ideen-Wahrheit, die nach Platon des Menschen höchstes Glück ausmacht. Wem dieser Raum, der Meeresraum, durch das Schicksal zum Lebensraum bestimmt wurde, ist mit einem unauslöschlichen Makel gezeichnet, hat jedes (Lebens-)Recht, jeden Anspruch auf Achtung verwirkt. Wer sich gar freiwillig darin aufhält, wie etwa der Schiller'sche Taucher, begeht ein Sakrileg, einen Tabubruch: er verfehlt des Menschen Daseinsziel, begibt sich in unnötige Gefahr, ohne doch hoffen zu dürfen, für seinen Wagemut belohnt zu werden; nichts »Vollkommenes« wird er finden, und nur ein solches ist dem Menschen zu suchen aufgegeben.

Platon hält nichts von Tauchern, noch weniger von Fischen und anderen Meerestieren. Der Grund dafür ist jedoch nicht das Meer, der Grund sind sie selbst: Sämtliche Meeresbewohner sind Gestrauchelte, Gefallene im wahrsten Sinne des Wortes, entstanden »aus den allerunverständigsten und unwissendsten (Menschen, B. M.), welche die sie Umgestaltenden nicht einmal mehr eines reinen Atemzugs wert achteten, weil ihre Seelen durch alle Vergehungen befleckt waren, sondern, anstatt des Einziehens der reinen und feinen Luft, zu dem Einatmen des schlammigen und schweren Wassers herabstießen.«[188] Zur Buße »der tiefsten Unwissenheit« fiel ihnen – ausgleichende Gerechtigkeit einer göttlichen Vernunft – »der »am tiefsten gelegene Aufenthalt« anheim.[189] Das Meer ist ein Gefängnis, und zur Gefängnisstrafe verurteilt werden all jene, deren Seelen »durch alle Vergehungen befleckt« sind, weshalb sie zur Strafe nun selbst befleckt werden. In die Tiefe des Wassers hinab gestoßen, gezwungen, eine trübe Flüssigkeit einzuatmen, wechseln die Tugendverächter von einst ihre (menschliche) Gestalt und vegetieren als Fische, Muscheln und anderes Getier in lichtloser Unvernunft dahin – bis sie ihr Strafsoll erfüllt haben und von einer unbegreiflichen Gewalt (»den Urhebern der Umbildung«) dereinst erlöst werden. Wo Fische als Verbrecher, Sittenstrolche, Betrüger und Halsabschneider, mit einem Wort als Kriminelle gelten, die eine Schuld abtragen, welche unglückliche Seelen vor langer Zeit auf sich geladen haben, regiert die Logik der Wiedervergeltung, die Logik kosmischer Gerechtigkeit, sind Rücksichtnahme und Mitleid im Umgang mit solchen Wesen fehl am Platz. Im Falle Platons ist es zugleich die Logik einer sich lustvoll genießenden diskursiven Vernunft, welche alles Vernunftlose, alles Sprachlose ins maritime Schattenreich des Uneigentlichen und Wertlosen verbannt. Weil sie sich einst der Herrschaft der Vernunft widersetzten, führen diese Seelen, inkarniert in den schillernden Leib eines Rotbarsches oder das hartschalige Gehäuse eines Krebses, nun das schlechthin vernunftlose Leben einer Kreatur, die es besser nicht weiß, wohl aber besser hätte wissen können. »Herabgesetzt in die untersten aller Wohnungen« fristen sie ein kümmerliches, fremdbestimmtes, da von außen als Buße auferlegtes Dasein, das keinen Eigenwert besitzt, keinen Eigensinn geltend machen kann. Mit ihnen nach Gutdünken zu verfahren, sie zu gebrauchen ist – diese Vermutung liegt immerhin nahe – das gute Recht derer, die es besser wissen, das Recht der Vernünftigen.

Ein Tabu lastete lange Zeit auf dem Meer, präziser auf den Abgründen des Meeres, eine Art Berührungs- und Wahrnehmungstabu – das dessen Bewohner freilich nicht vor den Zudringlichkeiten der Menschen schützte, sondern diese Zudringlichkeiten im Gegenteil sogar (implizit) rechtfertigte. Platon hat es theoretisch, Schiller in der Sprache der Poesie formuliert: »Und der Mensch versuche die Götter nicht / Und begehre nimmer und nimmer zu schauen / Was sie gnädig bedeckten mit Nacht und Grauen.«[190] Kein Blick reicht in den Abgrund der Ozeane hinab, keiner soll dorthin hinabreichen. So ist es den Menschen von den Göttern bestimmt worden vor unvordenklichen Zeiten, und so soll es bis in alle Zukunft auch bleiben. Trotzdem: Man fürchtete das Meer und fühlte sich zugleich von ihm angezogen, fürchtete die Gefahren, die in der Tiefe lauern, und sehnte sich zugleich nach ihren verborgenen Schönheiten, hoffte gar auf Schätze, die es zu heben galt, auf Eroberungen und submarine Landnahmen.

14 Jahre vor Schillers Ballade erschien in einer Berliner Zeitschrift ein Aufsatz mit dem viel versprechenden Titel »Geschichte der Kunst unter dem Wasser zu leben«.[191] Dem aufgeklärten Autor geht es – ganz im Stil der Zeit – um nichts weniger als um den Nachweis, dass »der Mensch durch den Gebrauch und durch die Verfeinerung seiner Vernunft endlich dahin gelangt ist, sich die ganze übrige thierische Schöpfung, und selbst die gewaltsamsten Elemente unterwürfig zu machen«, worin im Übrigen nicht nur »die natürlichen Vorrechte dieses stolzen Erdbewohners«, sondern auch dessen »Hofnungen auf ein von dem Ende der übrigen thierischen Schöpfung verschiedenes und erhabeneres Schicksal« gründen.[192] Weil der Mensch es mit Hilfe seiner Vernunft bzw. als Folge eines sich ständig optimierenden Vernunftgebrauchs (Fortschritt!) verstanden hat, sich die nicht-menschliche Schöpfung zu unterwerfen, darf er – wenn wir den Autor recht verstehen – auf ein Schicksal hoffen, welches von dieser Schöpfung grundsätzlich verschieden ist. Weil ihm »endlich« auch gelungen ist, was ihm bis dahin nur verhießen war: »Herrschaft über die Elemente« auszuüben, künden sich frohe, viel versprechende Zeiten an. Eine Form dieser Herrschaft – und zugleich erneuter Ausweis seiner offenkundigen Sonderstellung auf Erden – ist des Menschen Fähigkeit, »unter dem Wasser zu leben«. Mit seinen Tauchgängen setze sich der Mensch »muthwillig« über jenen »Wirkungskreis« hinweg, der ihm von Gott einst zugewiesen worden war.[193] Dies könne selbstverständlich nicht ohne Gefahr geschehen, doch zeige sich gerade darin die Einzigartigkeit seines Charakters: »[I]n die Tiefen des Meeres« dringend, eindringend, vordringend, »sich da dem Grimme und der Raubbegierde von ungeheuern wilden Geschöp-

fen bloßzustellen, um – eine Perle, einen Schwamm oder irgend einen andern Gegenstand der menschlichen Eitelkeit und Habsucht zu erbeuten«, ist töricht und großartig zugleich.[194] Töricht, weil der Mensch für einen geringen Preis sein kostbares Leben aufs Spiel zu setzen bereit ist, großartig, weil »diese Verwegenheit« zugleich der Grund ist, der ihn alle natürlichen »Gränzen überschreiten« lässt.[195]

Wirklich Mensch ist der Mensch nur, wenn er sich »muthwillig« verhält, wenn er sich nicht mit dem zufrieden gibt, was er ist und hat, sondern mehr möchte, wenn er die Grenzen seines Wirkungskreises zu überschreiten bereit ist, zu überschreiten versucht. Die Folgen für den einzelnen sind in jedem Fall ungewiss, jene für die Gattung dagegen keineswegs. Der Einzelne mag scheitern, in den Tiefen des Meeres umkommen; die Gattung freilich wird reüssieren: Andere werden folgen und das Werk weiterführen – das ist das Gesetz des Fortschritts! Keine Frage: Im Falle der Meere handelt es sich um obskure Gefilde, die sich nicht freiwillig öffnen, sich nicht von selbst erschließen, in die es daher gewaltsam, mit Hilfe der (Tauch-)Kunst eben, einzudringen gilt. Wer in sie eindringt – auch daran lässt der Verfasser keine Zweifel –, lebt gefährlich, setzt sich »dem Grimme und der Raubbegierde« von wilden Geschöpfen aus, riskiert mit einem Wort sein Leben. Noch ist das Meer nicht erobert, nicht vollständig von »menschlicher Eitelkeit und Habsucht« in Besitz genommen, nicht in der gewünschten Weise erschlossen. Noch fehlen die Mittel, die technischen Möglichkeiten, doch zeichnen sie sich am Horizont bereits ab. Anders als für Platon, anders auch als für Schiller steht für den Verfasser prinzipiell fest, dass es nichts gibt, was der Mensch nicht (eines Tages) vermag. Und anders als Platon und Schiller fordert er den Menschen geradezu auf, die ihm gesetzten Grenzen zu überschreiten, den Elementen zu trotzen und sich in den Besitz des Meeres und seiner Schätze zu bringen.

Gleichgültige Dinge

Der Mensch soll besitzen, soll herrschen über die Natur und ihre Kreaturen – so will es die aufgeklärte Vernunft, und so wollte es seit jeher die religiöse Tradition. Der biblische Schöpfungsbericht spricht eine eindeutige, vielleicht zu eindeutige Sprache: Gott schuf aus dem Nichts (*creatio ex nihilo*); er schuf, ausschließlich durch das Wort, Himmel und Erde, das Licht, Pflanzen, am fünften Tag schließlich die Vögel sowie »alle Arten von großen Seetieren und anderen Lebewesen, von denen das Wasser wimmelt« (Gen 1, 27). Am sechsten Tag schuf Gott neben den Landtieren, gleichsam als Krönung seines Werkes, den Menschen und versah ihn mit einem besonderen Auftrag: »Lasst uns Menschen machen als unser Abbild, uns ähnlich. *Sie sollen herrschen über die Fische des Meeres*, über die Vögel des Himmels, über das Vieh, über die ganze Erde und über alle Kriechtiere auf dem Land« (Gen 1, 26, Herv. B. M.). Die Verhältnisse sind klar: Ausdrücklich überträgt Gott den Menschen die Herrschaft über alles Lebendige, die »Fische des Meeres« eingeschlossen; und herrschen sollen sie, weil sie Gott ähnlich sind, von ihm als »Abbild« seiner selbst geschaffen wurden. Dieser Umstand (und nicht etwa ihre Vernunft) löst die Menschen in einzigartiger Weise aus der Schöpfung heraus, mit der sie immerhin durch den Aspekt der Kreatürlichkeit verbunden sind. Ihre Existenz, ihr Leben verdanken die Menschen, wie alles andere, einem transzendenten Schöpfergott – und eben nicht der Natur oder gar sich selbst. Im Unterschied zum Rest der Schöpfung spiegelt sich im Menschen jedoch der Schöpfer selbst; mit den Menschen ist gleichsam ein Stück dieser unsichtbaren Göttlichkeit auf der Erde heimisch geworden – und bleibt als Spur der Erinnerung an den unvordenklichen Anfang auch nach Sündenfall und Vertreibung aus dem Paradies gegenwärtig.

Dass der universale Herrschafts- tatsächlich einen expliziten Unterwerfungsauftrag darstellt, wird nur wenige Zeilen später deutlich: »Seid fruchtbar, und vermehrt euch, bevölkert die Erde, unterwerft sie euch, und herrscht über die Fische des Meeres, über die Vögel des Himmels und über alle Tiere, die sich auf dem Land regen« (Gen 1, 28). Der Mensch hat sich die Erde *zu unterwerfen* – offensichtlich fügen sich nicht alle Geschöpfe freiwillig in seine Herrschaft, weshalb sie gewaltsam dazu gezwungen werden müssen. Der Mensch besitzt, mit Max Weber gesprochen, das »Monopol legitimer physischer Gewaltsamkeit«. Dieses Gewaltsame lässt sich nicht wegdiskutieren, nicht umstandslos in patriarchalische Fürsorge, gar Pflege auflösen. Es ist da, und es ist gut: »Gott sah alles an, was er gemacht hatte: Es war sehr gut« (Gen 1, 31).

Wie buchstäblich das alttestamentarische Gewaltsamkeitsgebot aufzufassen ist, erläutert eine zweite, an die erste sich unmittelbar anschließende (und von ihr signifikant abweichende) Schöpfungserzählung. Darin wendet sich Gott mit Formulierungen, die an Deutlichkeit nichts zu wünschen übrig lassen, nach überstandener Sintflut an Noah und dessen Söhne: »Seid fruchtbar, vermehrt euch, und bevölkert die Erde! *Furcht und Schrecken* vor euch soll sich auf alle Tiere der Erde legen, auf alle Vögel des Himmels, auf alles, was sich auf der Erde regt, und auf alle Fische des Meeres; euch sind sie übergeben. Alles Lebendige, das sich regt, soll euch zur Nahrung dienen. Alles übergebe ich euch wie die grünen Pflanzen« (Gen 9, 1–4, Herv. B. M.). Furcht und Schrecken soll der Mensch verbreiten, nicht mit liebender Zuneigung und achtender Zuredung regieren – weil Gott es so gewollt hat, und weil nach Sündenfall, Vertreibung aus dem Paradies und strafender Sintflut die lebendige Natur endgültig ihre Unschuld verloren hat. Blieb im ersten Schöpfungsbericht noch unklar, ob der Mensch zum Zwecke seiner Daseinserhaltung auch Tiere verspeisen dürfe – explizit war nur von Pflanzen die Rede[196] –, so steht nun fest, dass der (erneuerte) Herrschaftsauftrag auch das Recht zur Tötung der Mitgeschöpfe einschließt. »Alles Lebendige, das sich regt« ist jetzt ausnahmslos der Verfügungsgewalt des Menschen unterstellt, dazu bestimmt, ihm als Nahrung oder zur Befriedigung seiner anderweitigen Bedürfnisse zu dienen.

Der Ton ist rau, keine Frage, die Zeiten waren es wohl auch. Rücksichtnahme auf die Natur im Allgemeinen und die Tiere im Besonderen erschien Fehl am Platz, wo der Mensch mit stets unbeholfenen Mitteln dieser Natur sein Überleben jeden Tag aufs Neue unter widrigen Umständen abtrotzen musste. Eine Ethik der universellen Achtung vor dem Leben ist dem Alten Testament jedenfalls fremd. Der Mensch soll herrschen, und er darf sich zu diesem Zweck der lebendigen Natur als Mittel bedienen. Nirgendwo wird dieser Zusammenhang deutlicher als im zweiten Schöpfungsbericht: Dort stellt Gott dem (bis zu diesem Zeitpunkt noch grenzenlos »einsamen«) Menschen Mitgeschöpfe zur Seite und erkennt ihm zugleich damit das Recht der Namensgebung zu: »Dann sprach Gott, der Herr: Es ist nicht gut, dass der Mensch allein bleibt. Ich will ihm eine Hilfe machen, die ihm entspricht. Gott, der Herr, formte aus dem Ackerboden alle Tiere des Feldes und alle Vögel des Himmels und führte sie dem Menschen zu, um zu sehen, wie er sie benennen würde. *Und wie der Mensch jedes lebendige Wesen benannte, so sollte es heißen.* Der Mensch gab Namen allem Vieh, den Vögeln des Himmels und allen Tieren des Feldes. Aber eine Hilfe, die dem Menschen entsprach, fand er nicht« (Gen 2, 18–20, Herv. B. M.). Eine solche Hilfe wurde dem Menschen bekanntlich erst in Gestalt jenes zweiten Menschen zuteil, den Gott – vielleicht aus Enttäuschung darüber, dass die Tiere dem Menschen nicht »entsprachen« – anschließend aus der Rippe des ersten erbaute und diesem zuführte. Nur die Frau (Eva) stellt offensichtlich jene »Hilfe« dar, die das Tier dem Menschen (Mann) nicht zu sein vermag. Nur der Mensch kann dem Menschen ein angemessener Gefährte sein; nur im Menschen kann er sich spiegeln, nur mit dem Menschen einen Menschen zeugen. Tiere sind dem Menschen keine Hilfe: Wohl lassen sie sich verwenden und wohl darf der Mensch sie verwenden, wie es ihm richtig erscheint, schließlich wurde ihm von Gott aufgetragen, sie zu benennen, was nichts anderes bedeutet als ihre Bestimmung festzulegen bzw. ihnen im Zweckzusammenhang der Schöpfung ihre je spezifische Funktion und Aufgabe zuzuweisen. Doch vermögen sie ihm eben keine Gefährten zu sein. Eine Welt trennt sie von den Menschen, die der Tiere bedürfen, ohne sie im eigentlichen Sinne zu benötigen. Zwar bewohnen die Tiere mit ihnen den gleichen Lebensraum, die Erde, jedoch nicht als »Freie und Gleiche« (Aristoteles), sondern als Unterworfene bzw. zu Unterwerfende.

Beide, Mensch und Tier, sind nach alttestamentarischer Überzeugung von Gott und auf Gott hin erschaffen. Zum Gefährten Gottes ist freilich nur der Mensch bestimmt; als Gottes Ebenbild hat er zugleich Anteil an der göttlichen Vernunft sowie an dessen Herrschaft über die Welt und über ihre Geschöpfe. Eine wirkliche Gemeinschaft (oder Partnerschaft) kann es mit ihnen daher nicht geben, würde diese doch die Anerkenntnis prinzipieller Gleichheit bzw. Gleichwertigkeit voraussetzen. Eine solche Gemeinschaft lässt auch das Neue Testament nicht erkennen: Wo von Tieren die Rede ist, geschieht dies in der Regel beiläufig, am Rande. Dass der Mensch das Recht hat, Tiere zu seinem Nutzen zu gebrauchen, gilt als ausgemacht. Dieses umfassende Nutzungsrecht schließt freilich – daran ist zu erinnern – jede Art von Missbrauch und Grausamkeit im Umgang mit den Mitgeschöpfen aus: Der Mensch darf weder seine Mitmenschen noch Tiere verletzen, quälen, demütigen; er ist – eine höchst bemerkenswerte Akzentverlagerung – im Gegenteil zu einer umfassenden Solidarität, die auch »niedrigere« Lebensformen einbegreift, aufgerufen: »Was ihr für einen meiner geringsten Brüder getan habt, das habt ihr mir getan« (Mt 25, 40).[197] Der Unterschied zur älteren Ethik der griechischen Klassik liegt auf der Hand: Während es für Platon und Aristoteles ein ethisches, sprich tugendhaftes Verhalten letztlich immer nur unter Gleichen geben kann – die zugleich Freie sein müssen, weshalb Sklaven und Barbaren auf ethische Gleichbehandlung keinen Anspruch machen dürfen –, ist die christliche Ethik ihrem neutestamentlichen Selbstverständnis nach vor allem eine Ethik des (klassenübergreifenden) Mitleids und der Barmherzigkeit mit den Schwächeren, worunter prinzipiell auch die (höchst ungleichen) Tiere fallen. Gerade weil sich die Tiere vom Menschen nicht graduell, sondern substantiell unterscheiden, ist der Mensch angehalten, diese Differenz liebend und sorgend zu überwinden, weil er nur auf diese Weise seine in Jesu Gestalt und Leben sinnbildlich gewordene Menschlichkeit realisieren kann. Statt zu unterwerfen und mit Feuer und Schwert zu regieren – wie es das Alte Testament fordert –, hat er sich des Lebendigen behutsam anzunehmen, zu seinem, aber eben auch zum Nutzen des von ihm solcherart Angenommenen.

Einen Eigensinn oder gar ein Eigenrecht der Tiere kennt allerdings auch das Neue Testament nicht. Zwar lässt sich das umfassend verstandene christliche Liebesgebot auf (einige, keineswegs alle) Tiere ausdehnen, doch wird dadurch die fundamentale Strukturdifferenz zwischen Mensch und Tier nicht aufgehoben. Wenn – wie im Römerbrief des Paulus – vom Nächsten die Rede ist, auf den »jeder von uns … Rücksicht … nehmen (soll)« (Röm 15, 2), dann ist damit eben gerade nicht das Tier gemeint, sondern vor allem der glaubensschwache Mensch, dessen Schwäche der Starke zu tragen hat. Das Tier gehört zu den gleichgültigen Dingen; es ist nicht eigentlich gemeint, wird aber von der christlichen Liebesethik, gleichsam am Rande, mit getroffen. Deutlich zeigt sich dies dort, wo die jüdischen Speisevorschriften diskutiert werden. Für Paulus beispielsweise spielt es keine Rolle, ob die Christen Fleisch oder kein Fleisch essen; für das Seelenheil des Menschen entscheidend ist allein, ob ihr Verhalten »aus Glauben geschieht« (Röm 14, 23) oder nicht. Paulus nimmt nicht am Fleisch- und Fischkonsum Anstoß, sondern an der Ideologisierung des (Nicht-)Konsums, wie er von gewissen asketischen Mitgliedern der römischen Gemeinde betrieben wurde, die, beeinflusst von den jüdischen Reinheitsvorschriften, die Einhaltung bestimmter Speisevorschriften forderten.[198] Er fordert auf zur Toleranz, zur Rücksichtnahme auf den anderen, den Bruder, nicht aber zu einer umfassenden Solidarität mit allem Lebendigen, wie sie im 13. Jahrhundert Franziskus von Assisi predigen wird.

Republik der Fische

Nehmen wir die anfängliche Frage noch einmal auf. Warum interessieren wir uns so wenig für das, was in den Meeren geschieht, was mit den Fischen geschieht, wie sie gefangen, gezüchtet, gehalten werden, wie viel (unnötige) Gewalt dabei im Spiel ist? Warum berührt uns das Massensterben so wenig? Warum schauen wir nicht hin? Weil wir seit Jahrtausenden nicht hinsehen, ein veritables Wahrnehmungstabu errichtet haben? Weil wir uns für klug und die Fische für dumm halten, uns als »fühlende« Wesen verstehen, den Fischen dagegen jedes Gefühl, jede Empfindungsfähigkeit absprechen? Weil Fische uns gleichgültig sind? Weil sie – darauf wurde eingangs bereits hingewiesen – kein Einzelschicksal haben, an dem sich Anteil nehmen ließe, sondern in großer Zahl »verrecken«? Weil sie nicht vor unseren Augen verenden oder getötet werden, sondern im Verborgenen? Weil sowohl das Leid als auch die Gewalt, deren wir ansichtig werden würden, über unser Fassungsvermögen gingen? Weil wir am Ende vielleicht nicht *ertragen* könnten, was wir zu sehen bekämen, *uns* nicht mehr ertragen könnten? Und weil wir dann nicht mehr so weiter machen könnten wie bisher, weil aus unserem bewusstlosen *Verhalten* ein bewusstes *Handeln* werden würde? Versuchen wir eine vorläufige Antwort.

Die Situation ist paradox: Die meisten Menschen haben Mitleid mit kleinen Robbenbabys, gestrandeten oder verirrten Walen, interessieren sich jedoch nicht für die Herkunft des Lachssteaks, das auf ihrem Teller liegt. Sie füttern ihre Kinder (und manchmal auch noch sich selbst) mit jenen *more geometrico* fabrizierten Fischstäbchen, die jede Ähnlichkeit mit einem Fisch vermissen lassen, kümmern sich aber nicht um Qualität und Gesundheit des Alaska-Seelachses, aus dem diese gemacht werden. Im Restaurant bestellen sie einen Viktoriabarsch, nicht ahnend, dass sich hinter den hellen Filets mit dem wohlklingenden Namen eine ökologische und humanitäre Katastrophe verbirgt. Sie fragen nicht nach, wollen nicht wissen. Und sie vertrauen, allen Lebensmittelskandalen zum Trotz: auf die Qualität und Bekömmlichkeit der Produkte, die sie einkaufen, dem System der Lebensmittelkontrollen, der Moral der Produzenten. Auf ihr Vertrauen bauen die anderen, die es regelmäßig enttäuschen – um mit noch größerem (Werbe-)Aufwand von neuem um dieses Vertrauen zu werben. Keine Frage: Wir vertrauen zu viel und misstrauen zu wenig! Viel zu Vieles halten wir entweder für selbstverständlich, obgleich es alles andere als dies ist, oder erachten es, ungeachtet seiner tatsächlichen Bedeutung, als unwichtig, unerheblich, unproblematisch. Wir vertrauen, weil dies der einfachere Weg ist, weil wir uns auf diese Weise keine Gedanken machen müssen: weder über die Qualität der Lebensmittel noch über die Art und Weise, wie diese Lebensmittel zustande gekommen sind, noch gar über die Gewalt, welche jenen angetan wird, die aus lebendigen Wesen in Lebensmittel umgewandelt werden. Sorglosigkeit als Strategie gelingender Lebensbewältigung! Freilich ahnen wir – weshalb wir nicht einfach nur vertrauen, sondern mit aller Macht vertrauen *wollen* –, dass etwas nicht stimmt, etwas aus den Fugen geraten ist, etwas, das uns alle, jeden einzelnen von uns, angeht. Unser Vertrauen ist *neurotisch*, es gründet auf Furcht: auf der Furcht vor dem Unbekannten, das sich, etwa in Gestalt von Krankheitserregern, in unsere Lebensmittel eingeschlichen hat; auf der Furcht vor der Gewalt, deren wir möglicherweise ansichtig werden könnten; am Ende auf der Angst vor der Wahrheit und vor der Verantwortung. Wir fürchten den Augenblick, da man von uns verlangt oder uns befiehlt, Konsequenzen zu ziehen, noch mehr den Moment, da wir selbst es verlangen, weshalb wir ihn nach Möglichkeit hinaus zu schieben versuchen. Auf einem solchen neurotischen Vertrauen kann nichts Beständiges wachsen. Irgendwann kommt der Augenblick, da sich die Wahrheit nicht länger verheimlichen lässt: eine Revolution, ein Skandal fördern sie zu Tage, ein (Neuer) Markt bricht zusammen, Benzinpreise schnellen in die Höhe und gehen nicht zurück, Hühner verfärben sich und werden massenweise exekutiert, Fische verschwinden, andere werden teurer. Das Vertrauen ist erschüttert, nicht selten für immer.

Noch einmal: Warum verdrängen wir so mühelos das Elend, das sich in den Weltmeeren abspielt? Weil wir uns besser fühlen, solange wir uns unschuldig fühlen (dürfen)? Weil die Konsequenzen unausdenkbar wären? Was verlangt man denn von uns? Erst einmal doch nicht mehr als auf bestimmte Meeresfische als Teil unserer Ernährung zu verzichten, solange deren Bestand gefährdet oder die Umstände des Fanges die Grenzen des moralisch Zuträglichen und – im Falle der Fische – auch des physisch Zumutbaren überschreiten. Nichts Unmögliches also, gleichwohl für viele, wenn nicht die meisten Menschen eine Zumutung, welche sie mit einer Vielzahl von Gründen empört zurückweisen würden, so sie ihnen als Forderung gegenüberträte. Wir halten – geben wir es doch zu – wenig von den Tieren: weil wir sie seit Jahrtausenden benützen (und nicht sie uns), weil wir sie verschlingen – und ganz selten nur von ihnen verschlungen werden –, weil sie sich, mit einem Wort, gefallen lassen (müssen), was wir ihnen antun. Unserer Willkür ausgeliefert, bestrafen wir sie noch für ihre »Schwäche« und verwandeln die Gewalt in ein Recht: das Recht der Aneignung, eine Art postarchaisches, auf die menschliche Vernunft gegründetes *Naturrecht*. Was wir tun – und schon seit Jahrtausenden getan haben – tun wir zu Recht! Es ist richtig, weil es *natürlich* ist, und weil es natürlich ist, ist es auch *gut*. Es ist gut, dass alles Lebendige sich den Interessen des Menschen zu fügen hat, dass *wir* Fische fangen und verspeisen und nicht von ihnen gefangen und gefressen werden. Zweifelsohne verfahren wir mit den Fischen, wie es uns gefällt, wie wir es für richtig halten, doch dürfen wir es darum auch tun? Haben wir tatsächlich ein *Recht*, die nicht-menschliche Natur unseren Bedürfnissen und Interessen zu unterwerfen? Selbstverständlich haben wir dieses Recht nicht, wer könnte uns ein solches Recht auch zugestehen? Wir nehmen uns dieses Recht einfach heraus, wir konzedieren es uns – und verwirken es damit zugleich: denn ein Recht, das einzig auf Stärke und Usurpation beruht, ist kein Recht, jedenfalls keines, das sich rechtfertigen ließe, und ein solches kann es auch nie werden. Stellen wir eines klar: Fische haben Rechte – wie Menschen auch. Nicht unbedingt die gleichen Rechte, doch Rechte, die es zu respektieren gilt. Dass sie diese Rechte nicht äußern, nicht verbalisieren, ja nicht einmal *denken* können, tut nichts zur Sache. Auch Kleinkinder können ihre Rechte nicht äußern und besitzen sie dennoch. Wer wollte daran zweifeln? Die Erwachsenen nehmen sie stellvertretend wahr und werden im Falle einer Rechtsverletzung zur Verantwortung gezogen. Wenn sich in den wochenlang ausgelegten, nahezu unsichtbaren Treibnetzen Delphine,

Haie, Schwertfische und andere Meerestiere verfangen und elend verenden, wird niemand zur Verantwortung gezogen – nicht nur aus Mangel an rechtlichen Verfahren und Instrumentarien, sondern auch weil offenbar niemand eine solche Verantwortung wahrnimmt. Vehement verteidigt die Internationale der Konsumenten – und wir alle sind, solange wir uns nicht verweigern, Teil dieser Internationale – ihr Konsumenten- als Menschenrecht und opfert auf diesem säkularen Altar Leben und Würde der Tiere.

Es geht um Verantwortung: Verantwortung vor uns, unseren Nachkommen, und Verantwortung auch für jene Lebewesen, die uns ausgeliefert sind auf Gedeih und Verderb. Diese Verantwortung gilt es – in jenem doppelten Sinn, den das Verb besitzt – *wahrzunehmen*. Wahrnehmen, hinsehen, sich den Bildern aussetzen ist ein erster Schritt, er reicht freilich nicht hin. »Nur sehen wollen« – so Ernst Bloch – »hält noch beiseite. Nimmt auf und hin, was ins Auge fällt«,[199] reicht nicht aus und stellt doch einen Anfang dar. Ein Blick, der bloß auffasst, fasst nichts an, rührt nichts an, berührt nicht, lässt am Ende alles, wie es ist. Erst wenn sich das Auge »die Hand bei(-biegt), kommt »Sehendes … aus dem bloß Betrachtenden heraus, derart dass es dem anpackenden, gar bildenden Zugriff den Weg zeigen kann.«[200] Das Auge muss zur Hand werden, die Hand zum Griff, zur zugreifenden Tat, oder alles Betrachten bleibt bloßes Abbilden, Abspiegeln einer Wirklichkeit, von der man sich desto weiter entfernt, je intensiver man sie betrachtet, je mehr man von ihr weiß. Und wir wissen genug – soviel ist sicher. Vielleicht – auch dies gilt es zu bedenken – wissen wir bereits zu viel, haben zu viel gesehen und schrecken deshalb zurück, angeekelt von den menschlichen Abgründen, die sich hinter jedem Fleisch- und Lebensmittelskandal offenbaren, angeekelt auch von jenem Abgrund, der sich im Inneren des eigenen Bewusstseins zu öffnen droht – und sich qua Verdrängung noch immer am einfachsten schließen lässt. Mit der Einsicht leben, dass wir an diesen Dingen beteiligt sind, dass sie unseretwegen geschehen, geschehen auch, weil wir sie geschehen lassen, fällt schwer, sie zu verdrängen dagegen um so leichter. Alle sind wir Teile jenes Schuldzusammenhangs, den zu denunzieren leichter fällt als ihn aufzubrechen. Allein die Denunziation ist schon schwierig genug. Wo alle teilnehmen, alle ihren ganz persönlichen Schuldanteil tragen – sei es als einfacher Fischer oder Farmarbeiter, als Kapitaleigner, Schiffsführer oder Agraringenieur, sei es als Restaurantbetreiber, Aktienbesitzer oder Konsument –, dort ist niemand persönlich haftbar zu machen. Dort gibt es, mit anderen Worten, keine Schuld, die einfach zuzuweisen wäre, nur ein System, in das (fast) alle verstrickt sind, von dem viele profitieren und das daher auch die meisten gegen Verdächtigungen und Veränderungen zu verteidigen bereit sind. Nicht primär aus Überzeugung oder Einsicht, sondern vor allem aus Gründen des Selbstschutzes.

Jeder Verstrickungs- ist immer auch ein »Verblendungszusammenhang«.[201] Die Einsicht in das – individuell durchaus unterschiedliche – Ausmaß der Verstrickung verhindert (fast) immer ein fremd- *und* selbstfabrizierter »Schleier des Nichtwissens« bzw. des Nichtwissenwollens,[202] den zu beseitigen Aufklärung alleine nicht ausreicht, ohne das deshalb auf sie verzichtet werden könnte. Wer nicht weiß, kann auch nicht verändern, nicht verbessern. Aufklärung tut also Not, damit zumindest ein Teil jener moralischen Ressourcen mobilisiert und politisch »ausgebeutet« werden kann, der gegenwärtig mangels Information brach liegt. Wer beispielsweise weiß, dass 90 Prozent der Thunfischbestände abgefischt sind, wird – sofern er moralisch nicht bereits völlig desensibilisiert ist – beim Griff ins Supermarktregal zumindest gewisse Skrupel empfinden und möglicherweise auf andere Produkte ausweichen. Wer schon einmal davon gehört hat, dass Zuchtfische in Kloaken dahin vegetieren, in Käfigen gehalten und mit Drogen voll gepumpt werden, dem dürfte der Appetit an dieser Art von Nahrung vergangen sein. Dem dürfte vielleicht auch der Appetit vergangen sein an einer *Zivilisation*, die sich der nicht-menschlichen Natur gegenüber alles andere als zivilisiert verhält und die eine erstaunliche kollektive Empfindungslosigkeit an den Tag legt, wenn es um das Schicksal von Tieren geht, die nicht zu den *Haustieren* im engeren Sinne gehören.

Die beschriebenen Phänomene sind keine Exzesse, keine unvermeidlichen Begleiterscheinungen eines prinzipiell vernünftigen, moralischem Empfinden und ethischen Maßstäben gleichermaßen genügenden Betriebs. Es sind keine Auswüchse, keine Einzelfälle, die die Ausnahme von der Regel darstellen und deren Existenz daher vielmehr zu bestätigen scheinen, sondern ganz im Gegenteil – die zahlreichen Lebensmittelskandale der jüngsten Vergangenheit beweisen dies zu Genüge – Folgen eines Systems, Folgen einer systematisch betriebenen Produktion von Lebensmitteln, die sich zuvörderst an Rentabilitätskriterien orientiert und erst anschließend, wenn überhaupt, nicht-ökonomische Parameter ins Kalkül zieht. Resultate mithin einer Logik, die Bedürfnisbefriedigung, Kapitalverwertung und Profitmaximierung als Handlungsmaxime moralischen und ethischen Bedenken überordnet. Am Ende Resultate einer unverantwortlichen Lebensform namens Mensch, welche mit zwingender Gewalt realisiert, was sie zu realisieren vermag, rücksichtslos gegenüber den Folgen für sich selbst und rücksichtslos auch gegenüber den Folgen für andere Lebensformen.

Viel Hoffnung ist nicht! Alle Anstrengungen, den Raubbau einzudämmen und die lebenden Meeresressourcen effektiver zu schützen bzw. zu verwalten, Fanquoten und Zuchtauflagen etwa, scheinen ins Leere zu laufen. Es ist zum jetzigen Zeitpunkt durchaus fraglich, ob den in diesem Buch beschriebenen Entwicklungen langfristig (noch) Einhalt geboten werden kann. Das stetige Wachstum der Weltbevölkerung und steigender Nahrungsmittelbedarf lassen eine extensive Ressourcenausbeutung geradezu als unausweichlich erscheinen. Wo immer mehr Münder zu stopfen, immer mehr Bedürfnisse zu befriedigen sind, hat die Umwelt, haben Tiere und Pflanzen schlechte Karten, drohen die Belange der Meeresbewohner und moralische Bedenken dauerhaft in den Hintergrund zu treten. Sie existieren gleichwohl weiter, verschwinden nie völlig, und nähren ein grundsätzliches Unbehagen, das sich durch den Verweis auf sachliche und ökonomische Notwendigkeiten nicht ruhig stellen, nicht auflösen lässt. Dennoch – eine »Republik der Fische«, in der alle Kreaturen, Menschen und Fische (und selbstverständlich auch sämtliche anderen Lebewesen), zu ihrem Recht gelangen, ihren Eigensinn geltend machen könnten, wird es nicht geben.[203] Fische gründen keine Republiken und haben – so will es jedenfalls unsere Tradition – keine Rechte; Rechte besitzt nur der Mensch, und zu diesen Rechten gehört nicht zuletzt, ja zuvörderst »die freie Fischerei«.[204] Wo *die freie Fischerei* als ein unveräußerliches Menschenrecht gilt, analog etwa der freien Fahrt für freie Bürger, ist es um die Rechte anderer Lebensformen (beispielsweise auf einen schmerzlosen Tod), um eine Republik der Fische also, schlecht bestellt. Dass die freie Fischerei mit Menschrechten nichts, dafür aber um so mehr mit dem Recht des Stärkeren zu tun hat, haben wir angedeutet. Dass sich auf Stärke kein Recht gründen lässt, auch. Wer auf gute Gründe nicht verzichten will, wer verantwortlich leben und konsumieren möchte, wird – so viel ist gewiss – kaum umhin kommen, seine Nahrungsgewohnheiten umzustellen, wird auf übermäßigen Fisch- (und Fleisch-)verzehr verzichten müssen. Wer vollständig zu verzichten imstande ist, der darf zudem auf jenen Mehrwert hoffen, den Franz Kafka beim Betrachten von Fischen in einem Aquarium in folgende Worte gefasst hat: »Nun kann ich euch in Frieden betrachten; ich esse euch nicht mehr.«[205]

Anmerkungen

1 Worm u.a. 2006, S. 787 ff.
2 Doran/Hinz/Mayer-Tasch 1974.
3 Eine kritische Bewertung der GFP wurde soeben in der vom Autor angeregten und unter seiner Anleitung an der Ludwig-Maximilians-Universität München entstandenen Magisterarbeit von Christoph Hedler 2006 vorgenommen.
4 Einen guten Überblick über die prähistorische Fischerei liefert von Brandt 1975.
5 Sarhage 1999, S. 132ff.
6 Unter anderen auf diesen Berufsstand ist auch der wohl erste nachweisbare Streik zurückzuführen; als nämlich (um 1156 v.Chr.) in unruhigen Zeiten unter Ramses III. die Naturallieferungen ausblieben und die Arbeiter nicht mehr bezahlt werden konnten, legten diese die Arbeit nieder.
7 Vgl. hierzu ausführlich Pesch 1969.
8 Arrian 1950, S. 443 f.
9 Die Rückkehr der Fischer wurde in vielen griechischen Städten mit Glockenläuten angekündigt.
10 »Billiger als gepökelter oder eingelegter Fisch«, heißt es bei Aristophanes. »Fische nach dem Hellespont tragen« war eine analoge Redensart für »Eulen nach Athen tragen«; zitiert nach Friedell (1938) 1999, S. 47.
11 Oppian gehört zu den jüngsten aus der Reihe antiker Schriftsteller, die über den Fischfang geschrieben haben. Auf seine *Halieutica* (um 150 n. Chr.) geht ein Großteil der Kenntnisse über die antike Fischerei zurück.
12 Oppian 1999, S. 85.
13 Ebd., S. 419.
14 Ebd., S. 279ff.
15 Plinius Secundus d. Ä. 1979, S. 67.
16 Aelian 1959, S. 43.
17 Vgl. Plutarch 1969, Kap. 29.
18 Kahrstedt 1958, S. 83.
19 Vgl. Juvenal 2000, S. 93–101.
20 Ebd.
21 Lukian 2000, S. 109.
22 Zitiert nach von Brand 1975, S. 149.
23 Vgl. Barrett/Locker/Roberts 2004.
24 Zitiert nach von Brand 1975, S. 153.

25 Lighthouse Foundation, www.lighthouse-foundation.org/index.php?id=85 (22.05.2006).

26 Übersetzung des Verf., aus: Walton/Cotton 1982, S. 141 (Kap. 8). Im Original heißt es: »[P]ut your hook, I mean the arming wire through his mouth, and out at his gills, and then with a fine needle and silk sew the upper part of his leg with only one stitch to the arming wire of your hook, or tie the frogs leg above the upper joint, to the armed wire; and in so doing, use him as though you loved him, that is, harm him as little as you may possibly, that he may live the longer.«

27 Weber 2002, S. 15.

28 Diese zunächst nur für Staaten der Europäischen Gemeinschaft gültige Regelung wurde Ende 1982 später in die Seerechtskonvention der UN aufgenommen.

29 Gesellschaft für technische Zusammenarbeit, www.gtz.de/de/themen/laendliche-entwicklung/3263.htm (15.01.2007).

30 Nach Berechnungen des WWF werden die Fangschiffe der Europäischen Union mit über 14.000 Euro pro Schiff und Jahr subventioniert.

31 Greenpeace 2004, S. 2.

32 Clover 2005, S. 111.

33 Vgl. Alverson 1994.

34 Vgl. WWF 2005.

35 Greenpeace 2003, S. 1.

36 Greenpeace o.J., S. 4; sowie ders. 2004, S. 2.

37 WWF 2001, S. 4.

38 Ebd.

39 FAO 2004, S. 3. Bezugsjahr der genannten Zahlen ist 2002. Der Grund für den Bezug auf diese Jahreszahl ist, dass die jüngste Quelle zum Thema, der Fischereibericht der Vereinten Nationen aus dem Jahr 2004, sich mit seinem Datenmaterial auf das Jahr 2002 bezieht. Da die meisten Artikel zum Thema ebenfalls auf den UN-Fischereibericht rekurrieren, ist die Wahl dieses Jahres zweckmäßig. Soweit Trends bekannt sind, die mit den in diesem Bericht genannten Daten nicht übereinstimmen, werden diese deutlich gemacht.

40 www.portal-fischerei.de. Versorgung der Bundesrepublik Deutschland mit Fischereierzeugnissen (Tabelle).

41 Die Quellen sind hier unzuverlässig, da ländliche Gemeinden in Entwicklungsländern häufig ihre Fänge den nationalen Behörden nicht mitteilen.

42 FAO 2004, S. 8.

43 Greenpeace, www.greenfacts.org, Level 2, S. 4.

44 Greenpeace, www.greenfacts.org, Tafel 7.

45 Fisch-Informationszentrum 2005, S. 13.

46 Ebd.

47 FAO 2004, S. 40.

48 Greenpeace, www.greenfacts.org, Tafel 10.

49 Fisch-Informationszentrum 2005, S. 4.

50 Ebd.

51 FAO 2004, S. 29.

52 Ebd., S. 33.
53 Ebd., S. 43ff.
54 Fisch-Informationszentrum 2005, S. 12.
55 *Der Spiegel*, Ausgabe vom 13.02.2006, S. 132–147. Siehe hierzu auch den Beitrag von Bernd Malunat.
56 Clover 2005, S. 91f.
57 Ders., S. 176.
58 Ders., S. 177.
59 Brown 2004, S. 6–10.
60 The Economist 2004, S. 11–17.
61 Deshalb ist es gerade in diesen Ländern von extremer Wichtigkeit, dass den Fischfang betreffende Auflagen und Vorschriften (wie der Verhaltenskodex für verantwortlichen Fischfang, der internationale Standards für Nachhaltigkeit, Management und Ressourcenabbau festsetzt) in nationale Regierungspolitik integriert und durchgesetzt werden.
62 Vgl. Fischinformationszentrum 2005.
63 Deutsche Gesellschaft für Ernährung 2004, S. 29.
64 Vgl. FAO 2004.
65 Vgl. InnovatieNetwerk 2005.
66 Vgl. Roessig/Woodley/Cech/Hansen 2004.
67 Vgl. für diese Versprechungen: Schmidt/Schmidt 2004, S. 337.
68 Bohlmann 1999, S. 134.
69 Vgl. Greenpeace 2005a.
70 Vgl. WWF 2006.
71 Vgl. WWF 2003b.
72 Vgl. Clover 2005.
73 Vgl. Worldwatch Institute 2005.
74 Vgl. FAO 2005.
75 Vgl. Pötter 2006.
76 Vgl. WWF 2003b.
77 Vgl. Bode 2005.
78 Vgl. etwa Hawking 2005.
79 Vgl. Engelman/LeRoy 1995, S. 57ff.
80 Vgl. Glossar.
81 Vgl. Mayer-Tasch 1991, S. 32ff.
82 Vgl. dazu Lovelock 1995.
83 Vgl. dazu die im Ocean Biogeographic Information System bisher zusammengetragenen Daten, unter www.iobis.org.
84 Das Phytoplankton produziert jährlich ca. 300 Milliarden Tonnen an Nahrung (vgl. *Der Spiegel*, Nr. 7/2006 vom 13.02.2006, S. 141).
85 Vgl. dazu Informationsdienst Wissenschaft (idw) vom 19.05.2004: Ausgewogene Ernährung für Plankton (http://idw-online.de/pages/de/news80480, 14.08.2006).
86 Vgl. dazu etwa Hall/Hall 1998; Leier 2001; Kunzig 2002; Hutchinson/Hawkins 2005; Stow 2005.

87 Vgl. Hegel (1820 ff.) 1974, S. 74.

88 Zum Ursprung des »Atlantis-Mythos« vgl. Platons Dialoge *Kritias* und *Timaios*; siehe dazu auch Rößiger/Lieckfeld 2004.

89 Vgl. *Der Spiegel*, Ausgabe vom 13.02.2006 sowie http://www.coml.org/aboutcoml.htm (14.08.2006).

90 Vgl. zu den unterschiedlichen Schätzungen http://idw-online.de/pages/de/institution235.htm (Christian-Albrecht-Universität, Kiel) (14.08.2006).

91 Vgl. http://www.umweltdatenbank.de/lexikon/Treibhausgas.htm (14.08.2006); vgl. auch *Der Spiegel*, Ausgabe vom 27.07.1998.

92 Zu den Wirkungen von Tsunamis (japanisch: lange Welle im Hafen) vgl. die – fiktive – Schilderung bei Schätzing 2005, S. 402 ff.

93 Vgl. Glossar.

94 Vgl. etwa den Bericht »Geostandpunkt« der Bundesanstalt für Geowissenschaften und Rohstoffe (BGR), unter http://www.bgr.bund.de/cln_030/nn_462814/Allgemeines/Z6/Downloads (14.08.2006), insb. Ziff. 11 – Rohstoffe der Tiefsee.

95 Vgl. Glossar.

96 Vgl. dazu etwa IPCC 2001, S. 6, http://www.ipcc.ch/pub/spm22-01.pdf (14.08.2006).

97 Vgl. Glossar.

98 Vgl. Glossar.

99 Vgl. Glossar.

100 Vgl. Darwin (1859) 2000.

101 Vgl. IPCC 2001, S. 62.

102 Vgl. dazu vor allem Schellnhuber 2006; Lovelock 2006, dessen Befürchtungen bisher nur im Vorabdruck erschienen sind.

103 Vgl. etwa Alfred-Wegener-Institut für Polar- und Meeresforschung, unter www.awi-bremerhaven.de/ClickLearn/neueFAQ/FAQ_Klima/klima1-d.html (14.08.2006).

104 Vgl. IPCC 2001, S. 64ff.

105 Vgl. dazu etwa den Öko-Krimi des Regisseurs Roland Emmerich »The Day After Tomorrow«, der das Thema provokant zuspitzt.

106 Vgl. etwa Vitzthum 1981; Mann Borgese 1985.

107 Schumpeter 1987, insbesondere 7. Kapitel, S. 134ff.

108 Vgl. etwa Art. 2 sowie Art. 20a GG.

109 Vgl. Glossar.

110 Vgl. Glossar.

111 Vgl. Informationsdienst Wissenschaft (idw) vom 09.06.2005: Ozeane werden sich nur langsam vom Treibhauseffekt erholen, http://idw-online.de/pages/de/news116401 (14.08.2006).

112 Vgl. Bundesministerium für Ernährung, Landwirtschaft und Verbraucherschutz 2006, insbesondere S. 5f., 36ff.

113 Lenin (1902) 1988.

114 Doran/Hinz/Mayer-Tasch 1974.

115 Vgl. dazu etwa Rahmstorf/Schellnhuber 2006, S. 91ff.

116 Kant (1784) 1914, S. 1.

117 Ipsen 1999, Kapitel, § 52 Randnummer 2.
118 IML 21 (1982) S. 1261 (UNCLOS).
119 Deutschland ist dem Abkommen 1994 beigetreten, BGBl. 1994 II S. 1799.
120 Ipsen 1999, 12. Kapitel, Randnummer 7.
121 Ebd., 12. Kapitel, § 52 Randnummer 29.
122 Ebd., 12. Kapitel, § 53 Randnummer 10.
123 Siehe hierzu ausführlich den Beitrag von Patrick Schwan.
124 Siehe grundlegend: Doran/Hinz/Mayer-Tasch 1974.
125 CFFA 1996, S. 5.
126 Mitteilung der Kommission über einen integrierten Rahmen für partnerschaftliche Fischereiabkommen mit Drittländern, KOM (2002) 637 endgültig, Brüssel, 23.12.2002 (http://eur-lex.europa.eu/LexUriServ/site/de/com/2002/com2002_0637de01.pdf) (03.01.2007).
127 Siehe ausführlich: WWF 2002.
128 Dazu zählen so unrühmlich bekannte Staaten wie Panama, Belize und Honduras, aber auch Zypern.
129 Vgl. Greenpeace, www.greenpeace.de.
130 Epiney 2000, S. 82.
131 Zimmer 1998, S. 21 mit weiteren Nennungen.
132 Reimann 1997, S. 18.
133 Siehe ausführlich Merk 2003, S. 179ff.
134 Siehe Töpfer 1993.
135 Siehe hierzu den nachfolgenden Beitrag von Franz Kohout.
136 Clover 2005, S. 182.
137 Ebd, S. 219ff.
138 Vgl. Grenpeace, www.greenpeace.de/themen/meere/fischerei/artikel/fische_in_seenot/(14.08.2006).
139 Ebd.
140 Jansen 2004, S. 34.
141 Greenpeace 2006.
142 Henkel 2004, S. 18.
143 Gerhard Scherhorn im Interview, in: Pötter 2006, S. 103 f.
144 Pötter 2006, S. 59.
145 Greenpeace 1995, S. 15.
146 Vgl. Olson 2004.
147 Vgl. www.verbrauchernews.de/umwelt/gewaesser/0000003577.hr (13.03.2006)
148 Vgl. www.gewerbeverein.at (08.03.2006).
149 *Süddeutsche Zeitung*, Ausgabe vom 23.12.2004, S. 5.
150 Vgl. Rolff 2006, S. 7.
151 *Süddeutsche Zeitung*, Ausgabe vom 23.12.2004, S. 5.
152 Clover 2005, S. 392.
153 Ebd., S. 67.
154 Duenbostel 2004, S. 30.

155 www.namibia-botschaft.de/564_302.htm (13.03.2006)
156 Vgl. Johnson/Misser 2006.
157 Die Menschen in Westafrika decken zwischen 40 und 65 Prozent ihres Bedarfs an tierischem Eiweiß durch Fisch. Vgl. hierzu Zimmermann 2004, S. 32.
158 Kotteder 2005, S. 193.
159 Ebda., S. 192f.
160 Chamaraj 2004, S. 58.
161 Clover 2005, S. 360.
162 Stamer 2004, S. 59.
163 Kotteder 2005, S. 191 f.
164 Die peruanischen Sardellen sind das Zielobjekt der größten industriellen Fischerei der Welt.
165 Zitiert nach Clover 2005, S. 368.
166 Vereinte Nationen: Regionales Informationszentrum der UNO www.runic-europe.org/german/umwelt/entwicklung/rio5/fische.htm (13.03.2006).
167 Vereinte Nationen: Regionales Informationszentrum der UNO, 13.03.2006. Amtsblatt der EG, L234/40 zur Sondertagung der UNO-Generalversammlung zur Überprüfung und Bewertung der Umsetzung der Agenda 21, in New York vom 23–27.06.1997.
www.runic-europe.org/german/umwelt/entwicklung/rio5/fische.htm (13.03.2006).
168 Zum erfolgreichen Bewirtschaften von Kollektivgütern vgl. McKean 1992, S. 247–281.
169 Clover 2005, S. 292.
170 Oppian 1999, S. 3.
171 Vgl. ebd.: »Das unheimliche Meer befahren sie mit wagendem Mut, haben ungesehene Tiefen erblickt und kunstvoll die Strecken der See vermessen, gleich Göttern.«
172 Ebd., S. 7.
173 Ebd.
174 Ebd., S. 269.
175 Ebd., S. 269ff.
176 Juvenal 2000, S. 49.
177 Oppian 1999, S. 7.
178 Ebd.
179 Vgl. hierzu Hassenstein 2002.
180 Schmitt (1942) 1993, S. 7.
181 Ebd., S. 8.
182 Vgl. ebd., S. 10: »Bedeutende Forscher haben entdeckt, dass es neben ›autochthonen‹, d. h. Landgeborenen, auch ›autothalassische‹, d. h. rein vom Meer bestimmte Völker gegeben hat, die niemals Landtreter gewesen sind und die nichts vom festen Meer wissen wollten, als dass es die Grenze ihrer reinen Meeresexistenz war.«
183 Schiller (1797) 2004, S. 59.
184 Ebd., S. 62.
185 Ebd.
186 Ebd.

187 Platon 2004, 110a.
188 Platon 1991, 92bc.
189 Ebd.
190 Ebd.
191 Schneider 1782, S. 215–232.
192 Ebd., S. 215
193 Ebd.
194 Ebd., S. 216.
195 Vgl. ebd.: »So einen geringen Preis setzt der thörigte Mensch selbst auf sein Leben, indem er muthwillig die Gränzen überschreitet, welche ihm der Schöpfer durch den Bau seines Körpers so bedeutlicht bezeichnet hat! Man hat diese Verwegenheit gewiss sogleich an den Folghen fühlen und büßen müssen; aber anstatt davon abzustehn, war man vielmehr darauf bedacht, einen Theil der unvermeidlichen Gefahr davon durch Kunst zu entfernen.«
196 Vgl. Gen 1, 29: »Dann sprach Gott: Hiermit übergebe ich euch alle Pflanzen auf der ganzen Erde, die Samen tragen, und alle Bäume mit samenhaltigen Früchten. Euch sollen sie zur Nahrung dienen.«
197 Vgl. hierzu auch Mt 25, 45: »Was ihr für einen dieser Geringsten nicht getan habt, das habt ihr auch mir nicht getan.«
198 Vgl. Röm 14, 2f.: »Der eine glaubt, alles essen zu dürfen, der Schwache aber isst kein Fleisch. Wer Fleisch isst, verachte den nicht, der es nicht isst; wer kein Fleisch isst, richte den nicht, der es isst. Denn Gott hat ihn angenommen.« Vgl. hierzu auch Röm 14, 20: »Reißt nicht wegen einer Speise das Werk Gottes nieder! Alle Dinge sind rein; schlecht ist es jedoch, wenn ein Mensch durch sein Essen dem Bruder Anstoß gibt.«
199 Bloch 1964, S. 7. Vgl. ebd.: »Der nur Betrachtende ist ruhig, und je mehr er sich so hält, desto ungestörter, auch unstörender kann er betrachten. Hierbei hält er sich eben für sich, berührt nichts.«
200 Ebd.
201 Zum Begriff »Verblendungszusammenhang« vgl. Horkheimer/Adorno (1945) 2004.
202 Zum Begriff »Schleier des Nichtwissens« vgl. Rawls 1975.
203 Zu den Begriffen »Republik der Fische« und »freie Fischerei« vgl. Seume 1803, S. 567f.: »In Frankreich hat man zwar die Privilegien mit einem einzigen Machtspruch zertrümmert und glaubt nun, genug getan zu haben, aber sie werden sich schon wieder einschleichen und festsetzen, und man arbeitete schon selbst dadurch für sie, dass man auf der Gegenseite ohne Schonung stürmte und zu weit ging. ›Die Republik der Fische ist durch die freie Fischerei zerstört‹, sagte der geistliche Herr ganz skoptisch in dem Postwagen; ›und die freie Jagd gibt der Polizei genug zu tun, denn es macht allerhand Gesindel im Lande allerhand Jagd‹.«
204 Ebd.
205 Franz Kafka, zitiert nach Leitzmann 2001, S. 26.

Abkürzungsverzeichnis

AWZ	Ausschließliche Wirtschafts Zone (in der hohen See)
BARCON	Barcelona Convention for the Protection of the Mediterranean
CFFA	Coalition for Fair Fisheries Arrangements
EG	Europäische Gemeinschaft
EU	Europäische Union
FAO	Food and Agriculture Organization of the United Nations
GATT	General Agreement on Tariffs and Trade
GFP	Gemeinsame Fischereipolitik der Europäischen Gemeinschaften
GPS	Global Positioning System
IATTC	Inter American Tropical Tuna Commission
IBSFC	International Baltic Sea Fishery Commission
ICES	International Council for the Exploration of the Sea
ICCAT	International Commission for the Conversation of Atlantic Tunas
ITQs	Individual transferable quotas
IUCN	International Union for the Conservation of Nature
IUU	Illegal, unregulated und undocumentated
KOM	Kommission der Europäischen Gemeinschaften
MSC	Marine Stewartship Council
NASCO	North Atlantic Salmon Conservation Organization
NEAFC	North East Atlantic Fisheries Commission
NGO	Non-Governmental Organization
SRÜ	Seerechtsübereinkommen der Vereinten Nationen
UCN	Union for the Conservation of Nature
UN/UNO	United Nations
UNFCCC	United Nations Framework Consertion on Climate Change
VN	Vereinte Nationen
WSSD	World Summit on Sustainable Development
WTO	World Trade Organization
WWF	World Wildlife Fund for Nature

Glossar

Alaska-Seelachs: (Alaska-pollack; Lieu del'Alaska) Weltweit einer der am meisten gefangenen Fische. Er ist mit den Dorschen verwandt und wird etwa 80 Zentimeter lang. Sein Lebensraum sind die Randgebiete des nördlichen Pazifiks, von Japan bis zum Golf von Alaska.

Albedo: (lat. *albus*, »weiß«) Das Rückstrahlungsvermögen eines nicht selbstleuchtenden Körpers; es hängt ab von der Bewölkung und der Helligkeit der Erdoberfläche, also von Eisbedeckung, Landnutzung und Verteilung der Kontinente. Die Albedo beträgt im heutigen Klima etwa 30 Prozent.

Allmende: Im Gemeineigentum befindliche und gemeinsam genutzte öffentliche Ressource. Historisches Paradebeispiel ist die gemeindliche Wiesen- oder Waldweide. Im modernen Sinne wird von öffentlichen Gütern (Wasser, Luft und Erde) gesprochen.

Antarktischer Ozean: Die Antarktis ist von drei tiefen Ozeanbecken umgeben. Der Antarktische Ozean lässt sich daher in drei verschiedene Zonen einteilen: den Atlantischen Sektor, die Indische-Ozean-Zone und die Pazifische-Ozean-Zone. Diesen Zonen entsprechen unterschiedliche Ökosysteme: die eisfreie Zone, die saisonbedingte Packeis-Zone und die Hochantarktische Zone. Die Packeiszone verfügt über große Krill- und Fischbestände.

Aquakulturen: Zucht von Fischen und Meerestieren im Meer-, Brack- oder Süßwasser.

Atlantischer Lachs: Siehe auch: Lachs.

Ausleger: Mobiler, auf der Höhe des Oberdecks horizontal und quer zum Schiffskörper angebrachter Balken; wird in der Schleppnetzfischerei mit doppeltem Geschirr oder in der Schleppangelfischerei eingesetzt.

Barsch: Mit etwa 30 Unterordnungen, 180 Familien und mehreren tausend Arten stellen die barschartigen Fische die größte Ordnung innerhalb des Fischreichs dar. Die häufigsten Arten sind die Flussbarsche, der Zander und der Kaulbarsch.

Baumkurren: Schleppnetze mit einer geringen vertikalen Öffnung; die horizontale Spreizung ermöglicht ein etwa 10 Meter langer Kurrbaum aus Holz oder Metall. Baumkurren werden nur durch eine Kurrleine geschleppt. Zielarten: Seezunge und andere Plattfische oder Garnelen.

Beifang: Derjenige Teil des Fangs, der nicht zu der oder den Zielarten des betreffenden Fanggeräts zählt, jedoch beim gegenwärtigen Stand der Technik unbeabsichtigt und unvermeidbar mitgefangen wird. Zum Beifang werden sowohl im Netz befindliche Gegenstände, als auch Wassertiere und Wasserpflanzen gezählt.

benthisch/Benthos: Den Meeresboden betreffend; Gesamtheit der auf dem und vom Meeresgrund lebenden Organismen.

Biodiversiät: Übersetzt: »Vielfalt des Lebens«; der Begriff kann sowohl die genetische Vielfalt innerhalb einer Population als auch den Grad des Artenreichtums in einem bestimmten Habitat sowie den gesamten Artenreichtum der Erde bezeichnen.

Bückling: Mild gesalzener und geräucherter Hering.

Bügelreusen: Einzeln oder in Gruppen aufgestellte Reusen, die aus zylindrischen und auf starren Ringen montierten Netzsäcken bestehen und Flügel haben, die die Fische zuführen. Sie werden in flachen Gewässern eingesetzt und durch Ballast oder an Pfählen verankert.

Buttermakrele: Die schuppenlose, weißfleischige Buttermakrele wiegt 20 bis 40 Kilogramm und ist im Indischen und Pazifischen Ozean zu Hause. Sie gelangt in der Regel als Beifang an Bord der Schiffe, die mit Langleinen auf Haifisch- oder Schwertfischjagd gehen.

demersal: Über dem Meeresgrund lebend (Tier) oder eingesetzt (Fanggerät).

Doggerbank: Große Sandbank in der Nordsee, etwa 300 Kilometer lang, 100 Kilometer breit und 13 bis 30 Meter tief. Die Doggerbank ist ein ergiebiges Fischgebiet.

Doppeltes Geschirr: In bestimmten Fällen (z.B. Garnelen- oder Plattfischfang) kann der Trawler mit speziellen Auslegern versehen sein, um zwei (oder sogar vier) Schleppnetze gleichzeitig zu schleppen.

Dornhai: (Dogfish; Aiguillat) Der Dornhai zählt zu den häufigsten Haiarten weltweit. Er unternimmt in Schwärmen ausgedehnte Wanderungen. Mit einer Körperlänge von höchstens 1 Meter und etwa 9 Kilogramm Gewicht gehört er zu den kleineren Vertretern dieser Gattung.

Dorsch: Siehe auch: Kabeljau.

Ebbe: Fallender Wasserspiegel an Küsten mit Tidenhub (siehe Gezeiten). Der tiefste Wasserstand heißt Niedrigwasser.

Echolot: Gerät zur Messung der Wassertiefe und Ortung der Fische, für topographische Messungen und die Einschätzung der Grundbeschaffenheit.

Ernährungssicherung: Ernährungssicherung beschreibt die Bemühungen, den Hunger in der Welt zu bekämpfen und eine ausreichende Nahrungsversorgung der Menschen in allen Teilen dieser Welt zu garantieren. Derzeit sind etwa eine Milliarde der gut 6 Milliarden Menschen weltweit unterernährt. Jährlich sterben etwa 10 Millionen Menschen an den Folgen von Hunger und Mangelernährung, obwohl nach Angaben der FAO heute rund 12 Milliarden Menschen, also die doppelte Weltbevölkerung, ernährt werden könnte. Die Sicherung der Welternährung soll durch gezielte Maßnahmen, wie etwa durch eine Erhöhung der Investitionen in Agrarforschung, Bewässerung, ländlichem Straßenbau, Wasserversorgung und Bildung, sowie durch eine gerechtere Welthandelspolitik erreicht werden.

Erntegeräte: Üblicherweise mechanisierte Geräte, die kontinuierlich oder diskontinuierlich arbeiten und dem Einsammeln von auf dem Grund oder im Sediment eingegraben lebenden Arten dienen. Bei eingegrabenen Muscheln wird im Allgemeinen eine hydraulische Dredge eingesetzt, die mit einem Druckwasserstrahlsystem zum Auswaschen des Sediments ausgestattet ist, was den Ertrag verbessert. Hauptsächliche Zielarten: Vor allem im Sediment eingegraben lebende Muscheln (Trogmuscheln, Venusmuscheln, Herzmuscheln).

Ewer: Heute nicht mehr gebräuchlicher Fischerei- oder Frachtschiffstyp, der an der Nordseeküste und in den Unterläufen der nordwestdeutschen Flüsse zum Einsatz kam. Er war als Anderthalbmaster getakelt, hatte einen flachen Boden und Seitenschwerter. Um 1900 wurde er meist mit einem Hilfsmotor ausgestattet.

Fang: Anteil der Zielart(en) am Gesamtfang. Zielart ist das spezielle Fangobjekt, auf das die jeweilige Fischerei ausgerichtet ist (abzielt).

Fanggrund, Fangplatz: Stelle im Meer, an der regelmäßig oder häufig Fischfang betrieben wird.

Fischerei und Umwelt: Fischereiaktivitäten haben nicht nur Auswirkungen auf die Fischbestände selbst, sondern auch auf eine Vielzahl anderer Aspekte des marinen Ökosystems, so etwa auf Seevögel und Meeressäugetiere. Diese Auswirkungen müssen untersucht, quantifiziert und bewertet werden, will man durch Ergreifen angemessener Maßnahmen die negativen Effekte der Fischerei auf die Umwelt minimieren.

Fischereiaufwand: Maß für die Aktivität von Fischereifahrzeugen in einer gegebenen Region. Berücksichtigt werden die Fangzeit, die Fangleistung und die Zahl der Schiffe.

Fischereigerechtsame (Fischereigerechtigkeit): Nutzungsrecht an einem bestimmten Gewässerabschnitt.

Fischschwarm: Große Ansammlung von Fischen (normalerweise) gleicher Art, an der Oberfläche, im Pelagial oder am Grund.

Fischwehre: Feste Einrichtungen aus Flechtwerk aus Metall oder anderem Material; stehen in Verbindungskanälen zwischen Lagunen und Meer und stellen für die Fische, die in die Lagune hinein- oder ins Meer hinausschwimmen eine Falle dar. Werden vor allem im Mittelmeer eingesetzt (Frankreich), zuweilen als technisch sehr ausgereifte Einrichtungen (»valli« in Italien).

Flut: Steigender Wasserspiegel an Küsten mit Tidenhub. Der höchste Wasserstand heißt Hochwasser.

Forelle: (Rainbow trout; Truite arc-en-ciel) Es gibt See-, Bach- und Regenbogenforellen. Die meist in Teichen gezüchteten Fische erreichen eine Länge von bis zu 70 Zentimeter und ein Gewicht von 7 Kilogramm; handelsüblich sind Exemplare von 300 bis 500 Gramm. Die ursprüngliche aus Nordamerika stammende Regenbogenforelle ist die wirtschaftlich wichtigste Forellenart. In Europa treten vor allem zwei Varianten auf: die Stammform, die als Wanderfisch die salzigen Küstengewässer bewohnt, und eine Süßwasserform; letztere kommt am häufigsten vor.

Futterkrabben: Fraktion des Garnelenfanges nach der ersten Sortierung an Bord. Entweder für Futtermittel oder zur Rohstoffgewinnung vorgesehen. Heute gesetzlich verboten, deshalb als »Discard«-Anteil wieder über Bord gegeben.

Galgen: Träger, an dem die Blöcke zur Führung der Kurrleinen befestigt sind (oder bei Ringwaden die Blöcke zur Führung der Schnürleinen).

Garnele: Unterordnung der Zehnfußkrebse mit etwa 2.000 Arten; lebt überwiegend im Meer, kommt aber auch im Süßwasser vor. Bekannter Vertreter ist die Nordseekrabbe, die auch als Granat, Porren oder Kraut bezeichnet werden.

Gesamtfang: Alles was an Deck gelangt, einschließlich nicht lebender Teile.

Gezeiten (auch **Tide, Tidenhub):** Regelmäßiger Wechsel von Hoch- und Niedrigwasser in einer Periode von etwa 12,5 Stunden. In Schleswig-Holstein macht sich der Tidenhub nur an der Nordseeküste bemerkbar.

global commons (engl.): Gemeinsame Interessen der Menschheit in Bereichen, die nicht der Hoheit eines Staates unterliegen.

Goldbrasse: (Gilthead sea bream; Dorade royale) Silbrig-blauer, zur Barschfamilie gehörender Edelfisch. Typisch sind die hochrückige, seitlich zusammengedrückte Körperform, der goldgelber Querstreifen zwischen den Augen und der goldene Fleck auf beiden Wangen. Die Goldbrasse wird maximal bis zu 70 Zentimeter lang und 2,5 Kilogramm schwer. Sie zählt zu den wertvollsten Mittelmeerfischen. Im Mittelmeer und an der nordwestafrikanischen Atlantikküste befinden sich auch die wichtigsten Wildbestände.

Grundschernetze: Einschiffgrundschleppnetze, deren horizontale Spreizung durch relativ schwere Scherbretter sichergestellt wird, die mit einer Stahlsohle armiert sind, damit sie Grundkontakt halten. Man unterscheidet Schleppnetze mit geringer vertikaler Öffnung, die beispielsweise für den Fang von Garnelen oder Kaisergranat eingesetzt werden, und hochstauende Grundschleppnetze, die sich gut für die Fischerei auf semidemersale und pelagische Arten eignen. Der unter Rand der Netzöffnung (oder des Netzmauls) wird normalerweise durch ein starkes mit Ketten beschwertes Grundtau geschützt, das häufig mit Gummischeiben, Rollern oder Stahlkugeln bestückt ist. Die Maschenweite des Netzes wird je nach Zielart ausgewählt.

Grundschleppnetze: Von einem Schiff am Grund entlang geschlepptes Netz, das aus einem konisch geformten Netzkörper besteht, der nach hinten mit einem geschlossenen Netzsack (Steert) für die Aufnahme des Fangs verbunden ist und nach vorne zur Öffnung hin in mehr oder weniger lange Flügel mündet. Grundschleppnetze sind aktive Fanggeräte, die von einem Boot (Baumkurren und Schernetze) oder von zwei gleichzeitig operierenden Booten (Gespannschleppnetze) geschleppt werden.

Grundtau: Untere Maulleine eines Grundschleppnetzes, die üblicherweise aus einem Drahtseil besteht und mit Seil umwickelt oder mit Gummischeiben bestückt ist. Kann aus einem Stück sein oder aus mehreren miteinander verbundenen Teilen bestehen.

Hamen: Netzsack für den Fischfang mit seitlichen Flügeln, der vom Ufer oder vom Fischereifahrzeug aus verwendet werden kann. Je nach Verwendungsart wird die Fangöffnung mit besonderen Vorrichtungen aufgestellt, so dass das Netz wie ein weit geöffnetes Maul im Wasser treibt.

Handangeln: Vertikale Angelleinen, die entweder unmittelbar von Hand (mit oder ohne Rute), oder über manuelle oder mechanisierte Kurbeln bedient werden, am Ende beschwert sind und für das Fischen in Grundnähe oder im Pelagial eingesetzt werden.

Harpunen: Wurfspeere, deren Spitze einen starren oder ausklappbaren Widerhaken enthält, der das getroffene Tier festhält. Die mit dem Boot durch eine Leine verbundene Harpune wird von Hand geworfen oder mit einem Gewehr oder einer Kanone verschossen (in Italien für den Fang von Schwertfischen).

Hauptleine: Bei Langleinen die dickere Leine, an der die Mundschnüre angebracht sind.

Hecht: (Pike; Brochet) Hechte werden in fließenden Gewässern und Binnenseen in ganz Europa, Asien und Nordamerika gefangen. Die Einjährigen nennt man auch »Grashechte«. Ausgewachsen erreichen Männchen eine Länge von 1 m, Weibchen von 1,5 Meter und werden bis zu 25 Kilogramm schwer. Gefangen wird er hauptsächlich mit Netzen und Angeln.

Hecktrawler: Trawler, der das Schleppnetz über das Heck aussetzt und einholt.

Heilbutt: (Halibut; Flétan) Der Schwarze Heilbutt ist ein kälteliebender Plattfisch, er erreicht selten eine Länge über 100 Zentimeter. Man findet ihn auf weichen Böden in 200 bis 1.500 Meter Tiefe bei Temperaturen um den Nullpunkt. Er ist in der Barentssee, bei Island, Grönland und vor der Ostküste Kanadas anzutreffen. Gefangen wird er – genau wie der Weiße Heilbutt – mit Langleinen sowie als Beifang in Schleppnetzen, allerdings liegt die europäische Fangmenge des Schwarzen Heilbuttes trotz starker Schwankungen im Durchschnitt deutlich höher. Mit einer maximalen Länge von 4 Meter und einem Gewicht von bis zu 300 Kilogramm ist der Weiße Heilbutt der Riese unter den Plattfischen.

Hering: (Herring; Hareng) Aufgrund seiner hell glänzenden Flanken und seiner großen wirtschaftlichen Bedeutung wird er auch »Silber des Meeres« genannt. Er erreicht eine Länge von zirka 40 Zentimeter und kommt in allen Meeren der nördlichen Hemisphäre bis zu einer maximalen Tiefe von 200 Meter vor. In Abhängigkeit von Größe, Laichzeit, Wanderverhalten und anderer Charakteristika lassen sich verschiedene Rassen unterscheiden. Heringe leben in Schwarmgemeinschaften, die oft Millionen Fische zählen. Tagsüber halten sich die Schwärme in Bodennähe auf; nachts steigen sie zur Jagd an die Wasseroberfläche auf. Tagsüber fischt man Hering mit Ringwaden, nachts mit Schlepp- und Treibnetzen, nahe der Küste auch mit Stellnetzen.

Hochsee (Hohe See): Landferne Meeresregion außerhalb der Schelfgebiete. 93 Prozent des Weltmeers gehören zur Hochsee, 8 Prozent davon entfallen auf die Nebenmeere. Für den Juristen beginnt die Hohe See (High Sea) zwölf Meilen vom Land entfernt (1 Seemeile = 1,852 km); jenseits der 12-Meilenzone endet die Hoheitsgewalt der Küstenstaaten endet

Hoki: (Blue grenadiers; Grenadiers bleus) Langgestreckte, zur Schwanzspitze hin keilförmige Schwarmfische, die bis zu 1,2 Meter lang und 6 Kilogramm schwer werden und in Tiefen von 400 bis zu 5.000 Metern leben. Sie sind ausgesprochen fruchtbar und schnellwüchsig (relative stabile Bestände). Die meisten Fänge sind um Neuseeland/Australien, Chile/Argentinien und Japan zu verzeichnen.

Hol: Die in einem Zuge gefangene Fischmenge; in der Schleppnetzfischerei auch der Schleppprozess selbst.

Hummer: (Lobster; Homard) Hummer sind Höhlenbewohner, die kühlere Gewässer (Küstenregionen des Atlantiks) mit felsigem Untergrund bevorzugen. Sie können eine maximale Länge von 75 Zentimeter und ein Gewicht von bis zu 4 Kilogramm erreichen. Mit ihren gewaltigen Scheren verfügen sie über zwei hervorragende Werkzeuge: Die eine Schere dient mit ihren scharfen Zacken dem Ergreifen und Zerschneiden der Beute, die andere Schere wird zum Zertrümmern harter Schalen und Gehäuse, zum Beispiel von Muscheln und Schnecken, benutzt. Der europäische Hummer (Homarus gammarus) kommt nur noch selten vor; er wird heute hauptsächlich durch den importierten »nordamerikanischen« Hummer (Homarus americanus) ersetzt. Zum Fang der Hummer werden Hummerkörbe ins Wasser gelegt oder Grundschleppnetze eingesetzt.

Jagdnetz: Stellnetz für den Fang von Weißfisch.

Jod: Seefisch ist das einzige Lebensmittel, das Jod in höherer Konzentration enthält. Der Körper braucht diesen Mineralstoff für die Funktion der Schilddrüse, deren Hormone den Stoffwechsel ankurbeln. Um den Jodbedarf zu decken, empfehlen Experten, mindestens zweimal pro Woche Seefisch zu essen.

Kabeljau: (Cod; Cabillaud) In der Ostsee wird er Dorsch, in der Nordsee Kabeljau genannt. Er kommt als in Schwärmen lebender Wanderfisch und als ortsgebundene Küstenrasse fast im gesamten Nordatlantik sowie in der Nord- und Ostsee vor. Ein ausgewachsener Kabeljau kann bis zu 1,5 Meter lang und 30 bis 40 Kilogramm schwer werden. Charakteristisch ist sein kräftiger Bartfaden am Unterkiefer. Sein weißes Fleisch ist mager, vorzüglich im Geschmack und sehr gesund (hoher Jodanteil).

Kalmar: Siehe auch: Tintenfisch.

Kaltwassergarnelen: Kaltwassergarnelen leben in tiefen und kalten Regionen. Sie haben ein aromatisches, zartes, jedoch festes Fleisch.

Kammerreusen (Kumreusen) ohne Dach: Verankerte oder an Pfählen befestigte große Reusen, die zur Wasseroberfläche hin offen und mit verschiedenen Vorrichtungen zur Zufügung bzw. Rückhaltung von Fischen ausgestattet sind. Im Mittelmeer werden sie vor allem zum Fang von Rotem Thun eingesetzt. In der Ostsee, vor allem in Deutschland und Dänemark werden mit Pfahlkumreusen kleine pelagische Fische wie Hering gefangen.

Kescher, Ketscher: Netzbeutel mit Stiel, dessen Öffnung mit einem Bügel versteift ist. Kescher wurden sehr vielseitig eingesetzt, zum Beispiel zum Leeren der Fischräume auf Booten und Schiffen, zum Einfangen großer Aale bei der Schnurfischerei oder auch direkt zum Fischfang. In der Wadenfischerei werden so genannte Schöpfnetze eingesetztes; dabei handelt es sich um große manuelle oder mechanische Senknetze zur Entnahme des Fangs aus der Wade.

Kiemennetze: Rechteckige, senkrecht im Wasser hängende Netze mit feinfädigen, fast durchsichtigen Maschen, in denen sich die Fische vermaschen oder verwickeln. Die Maschenöffnung wird so berechnet, dass die Fische mit dem Kopf oder dem vorderen Teil des Körpers hängen bleiben. Farbe und Stärke des Fadens sowie die Tiefe (bzw. Höhe) und Art der Einstellung müssen den Fangbedingungen und den Zielarten angepasst sein. Man unterscheidet Stellnetze und Treibnetze.

Klippfisch: Früher vorwiegend in Norwegen hergestellter, zur Konservierung getrockneter Fisch. Er wurde im Gegensatz zum Stockfisch (siehe dort) zum Trocknen auf die Klippen gelegt.

Köder (Hakenköder und Anfütterungsmittel): Künstliche oder natürliche Reizmittel, deren Aussehen oder Geruch dazu dient, Fische anzulocken, so dass diese auf einen Haken beißen oder in eine Reuse oder Fischfalle hinein schwimmen. Köder können direkt am Fanggerät angebracht werden oder als Anfütterungsmittel ins Wasser gestreut werden, um die Fische in die Nähe des Fanggeräts zu locken.

Konsumethik: Konsumethik bezeichnet ein gesteigertes Verantwortungsbewusstsein des Verbrauchers im Hinblick auf den eigenen Konsum. Beim Kauf entscheiden nicht nur der Preis, sondern auch ökologische, soziale und politische Faktoren hinsichtlich der Herkunft, der Produktionsbedingungen, der Herstellungsverfahren, sowie der Vermarktung der betreffenden Produkte.

Konsumwende: Die am Prinzip »Klasse statt Masse« (oder: Qualität statt Billigprodukte) orientierte Konsumwende setzt nicht nur gravierende politische und produktionsstrukturelle Veränderungen voraus, sondern fordert auch eine Änderung der Erwartungshaltungen und Konsumgewohnheiten der Verbraucher. Die verschiedenen Verbrauchergruppen müssen bereit sein, die Kosten von arbeitsintensiveren, ökologisch verträglicheren Formen der Rohstofferzeugung, Verarbeitung, Vermarktung sowie der Qualitätssicherung zu honorieren.

Körbe: Fischfallen in Käfig- oder Korbform zum Fang von Krebstieren, Fischen und Weichtieren. Körbe haben je nach Zielart und lokaler Fangpraxis verschiedene Formen und Abmessungen und bestehen aus unterschiedlichen Materialien (Holz, Weidengeflecht, Kunststoff, Metallstäben, Drahtgeflecht usw.). Sie werden für gewöhnlich am Grund ausgelegt, sind beködert oder unbeködert, einzeln oder reihenweise angeordnet und mittels Bojen an der Wasseroberfläche markiert. Zielarten: Krebstiere (Hummer, Taschenkrebs, Languste, Kaisergranat, Garnelen (Küsten- oder Tiefseearten)); Fische (Zackenbarsche, Lippfische); Weichtiere (Tintenfische, Kraken).

Korbfänger: Fischereifahrzeug, das Fangkörbe einsetzt.

Krabben: (Crangon crangon) Andere Namen: Granat, Deutsche Nordseekrabbe, Sandgarnele. Bei den Nordseegarnelen oder »Nordseekrabben« handelt es sich um eine kleine, bis zu 9 Zentimeter lange Krebsart mit langem Schwanz, die im Wattenmeer der Nordseeküste lebt. Gefangen werden sie mit Kuttern, die zwei große Netze, die so genannten »Baumkurren«, auswerfen. Hauptfangzeit ist im Sommer und Herbst.

Krebstiere: Krebstiere gehören zur Klasse der Crustacea. Hierzu zählen die Garnelen ebenso wie Langusten, Hummer und Flusskrebse. Früher wurde diese Gruppe auch als Krustentiere bezeichnet.

Kurrbaum: Querbaum aus Holz oder Stahlrohr, der die horizontale Spreizung einer Baumkurre bewirkt.

Kurre: Kleines Grundschleppnetz, das bei der Kutterfischerei vor allem zum Fang von Bodenfischen verwendet wird.

Kyoto-Protokoll: Ein 1997 in Kyoto (Japan) beschlossenes und am 16.2.2005 in Kraft getretenes Abkommen, das als Zusatzprotokoll zur Ausgestaltung der Klima-Rahmenkonvention (UNFCCC) der Vereinten Nationen für den Klimaschutz erstmals rechtlich verbindliche und bis 2012 zu realisierende Ziele für die Verringerung des Ausstoßes von Treibhausgasen festlegt. Die Probleme des Kyoto-Protokolls liegen vor allem darin, dass die vereinbarten Reduktionen von den meisten Klimaforschern als viel zu niedrig angesehen werden, dass der größte Verschmutzer, die Vereinigten Staaten, nicht beigetreten ist und die Entwicklungsländer (z.B. China, Indien, Brasilien) ganz ausgenommen sind.

Lachs: (Atlantic salmon; Saumon atlantique) Wildlachse werden als Süßwasserfische in Flüssen geboren, wandern dann aber ins Salzwasser der Meere ab. Sie bevölkern die Küsten des Atlantiks, des Pazifiks sowie der Nord- und Ostsee. Die Größten messen bis zu 1,5 Meter Länge und erreichen maximal 35 Kilogramm. Zum Ablaichen kehrt der Lachs immer in seinen Geburtsfluss zurück – auch, wenn er dafür Tausende von Kilometern zurücklegen muss.

Langleinen: In der Regel mehrere hundert, manchmal sogar tausend Meter, in der Hochseefischerei mitunter sogar mehrere Kilometer lange Leinen, die aus einer Hauptleine bestehen, an der zahlreiche Mundschnüre mit Haken befestigt sind. Unterschieden werden vor allem treibende und verankerte Langleinen. Treibende Langleinen werden von Schwimmern an der Oberfläche gehalten und treiben mit der Strömung. Sie bestehen im Allgemeinen aus einer sehr langen Hauptleine und 5 bis 25 Meter langen, in größeren Abständen montierten Mundschnüren; je nach Zielarten haben die Haken verschiedene Größen und Formen. Verankerte Langleinen liegen in ihrer gesamten Länge fest verankert auf dem Grund. Hauptsächliche Zielarten: Plattfisch, Rochen, Kabeljau, Schellfisch, Leng, Dornhai, Meeraal, Zackenbarsch usw.

Lebendköder: In Seewassertanks an Bord mitgeführter Fisch, der in der Angelfischerei als Köder eingesetzt wird.

Lebensmittelsicherheit: Laut Artikel 14 der EU-Verordnung (EG) Nr. 178/2002 dürfen Lebensmittel, die nicht sicher sind (d.h. gesundheitsschädlich oder für den Verzehr ungeeignet), nicht in Verkehr gebracht werden. Dass dies oftmals nicht gewährleistet werden kann, belegen Lebensmittelskandale wie BSE, Dioxin und Acrylamid. Lebensmittelsicherheit ist ein Oberbegriff für alle Maßnahmen und Konzepte, die sicherstellen sollen, dass Lebensmittel für den Verbraucher geeignet sind und keine gesundheitlichen Beeinträchtigungen oder Schädigungen herbeiführen. Neben Kontrollen und Maßnahmen zur Aufrechterhaltung der Hygiene bei der Produktion, Lagerung und im Umgang mit Lebensmitteln gehört auch die Rückverfolgbarkeit von Nahrungsmitteln zur Lebensmittelsicherheit.

Logger: Ein besonders in der Heringfischerei benutztes Spezialschiff, auf dem der Hering sofort nach dem Fang zu Salzhering verarbeitet wird.

Makrele: (Mackerel; Maquereau) Die bis zu 60 Zentimeter langen Makrelen erreichen dank ihrer torpedoartigen Körperform erstaunliche Geschwindigkeiten. Da sie keine Schwimmblase haben, können sie blitzschnell ausweichen, auf- und abtauchen. Sie durchqueren in riesigen Schwärmen das Mittelmeer, den Atlantik und die Nordsee. Makrelen leben im freien Wasser nahe der Oberfläche, die Nordseemakrelen überwintern jedoch am Meeresboden. Die Anlandung erfolgt durch Stellnetze, Treibnetze, Ringwaden und Angeln.

Marinieren: Einlegen von Fischen oder Fischfleisch in eine würzige Essigsoße. Je nach Vorbehandlung der Fische werden die Artikel in Kalt-, Koch- und Bratmarinaden unterteilt, auch Geleeartikel, Mayonnaisen und Remouladen zählen dazu. Fischzubereitungen dieser Art sind nur begrenzt haltbar und werden daher Halbkonserven genannt.

Maschenweite: Fadenabschnitt, der zwischen zwei aufeinander folgenden Knoten einer Masche liegt. Die Länge der Maschenweite wird von der Mitte des ersten Knotens bis zur Mitte des folgenden Knotens gemessen.

Miesmuschel: (Blue mussel; Moule commune) Andere Namen: Blaumuschel, Pfahlmuschel. Die Bezeichnung »Mies« kommt von »Moos«, weil sie sich wie Moos an Steinen, Pfählen oder Tauen festsetzt. Die blauschwarzen Weichtiere leben im Küstenbereich des Nordatlantiks in großen Kolonien, den so genannten Muschelbänken. Weltweit stellen Miesmuscheln die drittgrößte Muschelressource dar. Diese Muschelart lässt sich gut künstlich in Pfahl- oder Hängehaltung züchten. Auf diese Art werden die Muscheln in der Nordsee vor Dänemark, Deutschland, Holland und Belgien, im Atlantik vor Frankreich, Spanien und Portugal aufgezogen. 2 bis 4 Jahre nach Auslegen der Brut können die Muscheln mit speziellen Fischereifahrzeugen abgeerntet werden.

Marine Stewardship Council (MSC): Eine gemeinnützige Organisation mit Sitz in London, die 1997 von Unilever und WWF gegründet wurde und seit 1999 von einem breiten Spektrum finanziert wird. Der vom MSC für vorbildlich geführte Fischereien entwickelte Umweltstandard ist ein freiwilliges Gütesiegel, mit dem nur nachhaltig erzeugte Fischereiprodukte ausgezeichnet werden.

Montrealer Protokoll: Ein im September 1987 unterzeichnetes Abkommen zum Schutz vor Ausdünnung der Ozonschicht, das zum weltweiten Signal für den Ausstieg aus der Produktion und Verwendung von Fluorchlorkohlenwasserstoffe (FCKW) geworden ist. Die in Montreal vereinbarten Reduktionspflichten sind in Deutschland seit 1988 rechtsverbindlich. In mehreren Folgekonferenzen wurden die Reduzierungsquoten und -fristen verschärft und durch weitere Maßnahmen ergänzt. Seit dem 1.10.2000 ist eine verschärfte EG-Verordnung in Kraft, die in Deutschland unmittelbar gilt.

Neunaugen: Fischähnliches Wassertier ohne Schuppen mit napfartigem Saugmaul. Den Namen erhielt es wegen seiner neun »Augen«, bei denen es sich um die sieben nebeneinander liegenden Kiementaschen, eine Nasenöffnung und ein Auge handelt.

Nordatlantische Oszilation (NAO): Dem El Niño ähnliches Phänomen, das aber im Nordatlantik stattfindet und vom Islandtief und dem Azorenhoch angetrieben wird; es hat wesentlichen Einfluss auf unser Wetter, vor allem im Winter.

Nordseekrabbe: (Common shrimp; Crevette grise) Streng zoologisch eine Sandgarnele. Sie lebt hauptsächlich in den flacheren Küstengewässern und dem Wattenmeer der Nordsee vor Deutschland, Holland und Dänemark.

Offshore: Außerhalb der 12-Seemeilen-Zone.

Oikos (*oikoi*): Haus, Haushaltung, Heimat (griech.), den Haushalt, den Lebensraum, die Umwelt betreffend; die Begriffe Ökologie wie auch Ökonomie sind daraus hergeleitet.

Paläozän: Geologisches Zeitalter vor etwa 65 bis 55 Millionen Jahren; das Paläozän ist die älteste Abteilung des Tertiärs, das mit dem Quartär das Känozoikum, die erdgeschichtliche Neuzeit, bildet.

Pangäa: In der Kontinentalverschiebungstheorie der einheitliche Urkontinent.

Paraphierung: Unterzeichnung eines Vertragsdokuments durch die Unterhändler der Vertragsparteien.

Pareja: Lokale Bezeichnung für bestimmte kleine Schleppnetze, die im Mittelmeer verwendet werden.

pelagisch: Ganz unter Wasser, mitten im Wasser ohne Kontakt zum Grund oder zur Oberfläche.

Pelagisches Schernetz: Von einem Schiff geschlepptes Schernetz, dessen horizontale Öffnung durch Scherbretter gewährleistet wird, die den Grund nicht berühren. Die Abmessungen des Netzes hängen von der Leistung des Schleppfahrzeuges ab; die Maulleinen können bei einer Gesamtlänge des Netzes von 250 bis 300 Meter eine Länge von 100 Meter oder mehr erreichen. Schernetze werden im Allgemeinen für den Fang kleiner pelagischer Arten (Sardine, Sardelle, Hering, Makrele, Lodde usw.) oder gelegentlich für die Fischerei auf Rundfische (Seelachs, Kabeljau, blauer Wittling usw.) und Garnelen verwendet.

Pelagisches Schleppnetz: Pelagische Schleppnetze sind im Allgemeinen viel größer als Grundschleppnetze. Das Vornetz besteht aus sehr großen Maschen (bis zu 8 Meter Schenkellänge) oder auch aus Leinen, durch die die Fische ins Zentrum des Schleppnetzkörpers gescheucht werden. Die Überwachung der Fangtiefe übernimmt in der Regel ein am Kopftau angebrachtes Ortungsgerät (Netzsonde). Man unterscheidet pelagische Schernetze und pelagische Zweischiffschleppnetze.

Pelagisches Zweischiffschleppnetz: Von zwei Schiffen gleichzeitig geschlepptes pelagisches Schleppnetz ohne Scherbretter, dessen horizontale Öffnung durch das Auseinanderfahren der Schiffe erreicht wird. Die Größe eines von zwei kleineren Schiffen geschleppten pelagischen Netzes entspricht in der Regel der Größe eines von einem einzigen großen Trawler gezogenen Netzes.

Ratifizierung: Verabschiedung eines internationalen Vertrags durch Zustimmungsgesetze der Parlamente der Vertragsparteien.

Räuchern: Konservieren von Lebensmitteln über dem Rauch. Fische werden heiß geräuchert, das heißt bei hohen Temperaturen in relativ kurzer Zeit. Sie erhalten durch das Räuchern einen charakteristischen, würzigen Geschmack und sind 3 bis 4 Tage haltbar.

Reuse: Fanggerät für die Küstenfischerei, auch Korb oder Fischkorb genannt, das in den verschiedensten Formen verwendet wurde und wird. Reusen haben eine trichterförmige Öffnung, durch die die Fische in eine dahinter liegende Kammer geleitet werden, aus der sie nicht mehr entkommen können. Sind mehrere solcher Körbe aneinander befestigt, spricht man von Reihekörben oder auch Reihenkörben. Der Rutenkorb ist aus Weiden und Dornenruten gearbeitet und hat eine starre Form, während Netzreusen zusammenlegbar und daher leichter und platzsparender zu transportieren sind.

Ringwaden: Umschließungsnetz mit Schnürleinen, die verhindern, dass die Fische in tiefen Gewässern nach unten flüchten können. Entlang ihrer Unterleine verläuft eine Schnürleine (aus Stahldraht oder Fasermaterial) in Ringen, mit der das Netz durch Zusammenziehen unten geschlossen werden kann. Zielarten: In erster Linie werden kleine pelagische Arten (Sardine, Sardelle, Hering, Makrele), aber auch große Arten (Thunfisch) gefangen.

Rio-92-Konvention: Von der Konferenz der Vereinten Nationen für Umwelt und Entwicklung 1992 beschlossene »Konvention über biologische Vielfalt« (CBD, CBD).

Rotbarsch: (Redfish; Sébaste) Anderer Name: Goldbarsch. Das Besondere an diesem Fisch: Er bringt lebende Jungtiere zur Welt und kann bis zu 50 Jahre alt werden. Drei Arten werden unterschieden: Der Große Rotbarsch kann bis zu 1 Meter lang werden, erreicht heute aber selten mehr als 40 Zentimeter. Er lebt bodennah in einer Tiefe von 100 bis 500 Meter bei Temperaturen von 3 bis 7 Grad Celsius, ist aber auch im offenen Meer anzutreffen, hauptsächlich in den tieferen Gebieten des Nordatlantiks und in der norwegischen See. Gefangen wird er tagsüber mit Grund- und nachts mit Schwimmschleppnetzen. Der Tiefenrotbarsch ähnelt dem Großen Rotbarsch, bevorzugt aber größere Tiefen und niedrigere Temperaturen. Der küstennah lebende Kleine Rotbarsch erreicht höchstens eine Länge von 35 Zentimeter und ist wirtschaftlich unbedeutend. Die Rotbarschvorkommen sind stark gefährdet.

Roter Knurrhahn: (Tub gurnard; Grondin rouge) Die Familie der Knurrhähne erhielt ihren Namen durch die Fähigkeit, knurrende Laute zu erzeugen. Die beiden wichtigsten Vertreter sind der Rote und der Graue Knurrhahn. Der bis zu 75 Zentimeter lange Rote Knurrhahn zeichnet sich durch die rote Farbe, einen großen, fast dreieckigen gepanzerten Kopf und durch große Brustflossen mit je drei verlängerten unteren Strahlen aus. Er lebt überwiegend in Gruppen auf sandigen Böden in 10 bis 150 Meter Tiefe. Man trifft ihn in der gesamten Nordsee, an der ostatlantischen Küste und an allen Küsten des Mittelmeeres an. Der Graue Knurrhahn ist deutlich kleiner, sonst aber dem Roten Knurrhahn sehr ähnlich. Wirtschaftlich ist fast ausschließlich der Roten Knurrhahn von Bedeutung. Er kommt als Beifang in Schleppnetzen und Langleinen vor.

Rückwurf: Alles was nach der Sortierung des Gesamtfanges nach Zielart und Beifang wieder in die Meeresumwelt, aus der es entnommen wurde, zurückgeworfen wird. Dazu gehören auch Individuen der Zielart, die nicht die gewünschte (vermarktungsfähige) Größe besitzen oder aus fischereirechtlichen Gründen nicht angelandet werden würfen (Untermäßige).

Rutenangeln mit lebenden Ködern: Bei dieser im Wesentlichen für den Fang von Thunen eingesetzten Fischereimethode werden kleine pelagische Fische verwendet (Sardelle, Sardine, Bastardmakrele). Üblicherweise werden pro Fangfahrzeug zwischen acht und zwölf Angelruten eingesetzt. An jeder Angelrute hängt eine Leine von einigen Metern Länge mit einem einzigen Haken ohne Widerhaken, um das Abnehmen des Fisches zu erleichtern.

Sankt Petersfisch: (John dory; Saint-Pierre) Bis zu 60 Zentimeter lange, bizarr aussehende Fische mit diskusförmigen Körper, langen, fahnenartigen Stachelflossen und schrägem Maul. Sie leben in kleinen Gruppen vor allem im Mittelmeer und an der Ostküste des Atlantiks.

Sardine: (Pilchard; Sardine) Nur 10 bis 20 Zentimeter langer, schlanker, heringsartiger Fisch mit silbrig glänzender Bauchseite. Sardinen bevölkern in riesigen Schwärmen in 10 bis 60 Meter Tiefe nahezu alle Weltmeere. Die Hauptfanggebiete der europäischen Sardine liegen im nördlichen Mittelmeer und im Nordostatlantik. Sie gehört seit jeher zu den beliebtesten Speisefischen. Gefangen werden sie auch mit Treibnetzen und Ringwaden an den Küsten Portugals und Marokkos.

Schelf-Meer: Die vom Meer überspülten Ränder der Kontinente (z.B. die Nordsee und die Ostsee); sie reichen bis zu einer Tiefe von etwa 200 Meter und bedecken rund 7,5 Prozent des Meeresbodens.

Schellfisch: (Haddock; Églefin) Anderer Name: Angelschellfisch. Schellfische sind Bodenfische, die bis zu 1 Meter lang und 15 Kilogramm schwer werden können; äußerlich ähneln sie dem Kabeljau. Sie halten sich bevorzugt in Bodennähe des Küsten- und Schelfbereiches bis 200 Meter Tiefe auf. Wegen seines zarten Fleisches sehr beliebt, gehört der Schellfisch zu den wichtigsten wirtschaftlich genutzten Fischen Europas. Die wichtigsten Fanggründe liegen in der Nordsee, der Barents-See sowie vor der isländischen Süd- und Ostküste. Gefangen wird er mit Schleppnetzen, Snurrewaden und Langleinen.

Scherbrett: Bestandteil eines Schleppnetzes. Paarweise wird es dazu verwendet, die horizontale Spreizung des Netzes zu gewährleisten; als Höhenscherbrett unterstützt es die Bildung der vertikalen Netzöffnung.

Scheuchkette: Vor dem Grundtau geschleppte Kette, mit der am Meeresboden lebende Fische, vor allem Plattfische und Garnelen, aufgescheucht werden.

Schleppangeln: Einfache Angelleinen, die nahe der Oberfläche oder in einer bestimmten Tiefe geschleppt werden und einen oder mehrere Haken mit sich ziehen. Die Haken sind mit natürlichen oder (häufiger) künstlichen Ködern bestückt. Durch Ausleger können mehrere (8 bis 15) Leinen gleichzeitig geschleppt werden. Hauptsächliche Zielarten: nur pelagische Arten wie zum Beispiel Thune.

Schnapper: (Snapper; Lutjanidés; Vivaneaux) Der bis zu 1 Meter große und 20 Kilogramm schwere Raubfisch gehört zur Familie der Barsche. In den Riffen der subtropischen Meere, besonders im Indopazifik und Westatlantik, lauert er auf seine Beute bevor er plötzlich zuschnappt. Es gibt rund 185 Schnapper-Arten.

Schnürleine: Seil aus Naturfaser, Kunstfaser oder Stahldraht, das durch die Ringe des Untersimms der Ringwade läuft. Dient dem Schnüren (Schließen) des Netzes, wodurch die Gesamtheit der gefangenen Fische festgehalten wird.

Scholle: (Plaice; Plie) Anderer Name: Goldbutt. Schollen werden in der Regel 25 bis 50 Zentimeter lang und bis zu 2 Kilogramm schwer. Sie kommen im Nordatlantik und im westlichen Mittelmeer vor, die Hauptfanggebiete befinden sich jedoch in der Nord- und Ostsee. Schollen leben in 10 bis 50 Meter Tiefe, selten tiefer als 200 Meter, und zwar auf sandigem oder tonigem Grund. Der Fang erfolgt hauptsächlich durch Snurrewaden und Schleppnetze. Obwohl die Bestände vor allem in den achtziger Jahren aufgrund von Umwelteinflüssen teilweise stark zurückgingen, gehört die Scholle noch immer zu den wichtigsten europäischen Speisefischen.

Schwertfisch: (Swordfish; Espadon) Bis zu 4,5 Meter langer und 540 Kilogramm schwerer Schwarmfisch mit schwertförmig verlängertem Oberkiefer (1/3 der Gesamtlänge). Man trifft ihn im offenen Meer an, wo er sich meist nahe der Oberfläche aufhält; zur Jagd kann er aber auch in bis zu 800 Meter Tiefe abtauchen. Da er wärmere Gewässer bevorzugt, ist der Schwertfisch in Nord- und Ostsee eher selten, dafür ist er im gesamten Mittelmeer sowie im Atlantik und Pazifik weit verbreitet. Die Anlandung erfolgt hauptsächlich durch Langleinen, gelegentlich auch mit speziellen Netzen oder Harpunen.

Sea Mounts (engl.): Vulkane, die sich vom Meeresboden bis in eine Höhe von 4.000 Meter erheben, aber die Meeresoberfläche nicht erreichen; durch Bewegungen der ozeanischen Kruste (*seafloor spreading*) verlieren sie den Kontakt zu ihrer Magmaquelle. Sie kommen in allen Ozeanen vor, besonders häufig aber im östlichen Nordatlantik, und zeichnen sich in der lichtdurchfluteten Zone durch ein erhöhtes Vorkommen von Organismen aus; die Europäische Union hat diese Tiefseeberge rund um die Azoren für ihre Fangflotten geöffnet.

Seehecht: (Hake; Merlu européen) Gefräßiger Raubfisch mit schlanker Körperform, auffallend spitzem Kopf sowie schwarzer Mund- und Kiemenhöhle, der bis zu 1 Meter lang und 10 Kilogramm schwer werden kann. Die europäische Art ist in weiten Teilen des Atlantiks, in Mittelmeer und Nordsee anzutreffen; andere Arten werden vor den Küsten Südafrikas, Nordamerikas, Argentiniens und Uruguays gefangen. Der Seehecht lebt als Schwarmfisch in 100 bis 400 Meter Tiefe, zum Teil auch tiefer. Tagsüber bevorzugt er Bodennähe, nachts steigt er zur Jagd in höhere Wasserschichten auf. Er wird hauptsächlich mit Schleppnetzen und Langleinen gefangen, die Bestände zeigen Anzeichen von Überfischung.

Seelachs: (Saithe; Lieu noir) Anderer Name: Köhler. Obwohl es der Name nahe legt, hat dieser Fisch nichts mit Lachs zu tun. Der Seelachs bzw. Köhler ist von großer wirtschaftlicher Bedeutung. Er wird unter der Bezeichnung Seelachs vermarktet, seine Länge beträgt maximal 120 Zentimeter. Der Seelachs ist weit verbreitet und kommt als Schwarmfisch in der gesamten Nordsee vor, Spitzbergen, Norwegen sowie über Island bis nach Südgrönland und vor Neufundland. Er ernährt sich räuberisch unter anderem von Herings- und Sprottenschwärmen sowie von im freien Wasser lebenden Krebsen. Gefangen wird er vor allem mit Schleppnetzen und Ringwaden, seltener mit Treibnetzen.

Seeteufel: (Anglerfish; Baudroie; Lophius piscatorius) Anderer Name: Angler. Der Seeteufel ist in vielen Meeren der Welt zu Hause, hauptsächlich im Mittelmeer, an den ostatlantischen Küsten bis Marokko und in der Nordsee bis Island. In Tiefen von bis zu 1.000 Metern und mehr macht er Jagd auf Seeaal, Knurrhähne, Rochen und andere bodennah lebende Fische. Dabei lockt er die Opfer mit einem angelartigen Rückenflossenstrahl direkt vor sein riesiges Maul. Der beliebte Speisefisch wird als Beifang in Schleppnetzen und durch Langleinenfischerei angelandet.

Seezunge: (Common sole; Sole commune) Andere Namen: Königskraut, Basilienkraut. Ein typischer Plattfisch, der sich tagsüber gut getarnt im sandigen Meeresgrund vergräbt und nachts auf Beutesuche geht. Im Sommer lebt er im Seichtwasser (bis etwa 40 m), im Winter zieht er sich auf bis zu 150 Meter Tiefe zurück. Erwachsene Tiere erreichen eine Länge von 50 bis 60 Zentimeter und ein Gewicht von 400 bis 800 Gramm. Die Fanggründe dieses äußerlich eher unscheinbaren Edelfisches befinden sich vor allem in den südlichen Teilen der Nordsee, im Ärmelkanal und vor der norwegischen Küste. Der Fang erfolgt hauptsächlich durch Baumkurren, Grundschleppnetzen, Snurrewaden und speziellen Zungenstellnetzen.

Seitentrawler: Trawler, der das Schleppnetz über die Seite aussetzt und einholt.

Simm: Niederdeutscher Ausdruck für Band oder Schnur. In der Fischerei bezeichnet man das durch den oberen Rand eines Netzes gezogene Tau als Obersimm, das durch das untere Ende gezogene Tau als Untersimm. Am Obersimm sind meist Schwimmer, beispielsweise aus Kork, befestigt, die das Netz in einer bestimmten Wasserhöhe halten.

Sonar: Schallortungsgerät, mit dem Fischschwärme geortet werden; dient auch der Erkennung von Änderungen der Grundbeschaffenheit um das Schiff. Abkürzung für »Sound Navigating and Ranging«.

Speisekrabbe: Derjenige Teil des Garnelenfanges, der nach der ersten Sortierung an Bord für die Vermarktung vorgesehen ist.

Stationäre Senknetze: Stationäre Senknetze bestehen aus einem horizontalen Netzblatt, das ins Wasser gelassen und regelmäßig angehoben wird (auch Hebenetz genannt); es wird üblicherweise von einer festen Einrichtung vom Ufer aus bedient, das Heben erfolgt manuell oder mechanisiert.

Steert: Der hinterste Teil des Schleppnetzes, wo der Fang konzentriert ist. Er weist entweder eine zylindrische Form, das heißt einen durchweg gleichen Umfang, oder eine konische Form auf. Der Steert umfasst den eigentlichen Steert (Entnahmeteil) und den Tunnel.

Steinbeißer: (Wolffish; Loup de mer) Insgesamt fünf Arten; als Speisefische geschätzt werden der Gefleckte und der Gestreifte Steinbeißer. Steinbeißer können bis zu 1,2 Meter lang und 25 Kilogramm schwer werden. Ihr Lebensraum sind vor allem die kalten nordischen Gewässer. Sie werden in der Regel nicht gezielt gefischt, sondern gelangen als wichtiger Beifang ins Netz der Trawler.

Steinbutt: (Turbot; Turbot) Der Steinbutt gilt neben der Seezunge als edelster Plattfisch. Seinen Namen verdankt er dem steinartigen Knochenhöcker auf der Oberseite. Er ist in den flachen Küstengewässern des Nordostatlantiks, in Ostsee, Mittelmeer und Schwarzem Meer zu finden. Unter günstigen Voraussetzungen kann er mehr als 20 Jahre alt und 1 Meter groß werden. Steinbutte sind nicht sehr häufig, außerdem gibt es aus noch ungeklärten Ursachen deutlich mehr männliche als weibliche Exemplare. Sie kommen als Beifang in Schleppnetzen, Snurrewaden und in der Leinenfischerei vor.

Stellnetze: Am Grund verankerte Kiemennetze, deren Senker so austariert sind, dass sie den Auftrieb der Schwimmer neutralisieren und das Netz am Platz halten. Die Netze werden nacheinander in unterschiedlicher Zahl ausgesetzt. Von Aufstellplatz zu Aufstellplatz werden sie am Meeresboden verankert und an der Wasseroberfläche durch Bojen markiert, die durch Leinen mit dem Netz verbunden sind. In bestimmten Fällen werden diese Netze auch im Pelagial eingesetzt, wo sie in einem bestimmten Abstand zum Grund hängen. Dreiwandnetze (Netze mit drei Netzblättern) und kombinierte Einwand-/Dreiwandnetze werden auch als Kiemennetze klassifiziert. Die von einem Schiff aus eingesetzten Kiemennetze können eine Länge von mehreren Kilometern erreichen. Die Höhe der Netze kann von weniger als einem Meter bis zu fünfzehn Metern oder mehr betragen. Haupsächliche Zielarten: Taschenkrebs, Seespinne, Languste, Seezunge, Kabeljau, Seelachs, Seehecht und Hai.

Stör: Der »gemeine Stör« wird bis zu 2,5 Meter lang. Obwohl Meeresfische, wandern sie zum Laichen die Flüsse hinauf. Ihr Rogen dient als Kaviar.

Strandwaden: Waden mit zwei langen Flügeln und einem dazwischen gesetzten Netzsack, die mit einem Boot ausgefahren und vom Strand aus eingeholt werden.

Süßwasserfische: Süßwasserfische stammen aus Binnengewässern wie Seen, Teichen, Flüssen und Bächen. Als Süßwasserfische gelten außerdem solche, die sich zeitweilig im Meer aufhalten, wie Lachs, Forelle, Aal, Stint und Stör.

TAC: Total Allowable Catches (= gesamtzulässige Fangmenge). Jedes Jahr werden von der Europäischen Union und anderen internationalen Organisationen für wichtige Fischarten zulässige Höchstfangmengen festgelegt, um auf diese Weise ein Überfischen dieser Arten zu verhindern. Die EU-Agrar- und Fischereiminister beschließen neben den Höchstfangmengen auch deren Aufteilung auf die EU-Staaten (Quoten) und die dafür nötigen Vorgaben für die Flotten.

Thermohaline Zirkulation: Durch Dichteunterschiede, die auf verschiedenen Temperaturen des Meerwassers und dessen Salzgehalt beruhen, werden Meeresströmungen erzeugt, die um den ganzen Globus zirkulieren können.

Thunfisch: (Tuna; Thon) Die artenreiche Familie der Thunfische bevölkert vor allem die Meere der gemäßigten und tropischen Zone. Zu den bekanntesten Vertretern gehören der Großaugen-Thun, der Rote Thun und der Gelbflossen-Thun. Je nach Art erreichen Thunfische Größen zwischen 70 und 300 Zentimeter und ein Gewichte zwischen 5 und 300 Kilogramm. Die torpedoförmigen, ausgesprochen kraftvollen, schnellen Räuber legen auf ihrer Wanderung Tausende von Kilometern zurück. Aufgrund der intensiven Befischung sind die Bestände zum Teil erheblich bedroht. Bei der Thunfischjagd fällt überdies viel Beifang an.

Thunreusen: Bei den Thunreusen oder Tonnaren handelt es sich um nach oben offene Großreusen – die größten erreichen mehrere Kilometer Länge –, die rechtwinklig zur Küste aufgestellt werden, um die Thunfischschwärme auf ihrem Zugweg abzufangen. An ihrem am weitesten vom Ufer entfernten Punkt bilden die Netze aufeinander folgende Fangkammern, in die die Fischschwärme leicht hinein- aber schwer wieder hinausgelangen können. Hauptsächliche Zielarten: pelagische Fischarten wie Thunfische und Stachelmakrelen. Im Bereich der Meerenge von Gibraltar fängt man mit Tonnaren vor allem Roten Thun, andernorts eher kleinere Thunfischartige (Bonito, Fregattmakrele, Falscher Bonito).

Tiefseefischerei: Darunter wird für gewöhnlich das Fischen mit Schleppnetzen auf Hoher See jenseits des Kontinentalschelfs verstanden. Nach dem derzeitigen Stand der Technik kann Tiefsee-Fischerei in einer maximalen Tiefe von 2.000 Meter betrieben werden. Da unter den Lebensbedingungen der Tiefsee keine hohen Reproduktionsraten erreicht werden können, stellt diese Art der Fischerei eine Gefährdung der Tiefseefischarten dar.

Tintenfisch: (Squid; Calmar) Hochentwickelte, räuberische Weichtiere, die alle Meere der Welt bevölkern und je nach Art bis zu 17 Meter lang werden. Charakteristisch sind die mit Saugnäpfen ausgestatteten Fangarme am Kopf und der mantelartige Rumpf mit dem »Tintensack«. Der gemeine Kalmar wird 50 Zentimeter lang und besitzt einen schlauchförmigen, braun-roten Körper sowie zwei großflächigen Flossen. Kalmare sind schnelle Schwimmer; wenn sie verfolgt werden, stoßen sie eine Wolke dunkler Tinte aus. Sie leben im Mittelmeer und an der europäischen Ostatlantikküste in 20 bis 30 Meter Tiefe. Fischer überlisten die Tiere mit lockenden Lampen oder mit Kalmar-Attrappen, um sie zu fangen.

Treibnetze: Im Wasser frei vom Grund hängende Kiemennetze, die mit einer Schwimmleine an bzw. relativ dicht unter der Oberfläche gehalten werden und meistens zusammen mit dem Fischereifahrzeug frei treiben, an dessen einem Ende sie festgemacht sind. Mehrere Treibnetze lassen sich zu einer Fleet zusammenfügen, deren Gesamtlänge mehrere Kilometer betragen kann. Die Netzwand kann eine Höhe von einigen Metern bis zu über 20 Metern erreichen. Treibnetze wurden früher vor allem für die Fischerei auf Sardine, Hering und Makrele verwendet, heute werden sie auch für den Fang anderer pelagischer Arten – Lachs, Schwertfisch, Weißer Thun und Roter Thun – eingesetzt.

TV-Trawl: Schleppnetz mit Unterwasserkamera.

Überfischung: Von Überfischung spricht man, wenn ein Fischbestand soweit dezimiert ist, dass er weniger Erträge liefert, als er könnte, und am Ende die Erträge der Fischerei so gering werden, dass sich eine Nutzung nicht mehr lohnt.

UV-Strahlung: Die natürliche UV-Strahlung, elektromagnetische Wellen im Bereich von 400 bis 10 nm, wird von der Sonne abgestrahlt; die UV-B-Strahlung (280-320 nm) hat wichtige biologische Wirkungen (u.a. Bildung von Vitamin D), schadet aber bei Überdosierung sowohl den Menschen (Melanome, Katarakte, Schädigung des Immunsystems u.a.) als auch den Ökosystemen (Nahrungskette). Die stratosphärische Ozonschicht wirkt wie ein Schutzschild gegen diese zellschädigende UV-B-Strahlung (vgl. auch das Stichwort »Montrealer Protokoll«).

Verandanetze: Lange, an der Wasseroberfläche schwimmende und auf Schilfrohrgeflecht montierte Netzblätter, an die sich ein vertikal ins Wasser hängendes Netzblatt anschließt. Werden vor allem im Mittelmeer für den Fang von Meeräschen eingesetzt, die beim Versuch, die Barriere zu überspringen, auf die horizontale Schürze fallen (Frankreich, Italien).

Verbraucherpolitik: Verbraucherpolitik bezeichnet alle politischen und Verbandsaktivitäten sowie staatlichen Maßnahmen, die dazu dienen, die Souveränität der privaten Endabnehmer und Konsumenten bei Kaufentscheidungen zu erhöhen. Die wichtigsten Problemfelder hierbei sind: Verbraucherinformation und Werbung, Wettbewerb, Preisgestaltung und Vertragsbedingungen, Qualität, Sicherheit und Haftung, Regelung der Konsumentenkredite, Rechtsberatung und Wahrnehmung der Verbraucherrechte.

Viktoriasee-Barsch: (Nile perch; Perche du Nil) Seine Heimat sind die großen Stromsysteme und Seen in Nordafrika und Südarabien. Speziell im Nil gibt es starke Wildbestände, daher auch der Name »Nilbarsch«. Das Aussetzen von Nilbarschen im Viktoriasee (Afrika) führte in den 1960er-Jahren zu einer spektakulären Massenvermehrung der Art und einem anschließenden Massenaussterben vor allem von Buntbarsch-Arten. Die außerordentlich fruchtbaren Viktoriasee-Barsche können bis zu 2 Meter groß und 100 Kilogramm schwer werden.

Vollkonserve: Fischzubereitung, die nach dem Eindosen durch Sterilisation haltbar gemacht wurde. Die Haltbarkeitsdauer beträgt mehrere Jahre.

Waden oder Grundwaden: Umschließende Netze, die von einem Fahrzeug an zwei langen Leinen (Wadenleinen) ausgefahren und gezogen werde. Das Netz erinnert in Bauweise und Größe an das Grundschleppnetz; es besteht aus zwei verlängerten Flügeln, dem eigentlichen Netzkörper und einem Netzsack. Man unterscheidet das dänische und das schottische Wadennetz. Zielarten: Plattfische (Scholle) und Rundfische (Schellfisch, Wittling), die am Grund oder in Grundnähe leben.

Warmwassergarnelen: Warmwassergarnelen wachsen schneller und werden größer, sind aber weniger aromatisch.

Watt: Meeresboden der Nordsee, der bei Ebbe trocken fällt.

Weichtiere: Zur Familie der wirbellosen Weichtiere (lat. *molluska*) gehören zum Beispiel Muscheln, Schnecken und Tintenfische.

Wels: (Air-breathing catfish; Clarias) Gefräßiger Raubfisch, der in großen schlammigen Seen und Flüssen, aber auch in der Ostsee und im Schwarzen Meer zu finden ist. Der Wels oder Waller lebt in Mittel- und Osteuropa am Grund von Seen und größeren Flüssen (»Donauwaller«); er kann bis zu

3 Meter lang und 150 Kilogramm schwer werden. Die maximal 50 Zentimeter großen Zwergwelse stammen ursprünglich aus Nordamerika. In den USA werden sie in großem Umfang in der Aquakultur gezüchtet und als »channel catfish« vermarktet. Inzwischen trifft man diese anspruchslosen und widerstandsfähigen Fische vermehrt auch in europäischen Teichwirtschaften.

Wittling: (Whiting; Merlan) Anderer Name: Merlan. Der Wittling kommt in allen europäischen Meeren und im Nordatlantik vor. Er misst selten mehr als 40 Zentimeter, ist also eher ein kleiner Vertreter der großen Dorschfamilie. Er lebt bodennah in Küstenzonen zwischen 30 und 100 Meter Tiefe von der Biskaya bis zur nördlichen Nordsee und an der gesamten norwegischen Küste und ernährt sich von Garnelen, Jungheringen und Sand-Aalen. Der Fang erfolgt hauptsächlich durch Schleppnetze.

Wolfsbarsch: (Bass; Bar commun) Anderer Name: Seebarsch. Der Wolfsbarsch erreicht maximal eine Länge von 80 Zentimeter und ein Gewicht von 7 Kilogramm. Als Jungfisch lebt er in kleineren Gruppen, später als Einzelgänger in der Uferzone. Auch im Brackwasser von Flussmündungen ist er anzutreffen, vor allem im Sommer, während er sich im Winter in größere Tiefen zurückzieht. Der gefräßige Raubfisch ist mit Ausnahme der Ostsee an allen Küsten Europas und Nordafrikas anzutreffen. In südlichen Ländern wie in Spanien, Griechenland und Portugal wird der Fisch überwiegend in der Aquakultur gezüchtet und kommt dadurch ganzjährig in den Handel.

Wurfnetze: Netze, die im Allgemeinen von Hand vom Ufer oder einem Boot aus geworfen werden; die Fische werden gefangen, indem sich das Netz über sie stülpt und sie umschließt. Wurfnetze werden nur in seichten Küstengewässern und Lagunen verwendet.

Zander: (Pike-perch; Sandre) Der Zander weist einen langen, gestreckten Körper auf. Er wird bis über einen Meter lang und bis zu 12 Kilogramm schwer. In Deutschland ist er im gesamten Ostseeraum weit verbreitet, außerdem ist er in Schweden, Finnland und Westasien anzutreffen. Nach zahlreichen Versuchen, diese Fischart in verschiedenen Süß- und Brackwasserzonen Europas heimisch zu machen, wurde sie in manchen Gebieten zu einer Bedrohung für die einheimischen Fische. Zander bewohnen tiefe, ruhige Gebiete von Seen, Kanälen und Flüssen, je nach Temperatur bevorzugen sie unterschiedliche Tiefen und Bodenverhältnisse. Vor allem in der Sportfischerei sind Zander eine ausgesprochen beliebte Fischart.

Zugnetz, Zuggarn: Netzgerät der Fischerei, das hinter dem Fahrzeug durch das Wasser gezogen wird.

Zweischiffgrundschleppnetze: Grundschleppnetze, die gleichzeitig von zwei Schiffen geschleppt werden. Die horizontale Netzöffnung wird durch den Abstand der Schleppfahrzeuge bewirkt. Das Netz selbst unterscheidet sich kaum von einem Grundschernetz, jedoch wird es ohne Scherbretter verwendet; die Kurrleinen (eine für jedes Schiff) sind direkt mit den Jagern verbunden.

Zweischiff-Ringwaden: Diese Fanggeräte werden von zwei Fahrzeugen aus gehandhabt. Die Ringwaden haben im Allgemeinen einen zentralen Netzsack und manchmal eine Schnürleine in zwei getrennten Sektionen (Italien, Griechenland).

Literatur

Aelian ([ca. 200] 1959), *On the Characteristics of Animals*, übersetzt von A. F. Scholfield, 3 Bde., London u.a.

Alverson, Dayton L. u.a. (1994), *A Global Assessment of Fisheries Bycatch and Discards*, FAO Fisheries Technical Paper, Nr. 339, Rom.

Arrian ([zw. 140 und 175] 1950), *Alexanders des Großen Siegeszug durch Asien*, eingeleitet und neu übertragen von Wilhelm Capelle, Zürich.

Barrett, James H./Locker, Alison M./Roberts, Callum M. (2004), *The origin of intensive marine fishing in medieval Europe. The English evidence*, Proceedings of the Royal Society B 271, S. 2417–2421.

Bloch, Ernst (1964), *Tübinger Einleitung in die Philosophie, Teil 2*, Frankfurt/Main.

Bode, Thilo (2005), »Die Macht der Verbraucher«, in: *Frankfurter Rundschau* (22.06.2005), S. 27.

Bohlmann, Friedrich (1999), *Essen als Medizin*, München.

Brand, Andres von (1975), *Das große Buch vom Fischfang*, Innsbruck.

Brown, Paul (2004), »Totes Meer. Weltfischfang in der Sackgasse«, in: *Der Überblick. Zeitschrift für ökumenische Begegnung und internationale Zusammenarbeit*, herausgegeben von Konrad von Bonin u.a., Jg. 40, Heft 2, Hamburg, S. 6–10.

Bundesministerium für Ernährung, Landwirtschaft und Verbraucherschutz (Hg.) (2004), *Compass Ernährung*, Bonn.

Bundesministerium für Umwelt, Naturschutz und Reaktorsicherheit (Hg.) (2004), *Umweltpolitik. Umweltbewusstsein in Deutschland 2004*, Berlin (www.umweltstudie2004.de).

– (2006), *Bericht über den Zustand des Waldes 2005. Ergebnisse des forstlichen Umweltmonitorings*, Berlin.

CFFA (1996), *Squaring the Circle: EU Distant Water Fisheries versus Local Livelihood and Food Security. The Need for a Code of Conduct for Responsible Fisheries Agreements*, Paper prepared for »Living oceans: Managed Sustainably« – a Public Debate organised by NCDO, 25.11.1996.

Chamaraj, Kathyanini (2004), »Indische Kleinfischer wehren sich gegen fremde Fangflotten«, in: *Der Überblick. Zeitschrift für ökumenische Begegnung und interna-*

tionale Zusammenarbeit, herausgegeben von Konrad von Bonin u.a., Jg. 40, Heft 2, Hamburg, S. 55–58.

Clover, Charles (2005), *Fisch kaputt. Vom Leerfischen der Meere und den Konsequenzen für die ganze Welt*, München.

Darwin, Charles R. ([1859] 2000), *Über die Entstehung der Arten durch natürliche Zuchtwahl oder die Erhaltung der begünstigten Rassen im Kampfe ums Dasein*, nach der letzten englischen Ausgabe übersetzt von J. Victor Carus, Köln.

Deutsche Gesellschaft für Ernährung (2004), *Ernährungsbericht 2004*, Bonn.

Doran, Charles F./Hinz, Manfred O./Mayer-Tasch, Peter Cornelius (1974), *Umweltschutz – Politik des peripheren Eingriffs. Eine Einführung in die politische Ökologie*, Darmstadt, Neuwied.

Duenbostel, Jürgen (2004), »Wechselnde Gewässer«, in: *Der Überblick. Zeitschrift für ökumenische Begegnung und internationale Zusammenarbeit*, herausgegeben von Konrad von Bonin u.a., Jg. 40, Heft 2, Hamburg, S. 30.

Engelman, Robert/LeRoy, Pamela (1995), *Mensch, Wasser! Die Bevölkerungsentwicklung und die Zukunft der erneuerbaren Wasservorräte*, Hannover.

Epiney, Astrid (2000), »Welthandel und Umwelt – Ein Beitrag zu Art. III, IX, XX GATT«, in: *Deutsches Verwaltungsblatt*, Heft 115, Köln, S. 82.

Fischinformationszentrum e.V. (2005), *Daten und Fakten*, Hamburg.

Food and Agriculture Organization of the United Nations (FAO) (Hg.) (2004), *The State of World Fisheries and Aquaculture*, Rom.

– (2005), *Food Ethics Series 4. Ethical Issues in Fisheries*, Rom.

Friedell, Egon ([1938] 1999), *Kulturgeschichte Griechenlands*, München.

Gourlay, Ken A (1988), *Mord am Meer. Bestandsaufnahme der globalen Zerstörung*, aus dem Englischen von Ernst von Kardorff und Gabriele Zelisko, mit einem Vorwort von Stanley Clinton Davis und einem aktuellen Nachtrag von Bernd Dost, München

Greenpeace Deutschland (Hg.) (o.J.), *S.O.S. – Meere in Seenot. Was die Ozeane bedroht – und wie sie wirkungsvoll zu schützen sind*, Hamburg.

– (1995), *Greenpeace Sonderdruck Fischerei-Kampagne*, Hamburg.

– (2003), *Umgepflügte Meeresböden. Fischerei-Methoden zerstören marine Ökosysteme*, Hamburg.

– (2004), *Fischerei: Oasen der Tiefsee in Gefahr*, Hamburg.

– (2005a), *Fischratgeber: »Fisch & Facts«*, Hamburg.

– (2005b), *Greenpeace Magazin: Viel Zucht – Wenig Ordnung*, Ausg. 4/2005, Hamburg.

– (2006), *Einkaufsnetz*, Hamburg.

Hall, Michele/Hall, Howard (1998), *Ozeane – Kosmos voller Wunder*, München.

Hassenstein, Wolfgang (2002), »Viel zu viele Fischer fischen viel zu viele Fische«, in: *Greenpeace Magazin*, Nr. 2.

Hawking, Stephen ([1988] 2005), *Die kürzeste Geschichte der Zeit*, Reinbek bei Hamburg.

Hedler, Christoph (2006), *Die Gemeinsame Fischereipolitik der Europäischen Union. Ein Garant für den Erhalt der Fischereibestände? Eine Betrachtung der Arbeitsweise und Entwicklung der GFP von 1970–2005*, München (Magisterarbeit).

Hegel, Georg Friedrich Wilhelm ([1820 ff.] 1974), *Vorlesungen über Rechtsphilosophie 1818–1831. Die »Rechtsphilosophie« von 1820*, mit Hegels Vorlesungsnotizen 1821–1825 (Bd. 2), Stuttgart-Bad Cannstatt.

Henkel, Knut (2004), »Problematisches Pulver«, in: *Der Überblick. Zeitschrift für ökumenische Begegnung und internationale Zusammenarbeit*, herausgegeben von Konrad von Bonin u.a., Jg. 40, Heft 2, Hamburg, S. 18–20.

Horkheimer, Max/Adorno, Theodor W. ([1945] 2004), *Dialektik der Aufklärung. Philosophische Fragmente*, Frankfurt/Main.

Hutchinson, Stephen/Hawkins, Lawrence E. (2005), *Wissen neu erleben – Ozeane*, München.

InnovatieNetwerk (2005), *InnoFisk1: Feasibility Study into a New Concept for Sustainable Aquaculture on Board of a Ship*, Utrecht.

IPCC (2001), *Dritter Wissensstandsbericht des IPCC (TAR) – Klimaänderung 2001: Zusammenfassungen für politische Entscheidungsträger*, herausgegeben von ProClim – Forum für Klima und Global Change, Schweizerische Akademie der Naturwissenschaften, Genf.

Ipsen, Knut (1999), *Völkerrecht*, München.

Jansen, Eirik G. (2004), »Viktoriasee: Barsche, Barsche«, in: *Der Überblick. Zeitschrift für ökumenische Begegnung und internationale Zusammenarbeit*, herausgegeben von Konrad von Bonin u.a., Jg. 40, Heft 2, Hamburg, S. 34–36.

Johnson, Dominic/Misser, Francois (2006), »Wie sich die EU ihr Flüchtlingsproblem selber schafft«, in: *Die Tageszeitung* (16.06.2006), S. 3.

Juvenal ([100/128 n. Chr.] 2000), *Satiren*, Übersetzung, Einführung und Anhang von Harry C. Schnur, Stuttgart.

Kahlheber, Antje (2004), »Die Erschöpfung der Weltmeere«, in: *Spektrum der Wissenschaft*, Jg. 24, Heft 11/2004, Heidelberg, S. 60–68.

Kahrstedt, Ulrich (1958), *Kulturgeschichte der römischen Kaiserzeit*, Bern.

Kant, Immanuel ([1784] 1914), »Beantwortung der Frage: Was ist Aufklärung?«, in: *Ausgewählte kleine Schriften*, Leipzig, S. 1 ff.

Kunzig, Robert (2002), *Der unsichtbare Kontinent. Die Entdeckung der Tiefsee*, Hamburg.

Lampen, Angelika (2000), *Fischerei und Fischhandel im Mittelalter*, Husum.

Lang, Tim/Heasman, Michael (2004), *Food Wars – The Global Battle for Mouths, Minds and Markets*, London.

Lange, Paul Werner (1979), *Seeungeheuer. Fabeln und Fakten*, Leipzig.

Leier, Manfred (Hg.) (2001), *Weltatlas der Ozeane*, München.

Leitzmann, Claus (2001), *Vegetarismus. Grundlagen, Vorteile, Risiken*, München

Lenin, Vladimir I. ([1902] 1988), *Was tun? Brennende Fragen unserer Bewegung*, Berlin.

Lovelock, James E. (1995), *Das Gaia-Prinzip. Die Biographie unseres Planeten*, Frankfurt/Main, Leipzig.

– (2006), *The Revenge of Gaia. Why the Earth is fighting back – and how we can still save Humanity*, London.

Lukian ([2. Hälfte des 2. Jh. n. Chr.] 2000), *Hermotimos oder Lohnt es sich, Philosophie zu studieren*, herausgegeben und übersetzt von Peter von Möllendorff, Darmstadt.

Mann Borgese, Elisabeth (1985), *Die Zukunft der Weltmeere. Ein Bericht an den Club of Rome*, Wien.

Mayer-Tasch, Peter Cornelius (Hg.) (1991), *Natur denken. Eine Genealogie der ökologischen Idee. Texte und Kommentare*, 2 Bde., Frankfurt/Main.

– (1999), *Politische Ökologie*, Opladen.

McKean, Margaret (1992), «Success on the Commons. A Comparative Examination of Institutions for Common Property Ressource Management", in: *Journal of Theoretical Politics*, London, S. 247–281.

Merk, Kurt-Peter (2003), »Internationale Sicherheitspolitik und ökologische Intervention«, in: Adam, Armin/Kohout, Franz/Merk, Peter K./Schönherr-Mann, Hans-Martin (Hg.), *Perspektiven der Politischen Ökologie. Festschrift für Peter Cornelius Mayer-Tasch*, Würzburg.

Olson, Mancur, (2004), *Die Logik des kollektiven Handelns: Kollektivgüter und die Theorie der Gruppen*. 5. Aufl., Tübingen

Oppian ([2. Hälfte des 2. Jh. n. Chr.] 1999), *Halieutica*, übersetzt von Fritz Fajen, Stuttgart.

Pesch, Rudolf (1969), *Der reiche Fischfang. Wundergeschichte – Berufungserzählung – Erscheinungsbericht*, Düsseldorf.

Platon ([nach 367 v. Chr.] 1991), »Timaios«, in: *Sämtliche Werke*, Bd. 8, nach der Übersetzung von Friedrich Schleiermacher, herausgegeben von Karlheinz Hülser, Frankfurt/Main, Leipzig.

– ([vor 367 v. Chr.] 2004) »Phaidon«, in: *Sämtliche Werke*, Bd. 2, nach der Übersetzung von Friedrich Schleiermacher, herausgegeben von Ursula Wolf, Reinbek/Hamburg.

Plinius Secundus d. Ä. ([ca. 79 n. Chr.] 1979), *Naturkunde*, herausgegeben und übersetzt von Roderich König in Zusammenarbeit mit Gerhard Winkler, München.

Plutarch ([ca. 100 n. Chr.] 1960), *Große Griechen und Römer* (Bd. V), eingeleitet und übersetzt von Konrad Ziegler, Zürich, Stuttgart.

Pötter, Bernhard (2006), *König Kunde ruiniert sein Land*, München.

Rahmstorf, Stefan/Schellnhuber, Hans Joachim (2006), *Der Klimawandel. Diagnose, Prognose, Therapie*, München.

Rawls, John (1975), *Theorie der Gerechtigkeit*, Frankfurt/Main

Reimann, Carsten (1997), »Ökologische Intervention im internationalen Recht, ›Umweltmandat‹ und Einsatz von Zwang in staatsfreien Räumen«, in: *Natur und Recht*, Jg. 18, Heft 19/1997, Heidelberg, S. 16–22.

Rolff, Tom (2006), »Gefangen in Europas Netzen«, in: *Das Parlament*, Heft 25/2006, S. 7.

Roessig, Julie M./Woodley, Christa M./Cech, Joseph J./Hansen, Lara J. Hansen (2004), «Effects of Global Climate Change on Marine and Estuarine Fishes and Fisheries", in: *Reviews in Fish Biology and Fisheries*, Bd. 14, London, S. 251–275.

Rößiger, Monika/Lieckfeld, Claus-P. (2004), *Mythos Meer. Geschichten – Legenden – Tatsachen*, München, Wien, Zürich.

Sarhage, Dietrich (1999), *Fischfang und Fischkult im alten Mesopotamien*, Frankfurt/Main.

– (2002), *Die Schätze Neptuns. Eine Kulturgeschichte der Fischerei im Römischen Reich*, Frankfurt/Main.

Sarhage, Dietrich/Lundbeck, Johannes (1992), *A History of Fishing*, Berlin.

Schätzing, Frank (2005), *Der Schwarm*, Frankfurt/Main.

Scharpf, Fritz (2002), *Lobbyismus für Verbraucherinteressen in der Verhandlungsdemokratie*, Berlin

Schellnhuber, Hans J. (Ed.) (2006), *Avoiding Dangerous Climate Change*, Cambridge.

Schiller, Friedrich ([1797] 2004), »Die Ballade vom Taucher«, in: derselbe: *Sämtliche Gedichte und Balladen*, herausgegeben von Georg Kurscheidt, Frankfurt/Main, Leipzig.

Schmidt, Edmund/Schmidt Nathalie (Hg.) (2004), *Leitfaden Mikronährstoffe*, München.

Schmitt, Carl ([1942] 1993), *Land und Meer. Eine weltgeschichtliche Betrachtung*, Stuttgart.

Schneider, Johann Gottlob (1782), »Geschichte der Kunst unter dem Wasser zu leben«, in: *Berlinische Monatsschrift*, drittes Stück, März 1782.

Schulz, Raimund (2002), *Die Antike und das Meer*, Darmstadt.

Schumpeter, Joseph A. (1987), *Kapitalismus, Sozialismus und Demokratie*, Tübingen.

Seume, Johann Gottfried (1803), *Spaziergänge nach Syrakus im Jahre 1802*, Braunschweig.

Souza, Philip de (2003), *Seefahrt und Zivilisation. Wie die Beherrschung der Meere die Menschheitsgeschichte prägte*, Hamburg.

Stamer, Andreas (2004), »Revolution auf die sanfte Weise. Wie Fischzucht umweltverträglich wird«, in: *Der Überblick. Zeitschrift für ökumenische Begegnung und internationale Zusammenarbeit*, herausgegeben von Konrad von Bonin u.a., Jg. 40, Heft 2, Hamburg, S. 59–61.

Stow, Dorrik (2005), *Enzyklopädie der Ozeane*, Bielefeld.

Streicher, Sonnfried (1985), *Fabelwesen des Meeres*, Rostock.

The Economist (2004), »Die blaue Revolution: Industrielle Fischzucht tritt an die Stelle von Fischerei«, zitiert nach: *Der Überblick. Zeitschrift für ökumenische Begegnung und internationale Zusammenarbeit*, herausgegeben von Konrad von Bonin u.a., Jg. 40, Heft 2, Hamburg, S. 11–17.

Töpfer, Klaus (1993), *Rede vor der Generalversammlung der Vereinten Nationen*, UN 1993, New York, S. 22/23.

Vitzthum, Wolfgang Graf (Hg.) (1981), *Die Plünderung der Meere. Ein gemeinsames Erbe wird zerstückelt*, Frankfurt/Main.

Walton, Izaak/Cotton, Charles (1982), *The compleat Angler*, herausgegeben von John Buxton und mit einer Einleitung von John Buchan, Oxford.

Weber, Michael L. (2002), *From abundance to scarcity. A history of U.S. marine fisheries policy*, Washington.

Worldwatch Institute (2005), *State of the World 2005. Redefining Global Security*, Washington.

Worm, Boris u.a. (2006), »Impacts of Biodiversity Loss on Ocean Ecosystem Services«, in: *Science*, Bd. 314, Nr. 5800.

WWF (2001), *Die Umwelt als zentrales Anliegen der EU-Fischereipolitik. Position des WWF zur Reform der Gemeinsamen Fischereipolitik der EU*, Frankfurt/Main.

– (2002), *Das Kabeljau-Dilemma*, www.wwf.de/imperia/md/content/pdf/kampagnen/kabeljaustudie.pdf (14.08.2006).

– (2003a), »Umweltgifte gefährden Inuit-Bevölkerung Grönlands«, www.wissenschaft-online.de/artikel/617287 (14.08.2006).

– (2003b), *Mini-Einkaufsführer Fisch*, Frankfurt/Main.

– (2005), *Beifang – Gefahr für Meerstiere*, Frankfurt/Main.

– (2006), »Endlager Meer«, www.wwf.de/naturschutz/lebensraeume/meere-kuesten/verschmutzung/ (14.08.2006).

Zimmer, Gerhard (1998), *Internationale Sicherheit und völkerrechtlicher Umweltschutz, Grundlagen und Grenzen der »ökologischen Intervention«*, Aachen.

Zimmermann, Christopher (2004), »Gegenströmung. Europa exportiert gefrorene Fischblöcke nach Westafrika«, in: *Der Überblick. Zeitschrift für ökumenische Begegnung und internationale Zusammenarbeit*, herausgegeben von Konrad von Bonin u.a., Jg. 40, Heft 2, Hamburg, S. 31–32.

Die Autoren

Bergbauer, Harald: Dr. phil., Lic. phil., Dipl. sc. pol. Univ., geb. 1964, Studium der Philosophie, Politikwissenschaft und des Öffentlichen Rechts in Frankfurt am Main, München und Rom. Studien zu politischen und ökonomischen Fragen an der London School of Economics. Seit 1996 wissenschaftlicher Mitarbeiter an der Hochschule für Politik München und Lehrbeauftragter an der Universität der Bundeswehr. Veröffentlichungen zur politischen Ideengeschichte und zur Staatslehre.

Gottwald, Franz-Theo: Prof. Dr. phil., geb. 1955, Studium der Katholischen Theologie (Dipl.-Theol.), Philosophie (Dr. phil.), Sozialwissenschaft und Indologie. Dozent in der Erwachsenenbildung, zur Zeit tätig als Dozent für Politische Ökologie an der Hochschule für Politik München, als Honorarprofessor an der Landwirtschaftlich-Gärtnerischen Fakultät der Humboldt-Universität zu Berlin für Agrar-, Ernährungs- und Umweltethik und als Gastprofessor an der Shanghai Academy of Social Sciences für Stakeholder Management und Business Governance. Seit 1988 Vorstand der Schweisfurth-Stiftung in München. Mitglied mehrerer wissenschaftlicher Gesellschaften. Seit 2003 im Herausgeberbeirat der *Zeitschrift für Umweltpolitik und Umweltrecht.* Zahlreiche Veröffentlichungen: u. a. *Leben inmitten von Leben. Die Aktualität der Ethik Albert Schweitzers* (2005); *Geschöpfe wie wir – Positionen der Kirche zum Umgang mit Tieren in der Landwirtschaft* (2004); *Digital Leadership* (2003), *Wege aus der Ernährungskrise* (2001); *Leben – Töten – Essen* (2000).

Kohout, Franz: Prof. Dr. rer. pol., Dipl sc. pol. Univ., geb. 1953, Ausbildung zum Steuerinspektor, Sozialarbeit in den USA, Studium der Politik- und der Rechtswissenschaft, Promotion 1994, Habilitation 2001. Privatdozent für Politikwissenschaft und Co-Leiter der Forschungsstelle für Politische Ökologie am Geschwister-Scholl-Institut der Ludwig-Maximilians-Universität München. Außerdem Mitglied des Lehrkörpers der Hochschule für Politik München und des wissenschaftlichen Beirats der Deutschen Umweltstiftung sowie Gutachter der Heinrich Böll Stiftung. Vertretung des Lehrstuhls für Vergleichende Politikwissenschaft und Systemlehre an der Universität Würzburg. Forschungsschwerpunkt: Umweltpolitik. Publikationen zum Umweltrecht und zur Politischen Ökologie.

Malunat, Bernd M.: Dr. rer. pol., Dipl sc. pol. Univ., geb. 1943, Studium der Politischen Wissenschaft, Wirtschafts- und Sozialgeschichte sowie Völkerrecht. Mehrjährige Tätigkeit als Lehrbeauftragter und Akademischer Rat am Geschwister-Scholl-Institut der Universität München. Freier Mitarbeiter der Forschungsstelle für Politische Ökologie und Mitglied des Lehrkörpers der Hochschule für Politik München.

Mayerhofer, Bernd: Dr. phil., M.A., geb. 1963, Studium der Politikwissenschaft, Philosophie und Kommunikationswissenschaft in München. Von 1998 bis 2004 wissenschaftlicher Mitarbeiter von Prof. Mayer-Tasch am Geschwister-Scholl-Institut und an der Forschungsstelle für Politische Ökologie. Seit 2005 wissenschaftlicher Mitarbeiter an der Hochschule für Politik München. Forschungsschwerpunkte: Ideengeschichte und Politische Theorie, Politische Ästhetik, Symbolische Politikforschung. Diverse Veröffentlichungen, zuletzt: *Die Tugend der Augen. Beiträge zur Politischen Aisthetik* (2006); (mit P. C. Mayer-Tasch) *Hinter Mauern ein Paradies. Der mittelalterliche Garten* (1998), sowie: *Die Himmelsleiter. Stufen zum Paradies* (2005).

Mayer-Tasch, Peter Cornelius: Prof. Dr. jur., geb. 1938, Habilitation für Öffentliches Recht, Rechtsphilosophie und Politikwissenschaft an der Universität Mainz. Seit 1971 Professor für Politikwissenschaft und Rechtstheorie am Geschwister-Scholl-Institut der Ludwig-Maximilians-Universität München. Von 1971 bis 2003 Mitglied des Direktoriums des Geschwister-Scholl-Instituts. Gründer und Mit-Leiter der Forschungsstelle für Politische Ökologie am Geschwister-Scholl-Institut. Von 1996 bis 2003 Leiter der Rechtsausbildung für Sozialwissenschaftler an der LMU, von 1999 bis 2002 Prorektor und seit 2002 Rektor der Hochschule für Politik München. Weitgespannte Vortrags- und Beratungstätigkeit im Umkreis der Ökologiebewegung. Forschungsschwerpunkte Politische Ökologie, Politische Rechtslehre und Politische Philosophie. Zahlreiche Bücher, zuletzt u. a.: *Mitte und Maß – Leitbild des Humanismus von den Ursprüngen bis zur Gegenwart* (2006); (mit B. Mayerhofer) *Die Himmelsleiter. Stufen zum Paradies* (2005); (mit B. Mayerhofer) *Porträtgalerie der Politischen Denker* (2004); *Die Zeichen der Natur. Sieben Ursymbole der Menschheit* (2004).

Merk, Kurt Peter: Priv. Doz. Dr. rer. pol., geb. 1951, Studium der Rechts- und Politikwissenschaften. Nach dem zweiten juristischen Staatsexamen Niederlassung als Rechtsanwalt und Promotion in Politikwissenschaft (1983). Seit der Habilitation im Jahr 2000 Privatdozent für Politikwissenschaft an der Ludwig-Maximilians-Universität München und Dozent an der Hochschule für Politik München mit Schwerpunkt Demokratietheorie, Theorie politischer Systeme, Politische Rechtslehre und Politische Ökologie/Zukunftsverantwortung.

Petit, Patrick Uwe: Dipl. sc. pol. Univ., M.M., geb. 1969, Studium der Politikwissenschaft an der Hochschule für Politik München. Weiterbildungsstudiengänge an der Juristischen und Wirtschaftswissenschaftlichen Fakultät der Fernuniversität Hagen: Mediation (Abschluss 2004), Start-up-Counselling (Abschluss 2005). Seit 2001 tätig als Repräsentant der Goi Peace Foundation bei den Vereinten Nationen und weiteren regionalen Regierungsorganisationen. Herausgeber internationaler Veröffentlichungen, zahlreiche Vortragsreisen. Arbeitet gegenwärtig an einer Dissertation über die Rolle multinationaler Unternehmen in Konfliktregionen. Veröffentlichung zuletzt (Hg.): *Wisdom 21: Shaping the Culture of Peace in a Multilateral World. A Compilation of Articles by Intergovernmental Organizations* (2005).

Schwan, Patrick: M.A., geb. 1971, Studium der Politikwissenschaft, Volkswirtschaftlehre und des Rechts für Sozialwissenschaftler. Danach Referent für Öffentlichkeitsarbeit in einem Hamburger Unternehmen; seit 2002 wissenschaftlicher Mitarbeiter der Forschungsstelle für Politische Ökologie und Lehrbeauftragter am Geschwister-Scholl-Institut der Ludwig-Maximilians-Universität München. Seit 2004 wissenschaftlicher Mitarbeiter an der Hochschule für Politik München. Arbeitet zur Zeit an einer Dissertation über Konsumverhalten und Verbraucherpolitik in der BRD.